독서가 인생을 만든다고 한다. 그렇다면 독서를 어떻게 해야 할까? 『오늘 읽은 책이 바로 네 미래다』는 학생들에게 친절하게 다가가 재미있고 유익한 독서 상담을 한다. 현장에서 15년 독서지도를 해온 저자가 '독서 클리닉'을 열어 학생들을 초대하고 있는 것이다. 맘껏 들어와 독서 상담을 받고 자신의 진로를 멋지게 개척해보시길.

양기식 서울 양정고등학교 국어교사

활화산 같은 사춘기를 책 읽은 저력으로 그리 무겁지 않게 통과할 수 있었고, 스스로 진로를 고민해가며 가닥을 모색할 수 있었던 것도 책 덕분이었습니다. 확고한 진로를 정하고 특목고를 준비한 것도 책이 선물한 혜택입니다. 초등 때는 독서습관 잡는 것이 필요하고, 중학교 때는 자기를 점검하고 진로를 탐색하기 위한 책읽기가 필요하다는 것을 경험을 통해 확신할 수 있습니다. **김소영 학부모 (민족사관고등학교 1학년 강우송 엄마)**

나는 누굴까? 내가 좋아하는 건 뭘까? 내 꿈은 뭐지? 『오늘 읽은 책이 바로 네 미래다』는 진학교육은 있지만 진로교육은 없는 지금의 현실에서 청소년들이 펼치는 책들이 진로 찾기의 길잡이이자 미래임을 알려주는 책이다. 책벌레선생님의 친절한 안내를 따라 책으로 '나'와 '나의 미래'를 발견해보자. **김청연 한겨레신문 교육섹션 '한겨레교육' 기자**

많은 학생들이 이야기합니다. 학원 진도 따라가느라 책 읽을 시간이 없다고. 그렇지만 좋은 성적을 받기 원하는 학생일수록, 시간을 내서 책을 읽으셔야 합니다. 독서와 학업 성적은 별개가 아니기 때문입니다. 오직 체계적인 독서만이 높은 학업 성적을 약속합니다. 학원이 좋은 대학을 가는 데 도움이 될 수 있을지 모르지만, 결국 대학생이 되어서까지 계속 사교육의 도움을 받는 '헛똑똑이'밖에 만들지 못합니다. 제가 사교육의 도움이 전혀 없이도 높은 수능 성적을 받고, 대학에서도 전액 장학금을 수차례 받을 수 있었던 것은 모두 평소에 꾸준히 책을 읽은 덕분이었습니다. 그런 점에서 이 책은, 가장 확실하고 탁월한 '성적 향상 비법'을 담은 책이라고 생각합니다.

이수영 고려대학교 경영학과 (수능 400점 만점에 393점, 3학기 연속 전액 장학생)

요즘 사회 곳곳에서 '독서하자!'는 열풍이 불고 있다. 그만큼 독서의 비중이 커지고 절실해졌다. 하지만 책을 많이 읽어야 한다는 것은 알면서도 막상 책을 효과적으로 읽고 비판하는 것은 쉽지만은 않다. 특히 청소년기에는 책을 읽는 동기가 분명해야 몰입해서 읽게 된다. 『오늘 읽은 책이 바로 네 미래다』는 책을 왜 읽어야 하는지, 어떻게 책을 읽어야 효과적인지, 책을 통해 어떻게 진로를 찾을 수 있는지에 대한 실제적이고 다양한 정보를 담고 있어서 독서와 진로, 공부라는 세 마리 토끼를 다 잡을 수 있는 책이다.

엄은진 독서교육 전문가

현장 교사로서 학생들을 지도하다 보면 책을 읽고 싶은데 '어떻게' 읽어야 하는지 고민하는 학생들이 많습니다. 『오늘 읽은 책이 바로 네 미래다』는 학생들의 고민에 생생한 예를 통해 대답해주고, 적절한 추천 도서를 제시하여 학생 스스로 독서의 의미와 방법을 모색하며 자신을 이해하는 과정에서 미래의 직업을 준비하는 데 큰 도움을 줄 것입니다.

이상훈 인천 대헌중학교 국어교사

중학생들 첫 수업에서 영어 독해를 시켜보면 이 학생이 책을 많이 읽었는지 아닌지 거의 정확히 알 수 있다. 다양한 독서를 통해 배경지식을 가진 학생은 어려움 없이 내용을 이해하고 지문에서 요구하는 답을 정확히 찾는다. 영어 학습에서도 다양한 독서를 통한 폭넓은 지식과 이해력은 기본 중의 기본이며 당연한 힘이다.

이연선 주니어 랩스쿨 영어학원 원장

요즘 청소년들은 학교와 학원을 오가며 공부하느라 책 읽을 시간이 없다고 하소연한다. 그러나 나는 "책 속에 답이 있다"는 말을 체험을 통해 확신하고 있다. 그래서 바쁜 시간을 쪼개어 책을 읽는다. 책을 읽다 보면 어떻게 살아야 할지, 다른 사람들은 어떻게 살고 있는지를 잘 알 수 있다. 책은 내가 앞으로 무엇을 하며 살 것인지 친절하게 알려주는 상담자이다. **선우소정 서울 월촌중학교 3학년**

부모로서 사춘기에 들어선 아이에게 삶의 방향을 제시하고 이끌어주는 책을 선사하고 싶어도, 비전문가인 내가 양서와 악서를 구별하고 가치관을 형성하는 데 도움이 될 좋은 책을 찾는 일이 결코 쉽지 않았다. 자녀를 바른 길로 안내하고자 하는 학부모와, 어떤 길을 가야 할지 답을 찾으려는 모든 청소년들에게 이 책을 강추하고 싶다.

양성순 학부모 (서울 강서고등학교 1학년 정석용 엄마)

책 속에 길이 있다는 말이 있듯이, 실제적 경험이 부족하고 무한 입시경쟁의 팍팍한 현실에 놓여 있는 요즘 청소년들에게 책은 진로탐색에 좋은 길잡이가 된다. 많은 청소년들이 이 책을 통해 독서와 진로, 공부를 잘 연계하여, 자신의 앞날을 준비할 힘을 기르기를 희망한다. **김영희 인천 맑은샘 도서관 관장**

이 책은 '그 자체로 멋지고 충분한 사람'이 되기 위해 부단히 노력하고 있는 청소년과, 어디서 무엇을 어떻게 왜 하고 살아야 하는지 알 수 없어 부초처럼 떠돌고 있는 청소년 모두에게 꼭 필요한 책이다! 진정한 나에 대해서 알고 진로를 탐색할 수 있는 이 책을 21세기를 살아갈 청소년들에게 꼭 권하고 싶다. 좀 더 행복하고 지혜로운 길을 선택하고자 한다면, 이 책을 통해 다른 여러 길잡이 책들을 즐겁게 만나보길! **오선경 성공독서코칭센터 대표**

오늘 읽은 책이
바로 네
미래다

오늘 읽은 책이 바로 네 미래다

임성미 지음

강점을 알려주고
진로를 찾아주는
청소년 진로독서

북하우스

여는 글

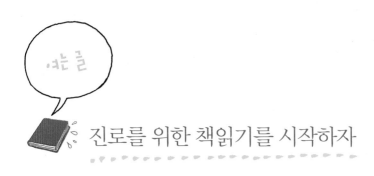

진로를 위한 책읽기를 시작하자

서울의 모든 초·중·고 시험이 서술형으로 대폭 전환된다고 합니다. 바뀐 외고 입시는 자기주도 학습전형으로 학생을 뽑겠다고 합니다. 입학사정관 제도가 확산될 거라고 합니다. 우리나라 교육정책과 입시정책에 무언가 중대한 변화가 일어나고 있는 것 같긴 한데, 도대체 정확히 무엇을 어떻게 대비해야 할지 몰라 학부모님과 학생들이 혼란스러워하고 있습니다. 저도 요즘 여기저기에서 질문을 많이 받습니다.

변화의 요점은 바로 이것입니다. 암기만 잘해서는 이제 소용없습니다. 사고력을 시험하겠다는 것입니다. 단답형이 아닌 서술형으로 시험을 대폭 전환하겠다는 서울시교육청의 발표는 바로 그런 뜻입니다.

자신의 진로와 꿈을 정하고 그에 맞게 공부하고 책을 읽고 활동을 한, 자기주도적인 학생을 뽑겠다는 것입니다. 교육부가 제시한 '학습계획서' 양식이 지원동기, 학습과정 및 진로 계획, 독서 경험, 봉사 및 체험활동 란으로 되어 있는 것은 바로 이런 의미입니다. 왜 이 학교를 지원했는지, 뚜렷한 진로와 목표를 가지고 있는지, 그리고 자신의 진로에 맞게 주도적으로 공부, 독서, 활동을 했는지를 보겠다는 것입니다.

그렇다면 답은 무엇일까요? 사고력을 키워야 하고, 자신의 진로를 명확히 해야 합니다. 사고력과 진로, 이 두 가지가 핵심 포인트입니다.

그렇다면 이 두 가지를 어떻게 준비해야 할까요? 학원을 보내야 할까요? 학

원 다닌다고 사고력이 커지고 자신에게 맞는 진로를 알 수 있나요? 영어에 올인해야 할까요? 영어 실력만 좋으면 저절로 사고력이 깊어지고 꿈과 진로가 명확해지나요? 그렇다면 유명 학원을 아무리 많이 다녀도 의욕은 없어지고 열등감만 커지는 경우는 왜 그런가요? 어학연수에 외국유학에, 영어는 네이티브 뺨치게 잘하지만 정작 자신의 적성에 맞는 직업이 무엇인지 모른다면 그때 가서 어떻게 할 건가요?

답은 하나입니다. 바로 '책'입니다. 또 "책 읽으라"는 말이냐고요? 그냥 읽으라는 말이 아닙니다. 여러분은 지금껏 어떻게 책을 읽어왔나요? 손에 잡히는 대로? 시간 때우기로? 아니면 학교에서 시키는 대로? 그마저도 읽지 않아서 책과 전혀 친하지 않을 수도 있습니다.

이제는 목적의식을 가지고 책을 읽어야 합니다. 왜 책을 읽는지, 어떤 책을 읽어야 하는지를 생각하면서 읽어나가야 합니다. 저는 여러분의 진로 탐색에 도움을 주고자 청소년용 진로 관련 책과 여러분의 롤모델이 될 만한 인물들에 관한 책을 아주 많이 읽고 분석했습니다. 그런데 수백 명에 달하는 인물들의 이야기를 읽으면서 깜짝 놀랄 만한 사실을 발견했습니다. 꿈을 실현한 사람들은 책을 읽는 방법이 남달랐습니다. 그들은 그냥 눈으로만 읽은 게 아니라, 시험 잘 보기 위해서만 읽은 게 아니라, 자신의 문제나 고민과 연결하여 읽고 삶에 적용시켰습니다. 그렇습니다. 성공한 사람들은 모두 전략적으로 책을 읽었습니다. 입시에만 전략이 필요한 게 아닙니다. 꿈을 이루기 위한 책 읽기도 전략이 필요합니다.

전략적인 책읽기란 무엇일까요? 족집게 과외처럼, 예상문제에 대비해 책을 골라서 읽는 일종의 '비법'이나 '스킬'을 말하는 것이 절대 아닙니다. 분명한 목표 하에 계획적이고 실용적으로 책을 읽는 주도적인 태도가 바로 '전략적 책읽기' 입니다. 변화하는 교육정책과 입시정책도 결국은 자신의 꿈과 진로에 맞게 전략적으로 공부하고 책을 읽고 활동을 했는지를 보겠다는 것입니다. 이렇게 목표를 가지고 자신의 진로와 연결하여 적극적으로 책을 읽는다면 자연스럽게 '사고력'이 깊어지는 것은 두말할 필요가 없습니다.

청소년 시기는 자신의 진로에 대한 탐색기입니다. 특히 중학교 시기는 자신이 어떤 일에 흥미를 느끼며 무엇을 잘할 수 있을지, 어떤 직업에 관심이 가는지를 탐색하는 때입니다. 커리어상담소에서 각 분야 전문가들에게 물어보았습니다.

"당신이 지금의 직업을 처음 생각했던 때는 언제입니까?"

대부분의 사람들이 열두 살에서 열다섯 살 무렵이라고 답했습니다. 그러니까 현재 자기 직업에 만족하며 성공적인 삶을 살고 있는 사람들 대부분이 초등 고학년에서 중학생 시기에 미래에 자신이 어떤 일을 할 것인지를 결정했다는

것입니다.

이 책은 아직 자신의 꿈이 무엇인지 모르겠는 학생, 진로를 정하긴 했는데 그 길이 자신에게 맞는 길인지 궁금한 학생, 꿈을 찾긴 했는데 그 꿈을 어떻게 이루어야 할지 막막한 학생에게 실질적인 길을 알려주고자 만든 책입니다. 책읽기로 나만의 꿈을 찾고, 책읽기로 그 꿈을 이루는 구체적인 방법을 알려줄 것입니다.

'책 속에 길이 있다' 는 말은 결코 헛된 말이 아닙니다. 책을 읽는 동안 우리의 뇌 속에 저장된 문화 유전자와 책 속의 유전자가 만나 불꽃을 일으킵니다. 책을 읽으면서 우리는 "그래! 이게 바로 내가 해보고 싶은 일이야!", "세상에 나와 같은 생각을 가지고 있는 사람이 또 있다니!" 하고 눈이 번쩍 뜨이는 순간을 만납니다. 심장이 뛰고 전율이 느껴집니다. 책은 이렇게 자신이 무엇을 좋아하는지, 무엇을 하고 싶은지 생각조차 해보지 않아 의욕이 없는 사람에게 꿈을 열어주는 길잡이 역할을 합니다.

진로를 정하긴 했는데 그 분야가 정말 내 길인지, 그 분야에서 성공하려면 어떤 준비가 필요한지 궁금한 사람에겐 책이 구체적인 방법과 비전을 보여줍니다. 자신이 끌리는 그 분야에서 성공한 사람들을 직접 만나서 물어보고 체험해보는 것이 가장 좋겠지만, 그게 어디 쉽습니까? 하지만 걱정 없습니다. 직업적으로 성공을 거둔 사람들의 성공담을 담은 책들이 무수히 많으니까요. 그 책들을 읽으면 '아, 이 분야는 이런 일들을 하는구나' 라는 구체적인 방법론과 함께, '그래! 나도 할 수 있겠다!' 라는 의욕이 생깁니다. 혹은 '자세히 알고 보니 막연히 생각했던 거랑은 다르네. 나에게 더 잘 맞는 진로를 좀더 찾아봐야겠어' 라고 새로운 길을 열어주기도 합니다. 성공적인 진로를 위해 시행착오를 줄이고 가장 손쉽고 빠르게 배울 수 있는 길, 그건 바로 책을 읽는 것입니다.

『오늘 읽은 책이 바로 네 미래다』는 재미있게 읽으면서 자연스럽게 진로와 독서를 연계하도록 구성되어 있습니다. 1장에서는 책읽기로 꿈을 이룬 사람들의 실화를 소개합니다. 왜 책을 읽어야 하는지 모르는 학생들은, 성공한 사람들이 어떻게 책을 통해 자신의 개성과 재능을 실현했는지 실제 이야기를 읽으면서 책읽기에 대해 긍정적인 호기심을 가지게 될 것입니다.

2장에서는 책읽기를 싫어하는 이유에 대한 실제적인 해답을 들려줍니다. 진로와 책읽기, 이 두 가지와 관련된 여러분의 대표적인 편견과 오해에 대한 놀라운 반전이 숨어 있으니 기대하세요.

3장은 책이 중요하다는 것도 알고, 그래서 읽어야겠다고 단단히 마음을 먹었는데 막상 책만 펼치면 눈앞이 캄캄해지는 학생들을 위한 내용입니다. 그건 결코 시력에 이상이 생겨서도 아니고 이해력이 부족해서도 아닙니다. 책을 잘 읽는 방법을 모르기 때문입니다. 그러니 절대 걱정할 필요도 주눅 들 필요도

없습니다. 3장에서 책 잘 읽는 방법을 상세히 알려드리겠습니다. 한꺼번에 다 적용하려들기보다는 마음에 꽂히는 한 가지 방법을 일단 적용해보세요. 익숙해지면 그 다음 끌리는 방법 하나, 익숙해지면 또 다른 방법 하나…… 이런 식으로 차근차근 따라 읽다 보면 어느새 당신은 독서의 고수가 되어 있을 것입니다.

4장은 자신의 성격에 맞는 독서법을 알려줍니다. 나는 어떤 성격유형인지 알아보고, 각 유형에 해당하는 대표 인물들의 이야기를 통해 성격유형별 독서법을 알려줍니다. 성격대로 책을 읽으면 책 내용이 더 쏙쏙 들어오겠죠? 게다가 자신만의 개성을 이해하게 되니 남과 비교할 필요를 못 느낍니다. 자신을 인정하고 사랑하는 마음이 생깁니다. 자신의 개성과 흥미와 재능에 맞는 자신만의 진로를 찾는 데 마음을 열 준비가 되는 것입니다. 덤으로 성격유형별 학습법도 덧붙였으니 내 성격에 맞게 독서와 성적 두 마리 토끼를 한 번에 잡기를 바랍니다.

5장은 자신이 문과형인지 이과형인지 탐색해보고 그에 맞는 독서법과 추천 도서를 알려드립니다. 고등학교 1학년이 되면 문과와 이과 중 택일을 해야 하는데, 그때 가서 생각하면 이미 늦습니다. 그렇다고 헐레벌떡 대충 결정할 수도 없죠. 문과냐 이과냐의 선택은 이후 대학 전공과 취업 분야에까지 큰 영향을 미치기 때문입니다. 문과형 독서법과 이과형 독서법은 물론,

각 계열별 추천 도서까지 알짜배기만 뽑아놓았으니 자신의 강점과 진로를 파악하는 데 한걸음 더 다가서게 될 것입니다.

6장은 나에게 맞는 직업유형을 알아보고 책을 통해 그 직업을 미리 경험해봅니다. 각 직업유형별 추천 도서를 읽으면서 미리 직업세계를 체험해보면 자신에게 맞는 길인지 아닌지를 구체적으로 느낄 수 있을 것입니다.

어때요? 이 책의 흐름만 살펴보아도 책을 통해 꿈을 찾고, 책을 읽으며 꿈을 이룬다는 말이 실감이 나지요? 책을 읽으면 자기 자신을 알게 됩니다. 자신의 개성과 강점을 알게 되면 자신감이 생깁니다. 책을 통해 만난 수많은 인물들의 도전과 용기, 성공과 성취의 에너지가 고스란히 나의 뇌와 마음에 새겨지면서 생기는 자신감입니다. 책을 읽으면서 준비해야 할 삶의 태도와 사항들을 알게 되니 더 이상 미래가 막연하고 불안하지 않습니다. 이렇게 책이 안내하는 길을 한 발 한 발 따라가다 보면 자신의 꿈은 점점 더 명확해집니다.

이 책에는 여러분의 꿈을 찾고 이루어가는 데 도움이 될 핵심 도서들을 체계적이면서도 다양하게 소개했습니다. 감동과 재미를 주는 책에서부터 직업세계를 생생히 느낄 수 있는 책까지, 흥미와 정보를 두루 얻을 수 있도록 중학생을 위한 핵심적인 책들을 신중하게 가리고 또 가려서 선정하였습니다. 금방 읽을 수 있는 쉬운 책에서부터 난이도가 높아서 도전정신이 필요한 책들까지 난이도도 적절하게 배분하였습니다. 단계별로 도전하면서 독서력을 높여가는 것도 재미있을 것이고, 때론 수준에 연연하지 않고 자유롭게 읽는 것도 묘미가 있을 것입니다. 우연히 펼친 책에서 해답을 얻기도 하니까요.

이 책에 소개된 총 266권의 추천 도서 중 핵심 도서 60권을 정리하여 중학교 3년을 위한 진로독서 로드맵을 완성하였습니다. 특별부록으로 여러분에게 선물합니다. 벽에 붙여놓고 하나씩 따라 읽으면서 입시와 진로, 두 가지 모두 원하는 목표를 성취해가세요.

이미 책읽기의 재미와 가치를 맛본 학생들은 알고 있겠지만, 책을 많이 읽으면 진로와 성적이라는 두 마리 토끼를 다 잡을 수 있습니다. 책을 읽을수록 자기 삶의 목표가 명확해지고 독해력과 사고력이 깊어지니 당연히 집중력과 이해력이 높아집니다. 그러니 이해가 빨라지고 능률이 올라 공부가 쉬워집니다. 같은 분량의 공부를 더 빨리 끝내게 되어 시간이 남으니 그 시간에 책을 읽게 됩니다. 책을 읽으니 사고력은 더욱 좋아지고 목표가 더욱 뚜렷해집니다.

반면에 진로가 명확하지 않고 꿈이 없는 학생은 책을 읽을 동기를 찾지 못합니다. 책을 읽지 않으니 자기 내면의 강점에 스파크를 일으킬 자극을 받질 못합니다. 그러니 의욕과 자신감은 계속 떨어집니다. 뿐만 아니라 어휘력, 독해력, 사고력이 늘지 않으니 수업시간이 어렵게 느껴집니다. 같은 분량을 공부해도 능률은 오르지 않고 시간은 많이 걸립니다. 책읽기와 성적에서도 빈익빈 부익부 현상이 일어나는 것입니다.

그동안 책을 멀리하고 싫어했던 학생이 이 책을 읽고 나서 "좋아, 한번 읽어보자!"라는 마음이 생겨 한 권의 책이라도 읽기 시작한다면 저는 진심으로 고맙고 행복할 것입니다. 책을 읽는 그 순간, 변화가 시작되고 희망이 생기기 때문입니다. 여러분 한 명 한 명은 세상에서 유일하고 특별한 존재입니다. 여러분 모두가 자신만의 독특함을 책을 통해 발견하고, 책을 읽으며 자신의 가치를 실현해가길 진심으로 응원합니다. 오늘 읽고 있는 책이 바로 여러분의 삶이요 미래입니다.

2010년 4월 책벌레선생님 임성미

『오늘 읽은 책이 바로 네 미래다』 활용법

『오늘 읽은 책이 바로 네 미래다』는 시간 가는 줄 모를 만큼 재미있게 술술 읽히면서도 너희의 꿈과 미래를 위한 피와 살이 될 알짜배기 정보들이 구석구석 옹골차게 들어 있어. 책을 읽는 내내 너희와 함께 할 '부기 우기 스토리'는 재미백배 공감천배일 거야. 자, 『오늘 읽은 책이 바로 네 미래다』를 옴팡지고 야무지게 제대로 활용하는 법을 알려주마.

1. **먼저 본문을 쭉 읽으면서** 책읽기에 대한 새로운 마음가짐을 세팅한다.
2. **4장, 5장, 6장**의 **체크리스트**를 다시 살펴보면서 나는 어떤 유형인지 다시 한번 확인하고, 나에게 맞는 추천 도서들을 따로 정리한다. 같은 제목의 책이 여러 권 있을 수도 있으니, 괄호 안의 출판사 이름까지 꼭 함께 체크하도록 한다.
3. 한가한 주말에 반나절 따로 시간을 낸다. 작정하고 짜지 않으면 못 짜는 게 계획이다. 2장 98~99쪽의 **자기주도 학습계획 짜는 법**을 참고하여 학습계획을 짠다.
4. **3장의 독서법** 중 가장 끌리는 방법 하나를 선택해서 당장 적용해본다. 익숙해지면 다른 방법을 새롭게 적용하는 식으로 3장의 독서법을 모두 테스트해본다.
5. **4장의 성격유형별 공부법** 중 자신의 유형에 맞는 공부법을 다시 한번 읽어보고 당장 학교공부에 적용한다.
6. **특별부록 〈진로독서 로드맵〉**은 예쁘게 오려서 내 방의 가장 잘 보이는 벽에 붙여놓고 수시로 들여다보며 체크한다. 곱게 접어서 항시 가지고 다니면서 활용해도 좋다.
7. 간혹 머리를 식히고 싶을 땐 책 중간중간 등장하는 **깜짝 퀴즈**만 따로 풀어본다.
8. 마음가짐을 새롭게 하고 싶을 때에는 우리의 친구 부기 우기의 좌충우돌 책읽기를 그린 **카툰 '부기 우기 스토리'**를 다시 보면서 심기일전한다. (얘들도 해냈는데 나라고 못 할쏘냐! 아자 아자 아자!!!)

여는 글 진로를 위한 책읽기를 시작하자 • 4
『오늘 읽은 책이 바로 네 미래다』 활용법 • 13
등장인물 & 등장동물 • 18
책, 펼치기 전에 • 20

1장 책읽기로 꿈을 이룬 사람들

"당신은 꿈을 어떻게 이루었나요?" • 24

학교 성적보다 더 중요한 것은? 미국 대통령 버락 오바마 • 26
부기야, 무얼 느꼈니? • 31
내 미래를 위한 책읽기 나는 왜 책을 읽을까? • 32

만년 꼴찌의 운명을 바꾸어놓은 책
세계 최초 샴 쌍둥이 분리 수술에 성공한 의사 벤 카슨 • 34
우기야, 무얼 느꼈니? • 40
책에 대한 자신감 지수 테스트 책아, 나 지금 떨고 있니? • 42

책읽기로 인생 역전! 『해리 포터』 작가 조앤 롤링 • 44
우기야, 무얼 느꼈니? • 49
빈 칸 채우기 퀴즈 책과 노는 법을 알아볼까? • 50

도서관이 세계 최고의 부자를 키웠다 철강왕 카네기 • 52
부기야, 무얼 느꼈니? • 57
부자들의 책읽기 부자가 되고 싶다면 • 58

거장의 꿈을 이루어준 원천 애니메이션의 거장 미야자키 하야오 • 60
부기야 우기야, 무얼 느꼈니? • 66
각계 유명 인사가 직접 말하다 책이 내 삶에 미친 영향! • 68

이 책을 추천해! • 70
시간 가는 줄 모르게 풍덩 빠지게 되는 무지무지 재미있는 책 |
눈물 쏙 감동 가득 가슴이 찡한 책

2장 그런데 나는 책읽기가 싫어요

"책, 읽기 싫은 이유 속 시원히 해결해주마 팍팍!" • 74

내 꿈은 책 읽는 것과 상관없어요 • 76

꿈을 키우는 책읽기 내 꿈을 자극하는 책을 찾아라 • 84

게임이 책보다 더 재미있어요 • 86

흥미–책–진로 연결시키기 나에게 맞는 책을 찾아라! • 98

책만 보면 졸려요 • 100

자기 레벨에 맞는 책 찾는 법 내 수준에 맞는 책을 찾아라! • 106

책 읽을 시간이 없어요 • 108

자투리 시간 활용법 책읽기, 틈새시간을 노려라 • 116

읽고 싶은 책만 읽으면 안 되나요? • 118

독서계획 짜는 법 차근차근 단계별로 읽어라 • 124

이 책을 추천해! • 126

책의 중요성을 일깨워주는 책 | 그 외 책읽기의 중요성을 말해주는 책들

3장 잘 읽고 싶은데 어떻게 읽어야 할까요?

"나와 사귀고 싶다면……" • 130

나와의 첫 데이트, 상상력이 필요해 머리부터 발끝까지 찬찬히 훑어보기 • 132

책 읽기 전 상상력을 발휘하는 특별한 비법 • 136

누군가 나를 소리 내어 불러준다면 중얼중얼 꿍얼꿍얼 책에게 말 걸기 • 138

책 속 주인공에게 특별하게 말을 거는 법 • 141

흔적을 남겨주세요 밑줄 쫙 끼적끼적 메모 남기기 • 142

효과적인 '밑줄 긋기' • 148

'왜?'냐고 물으신다면 왜? 만약에? 나라면? 책에게 질문 던지기 • 150

창의력과 분석력을 키우는 좋은 질문 던지는 법 • 153

열 번 찍어 안 넘어가는 책 없다? 재고 쪼개고 분석하기 • 154
독해력 확실히 높여주는 깐깐한 어휘력 키우는 법 • 157

내가 당신 삶에서 무슨 의미냐고 물으신다면 책과 내 삶을 연결시키기 • 158
책을 내 인생의 멘토로 삼는 방법 • 164

이 책을 추천해요! • 166
세상을 보는 눈을 확 트이게 해주는 책 |
함께 살아가야 하는 인간 존재를 새삼 느끼게 해주는 책

4장 내 성격에 맞는 독서법을 알려주세요

"무얼 해서 먹고 살지?" • 170

성격이 운명을 바꾼다고? • 172

성격유형이란 무엇? • 176

그렇다면 나는 어떤 성격유형? • 182
나를 알면 진로가 보인다 MBTI 성격유형 • 194

성격유형에 따라 독서법이 달라요 • 196
공부도 성격에 맞게 성격유형별 공부법 • 224

네 멋대로 읽어라 • 226

이 책을 추천해요! • 230
각 성격유형별로 읽으면 좋아할 책

5장 책으로 탐색해보는 나는 문과형? 이과형?

"내가 문과형인지 이과형인지 알고 싶다면?" • 234

해리 포터 VS 아이팟 • 236

문과냐 이과냐 그것이 문제로다 • 246
알쏭달쏭 갈팡질팡 문과냐 이과냐 퀴즈! 후회 없는 문과 이과 선택법 • 252

난 문과형일까? 이과형일까? • 254

Yes or No! 나는 문과? 너는 이과? • 258
이제는 알겠다! A는 문과형, B는 이과형 • 260

그럼 나는 어떤 계열? • 262

다섯 고개로 알아보는 일곱 계열 • 268

문과형, 책 이렇게 읽자! • 280

문과형 책읽기, 더 구체적인 방법을 알려주마! 문과형 맞춤 독서법 • 288

이과형, 책 이렇게 읽자! • 290

이과형 책읽기, 더 구체적인 방법을 알려주마! 이과형 맞춤 독서법 • 298
요건 몰랐지~ 문과도 이과도 모두에게 필수! • 300

이 책을 추천하마! • 302

문과 이과 선택에 실질적인 도움을 주는 책 | 진로에 대한 폭넓은 관점을 제공하는 책

6장 나에게 맞는 직업, 책으로 알아보자

"책아, 책아, 세상에서 나에게 가장 잘 맞는 직업은 무엇이니?" • 306

나는 어떤 사람일까? • 308

자기 파악 테스트 너 자신을 알라! • 310
책아 책아 내가 누구인지 말해다오~ 자기탐색을 도와주는 책 • 314

나에겐 어떤 직업이 맞을까? • 316

직업흥미 체크리스트 나는 어떤 직업을 가져야 신나게 잘할 수 있을까? • 318
이 책을 읽으면 확실히 감이 올 거야! | 더 읽을 책

이 책을 추천하마! • 372

자기 분야에서 '나다움'을 살리며 꿈을 펼치고 사는 삶

책, 덮기 전에 • 374

부기의 독서 경험 | 우기의 독서 경험 |
부기 우기에게 | 인증서 | 미래에서 온 편지

카툰
부기 우기 스토리
41 • 97 • 137 • 149 • 165 • 211 • 223 • 229 • 267 • 385 • 391

딴지 잘 걸고 뿌루퉁한 표정 짓는 게 특기인 열다섯 살 중딩. 약간은 게으르고 세상에 무관심한 듯하지만, 관심이 가는 대상은 어떻게든 자신의 것으로 만들고 싶어하는 승부욕을 가지고 있다. '인생을 왜 사는가?' 라는 철학적인 질문에 빠져 있던 차에 독서쌤을 만나면서 책읽기에 발을 들여놓게 되지만, 역시나 부기의 가장 큰 적은 귀차니즘. 독서쌤의 비법을 설렁설렁 대충대충 따르다가 문득 절친 우기에게 은근한 승부욕을 느끼게 된다. 그러던 차에, 한눈에 반해버린 소녀의 유혹(?)에 넘어가서 돌이킬 수 없는 세계(?)로 빠져들게 되는데……. 부기는 과연 책읽기를 통해 무엇을 발견하게 될까?

부기의 절친. 말없이 묵묵히 자기 할 일을 하는 성격. 감춰진 센스가 있지만 잘 드러내지 않는다. "눈을 감은 거냐 뜬 거냐"라는 질문을 자주 받을 정도로 작은 눈을 가지고 있는데, 관찰하기를 좋아하는 그에게는 오히려 작은 눈이 매우 편리하다고. 뚫어져라 주시해도 워낙 눈이 작은 탓에 사람들은 그가 자신을 관찰하고 있다는 걸 모르기 때문이란다. 조용하지만 은근한 승부근성을 발동하여 독서쌤에게 배운 비법을 착실히 따라가면서 책읽기의 재미를 알아간다. 입맛부터 취향까지 전부 다른 부기와 어떻게 절친인지 스스로도 신기하게 생각하던 차에, 아뿔싸! 둘 사이에 딱 하나 공통점이 있었으니, 그것은 바로 이상형. 이로 인해 부기와 우기는 미묘한 갈등에 휩싸이게 된다.

뭐라고 딱히 꼬집어 말할 수는 없지만 뭔지 모를 신비한 매력을 지니고 있다. 의도적인 것인지 아닌지는 모르겠으나, 그 매력으로 부기와 우기를 엉뚱한(?) 방향으로 인도한다. 본인 입으로 결코 자랑한 적은 없지만, 책읽기의 내공이 상당한 독서 고수의 냄새를 풍긴다.

독특한 것을 좋아하고 남다른 패션 센스를 가졌다. 그중 가장 특이한 건 헤어스타일. 책을 머리에 얹고 다니는 거다, 대머리를 감추려고 책 모양의 모자를 쓰고 있는 거다, 특이한 미용실에서 약 5시간 30분에 걸쳐서 커트를 한 거다 등등 여러 가지 설이 나돌고 있는 가운데, 부기 우기도 아직 정확한 실체를 확인하지 못했다고 함. 아무튼 독서쌤의 독특함은 모두 인정하는 분위기. 늘 선글라스를 쓰고 있어 위압감이 느껴지기도 하지만, 그 뒤에 순수하고 맑은 눈빛이 자리하고 있다는 게 나소녀의 증언이다. 세상과 사람에 대해서는 절대 색안경을 끼지 않는 열린 사고의 소유자이며, 새로운 것에 적극적으로 반응하며 목표의식이 뚜렷한 진취적인 선생님(이라고 본인은 늘 주장한다). '내일 지구가 멸망하더라도 나는 한 권의 책을 읽겠다' 가 독서쌤의 신조.

모르는 게 없는, 세상 만물에 통달한 새. 평소 냉소적인 언행으로 까칠하다는 인상을 주는데 실제 성격유형 검사에서는 '성인군자형'으로 나와서 모두를 놀라게 한 장본인. 남 일에 관여하길 귀찮아하지만 꼭 필요할 때마다 한마디씩 힌트를 던지며 촌철살인의 미학을 즐긴다. 지구촌 모든 사람들에게 날카로운 한마디를 던지기 위해 불철주야 노력한 결과, 지금은 전 세계 언어 구사가 가능하다.

휴우~

부기야, 무슨 고민 있냐?

문득, 그런 생각이 든다.

???

인생이 고달프다는 생각. 앞으로 어떻게 살아야 할까 하는 생각.

간만에 진지한 네 모습이…… 적응이 안 된다 친구야.

-_-; '나는 어떤 어른이 될까?', '내 꿈은 뭘까?' 이런 생각이 들더라구.

어? 나도 며칠 전에 비슷한 생각이 살짝 들었는데. 명문대 수석 입학한 우리 사촌형 알지?

아, 그 형? 너희 큰아버지가 동네잔치까지 하셨잖아. 근데 그 형이 왜?

사실, 형이 전공이 적성에 안 맞아 대학생활이 재미없다고 우울해했거든. 근데 끝내 큰아버지 몰래 자퇴를 한 거야. 요즘 방 안에서 오락만 하고 폐인처럼 지내고 있대. 예전엔 엄마 아빠가 사촌형이랑 나랑 비교하면서 구박도 많이 하셨는데……. 형의 그런 모습을 보니까 '과연 성공이라는 게 뭘까?', '행복하게 잘산다는 게 뭘까?' 싶더라고.

그러게. 나한테 맞는 길을 어떻게 찾을 수 있을까?

…….

얘들아!

허걱!

너희들 나이 때 미래를 생각하는 건 아주 바람직하고 필요한 일이야. 너희 나이가 바로 '진로 탐색기'거든. '나는 어떤 사람일까?', '나는 무엇을 할 때 재미를 느낄까?', '나에게 맞는 직업은 무엇일까?'를 고민해야 하는 시기지. 다시 말해 자기 자신에 대해, 그리고 자신의 진로에 대해 탐험을 해야 할 나이라는 거야. 그런데 탐험을 떠나기 전에 가장 필요한 게 뭐지?

???

바로 지도야! 그래야 길을 제대로 찾을 수 있겠지. 너희의 진로를 탐색하는 데 필요한 가장 중요한 보물지도를 쌤이 알려주마.

그게 뭔데요?

자, 바로 이거야.

??? 엥? 이건 '책'이잖아요?!!

맞아. 꿈이 없는 사람은 책을 통해 꿈을 찾을 수 있어! 꿈이 있다면 책을 읽으면서 그 꿈을 이룰 길을 찾게 되고! 책이야말로 너희들의 진로와 미래를 알려주는 보물지도란다. 지금부터 책을 통해 꿈을 찾고, 책을 통해 꿈을 이루는 비결을 가르쳐주마. 자, 책 속으로 들어가볼까? 출발!!!

(믿어도 될까? 정말 책 속에 무언가 해답이 있을까?)

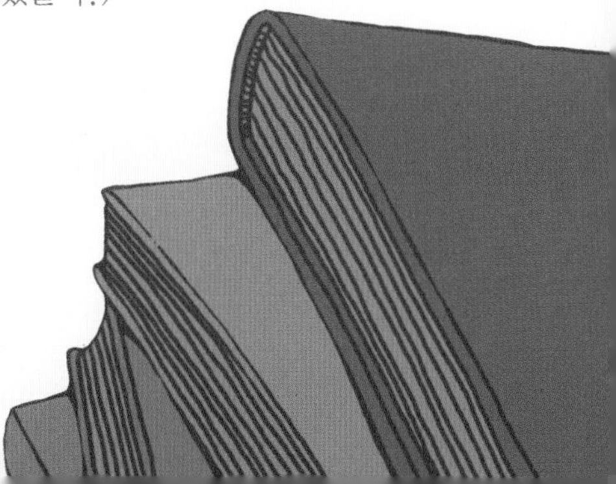

1장

책읽기로 꿈을 이룬 사람들

별 • 들 • 에 • 게 • 물 • 어 • 봐

"당신은 꿈을 어떻게 이루었나요?"

꿈이 아예 없는데, 꿈을 이루는 방법은 물어봐서 뭐하게요?

^^; 그럴 줄 알고 쌤이 특별한 분들을 모셨다. 자신의 강점이 무엇인지 파악하고, 그 강점을 계발하여 꿈을 이룬 분들이지. 꿈이 없는 사람은 먼저 '꿈을 꾸고 그 꿈을 이룬 사람들 이야기'를 읽는 게 좋거든.

왜요? 오히려 더 열등감만 생기지 않을까요?

아니, 정 반대야. 책은 읽는 사람에게 저자의 에너지를 고스란히 전달해주는 신비한 힘이 있어. 그래서 꿈을 이룬 사람들의 이야기를 읽다 보면 그 에너지가 읽는 사람의 뇌와 마음에 강렬하게 전달되어서 꿈에 대한 생각을 열심히 하게 된단다.

아하! "책이 사람을 만든다"라는 말이 정말이군요!

맞아! 어떤 책이 읽느냐에 따라 그 사람의 두뇌와 마음가짐이

달라지니까 말이야. 그리고 또 하나, 꿈이 없는 사람은 책을 읽다가 자기 삶의 롤모델을 만날 수 있거든. '그래! 바로 이 사람이야!', '맞아! 내가 살고 싶은 삶도 이런 거야!'라는 식으로 말야. 우리는 책을 통해서 자신의 심장을 뛰게 만드는 진로의 비밀을 알 수 있단다.

내 심장을 뛰게 만드는 책이라……. 좀 멋지긴 하군요. 과연 쌤이 어떤 분들을 초대했는지 은근히 호기심이 생기긴 하네요.

으흠! 쌤이 신경 써서 나름 스타 중의 스타로 엄선해서 모셨다. 특히 이 자리에 모신 분들은 공통점이 있어.

그게 뭔데요?

모두 책읽기를 좋아했고, 책을 통해 꿈을 꾸었으며, 책읽기의 내공을 바탕으로 자기 분야에서 두각을 나타내고 있다는 거야.

과연???

^^; 그래, 일단 만나보면 알게 될 거야. 그럼 지금부터 책읽기로 꿈을 이룬 사람들의 이야기를 들어볼까?

학교 성적보다 더 중요한 것은?

"책이 나를 대통령으로 키웠다"

미국 대통령 **버락 오바마**

안녕하세요? 저는 미국 최초의 흑인 대통령 버락 오바마입니다. 한국의 청소년들을 만나게 되어 무척 기쁩니다. 미국 경제를 살리기 위해 동분서주 바쁘지만, 저는 미래의 주인공인 여러분들을 만나는 것이 가장 즐겁고 행복하답니다. 오늘 저를 초청한 이유가 "왜 책을 읽어야 하는가?"라는 질문에 대한 제 생각을 듣기 위해서라고요? 저를 지금 이 자리에 있게 한 가장 중요한 원동력 중 하나는 '책' 입니다. 그렇다면 저는 왜 책을 읽을까요?

저는 이렇게 대답하겠습니다. 용기를 얻기 위해서 책을 읽는다고.

많은 분들이 이미 알고 계시겠지만, 저는 평범한 가정에서 성장하지 못했습니다. 두 살 때 부모님이 이혼하셨고, 아주 어려서는 인도네시아에서 어머니와 지내다가, 좀 커서는 외조부모님 손에서 자랐지요. 저는 흑인 아버지와 백인 어머니 사이에서 태어났기에, 외조부모님은 백인이었습니다. 외할머니는 흑인을 외손자로 두었으면서도, 인적이 드문 밤거리에서 건장한 흑인을 마주치면 두려움에 떠셨습니다. 그 정도로 흑인에 대한 편견은 뿌리 깊었지요. 청소년기에 저는 흑인이라는 이유로 따돌림을 당했고 열등감에 시달렸습니다.

그렇게 외롭고 희망이 보이지 않을 때, 누군가의 격려와 위로가 필요할 때, 그때마다 책은 저의 친구가 되어주었습니다. 책은 저를 위로하고, 일으켜 세워주고, 희망과 비전을 주었습니다. 수많은 책의 저자들과 주인공들이 꿈을 잃지 말라며 저의 어깨를 다독여주었지요. 그들은 내게 말했습니다. 절대 포기해서는 안 된다고. 꿈은 반드시 이루어진다고. 걱정하지 말고 도전하고 행동하라고.

또 저는 이렇게 대답하겠습니다. 남 주기 위해서 책을 읽는다고.

어릴 때 어머니는 책을 많이 읽어주셨습니다. 어머니도 손에서 책을 놓지 않는 독서광이셨죠. 어머니는 저명한 인류학자이자 인도네시아어, 자바어, 프랑스어를 자유롭게 구사할 만큼 왕성한 탐구욕의 소유자이셨습니다. 빈민들을 위한 봉사활동에도 활발하게 참여하셨고요.

어머니가 저에게 가장 무섭게 화를 낼 때가 언제였는지 아세요? 제가 약한 사람을 괴롭히거나 약한 사람이 괴롭힘 당하는 걸 못 본 척할 때였습니다. 그때마다 어머니는 불같이 화를 내시며 저를 꾸중하셨습니다. 어머니는 책을 읽는 즐거움에서 끝내지 않고, 책을 읽어서 남을 돕는 것과 연결하셨어요. 흔히들 이렇게 말하죠?

"배워서 남 주냐? 다 너 잘되라고 책 읽으라는 거야."

하지만 저희 어머니는 전혀 반대였죠.

"배워서 남 주자! 열심히 책 읽고 그것을 선한 일에 써야 한다."

대통령 엄마는 못 말려

오바마 대통령이 어린 시절 인도네시아에서 살 때, 그의 엄마는 어린 오바마가 영어를 잊어버릴까봐 걱정이 되어 새벽 4시에 깨워서 영어를 가르쳤대. 그리고 오바마에게 흑인 인권 운동가 마틴 루터 킹 목사의 연설문을 읽게 하고, 흑백차별 철폐운동을 펼친 가수의 음반을 사와서 들려주었다는군. 오바마 대통령이 책벌레가 된 건 이렇게 열성적으로 배움을 가르친 엄마의 영향이 컸을거야.

그리고 저는 이렇게 대답하겠습니다. 조언과 지혜를 구하기 위해 책을 읽는다고.

2008년 치열했던 대통령 선거 유세 중에도 저는 책을 손에서 놓지 않았습니다. 물론 대통령이 된 지금은 더더욱 책을 가까이 하려고 애를 쓰지요. 대통령으로서 결정을 내려야 할 중요한 사안들이 무수히 많기에 그만큼 고민도 많습니다. 그리고 고민이 되는 매 순간, 저는 현명한 결정을 내리기 위해 책을 폅니다.

저는 바쁜 스케줄 중에도 책 읽는 시간을 최대한 만들어내지요. 이동 중에 틈틈이 10분이라도 책을 보려고 합니다. 10분이면 10~20쪽은 너끈히 읽을 수 있어요. 어떤 책은 훑어보기만 해도 소화시킬 수 있고, 때로 책 속에서 발견한 한두 문장이 깊은 영감을 주기도 하지요.

저는 특정 이념에 치우친 책보다는 근본적인 해결책을 제시하는 책들을 좋아합니다. 역사책과 철학책도 좋아하고요. 인간 본성의 모호함을 잘 보여주는 셰익스피어의 작품들을 즐겨 읽지요. 요즘은 링컨과 루스벨트 대통령의 전기와 그분들이 쓴 글을 자주 읽습니다. 그분들로부터 지혜를 얻고 싶어서예요.

마지막으로 저는 이렇게 대답하겠습니다. 행복하기 위해서 책을 읽는다고.

가장 행복한 순간이 언제냐고 묻는다면, 저는 서슴없이 이렇게 대답합니다. '책을 읽는 순간'이라고요. 특히, 사랑하는

하루에 단 30분

하루에 30분만 책을 읽어도 일주일이면 책 한 권을 읽게 될 거야. 한달이면 4권, 1년이면 48권, 중학교 3년이면 144권의 책을 읽게 되는 거지. 하루에 30분 독서. '티끌 모아 태산'은 결코 헛된 말이 아니야!

오바마 대통령이 좋아하는 책은?

버락 오바마 대통령은 이런 책을 좋아한대. 1. 특정 이데올로기에 편파적으로 치우치지 않는 책. 2. 복잡한 문제에 대해 단순한 해법을 제시하지 않는 책. 3. 인간 본성의 모호함을 탐구하는 책. 오바마 대통령의 이런 점은, 조지 W. 부시 미국 전 대통령이 이분법적 세계관과 단순한 해법을 강조하는 책을 선호한 것과 대비되는 점이야.

제 아이들에게 책을 읽어줄 때, 마치 천국에 와 있는 듯한 기분을 느낍니다.

미국의 대통령으로서, 저는 앞으로도 무수히 많은 고민의 순간을 겪게 될 것입니다. 그리고 그럴 때마다 저는 책을 펼칠 것입니다. 책에서 용기와 지혜와 행복을 얻기 위해서 말입니다. 책은 열등감에 시달리던 어린 흑인 소년을 일으켜 세워서 지금의 자리까지 이끌어주었습니다. 그리고 앞으로도 저의 앞길을 이끌어줄 것입니다.

고민 없는 인생이 어디 있겠습니까? 여러분들도 가정 환경, 학교 성적, 친구 관계, 진로 문제 등 여러 가지 고민으로 머리가 무겁고 마음이 답답한 친구들이 많을 것입니다. 여러분, 지금 책을 펼치세요. 책에서 적극적으로 인생의 조언을 구하세요. 책이 여러분에게 대답해줄 것입니다. 나는 무엇을 위해 살아야 하는지, 나는 어떻게 살아야 행복할지 말이에요.

오바마 아저씨는 글도 잘 쓴대

오바마 대통령은 『내 아버지로부터의 꿈』(랜덤하우스)과 『버락 오바마, 담대한 희망』(랜덤하우스) 두 권의 책을 쓴 작가이기도 해. 오바마 대통령은 잠깐의 휴식 중에나 차량으로 이동하는 중에 좋은 생각이 떠오르면 얼른 수첩에 메모를 한대. 화장실에 갈 때도 수첩을 주머니에 넣어 간다는군. 글쓰기가 습관화된 것도 모두 독서의 힘이지. 책을 많이 읽다 보면 문장력도 풍부해지거든.

부기야, 무얼 느꼈니?

부기는 왜 책을 읽어야 한다고 생각하니?

음…… 선생님이, 엄마가, 자꾸 읽으라고 잔소리하니까요. 학교 숙제여서 어쩔 수 없이 읽기도 하고요.

그건 진짜 이유가 아니야. 너도 이제 책을 읽는 너만의 이유를 생각해볼 나이가 됐다.

엥? 그런 것도 나이 따져서 생각해야 해요?

공자님께서 이런 말씀을 하셨지. "吾十有五而志于學(오십유오이지우학)."

네??? 오십 뭐요?

^^; "나는[吾] 열다섯 살에[十有五而] 학문에 뜻을 두었다[志于學]"라는 뜻이야. 공자님은 열다섯 살부터 코피 터져가며 스스로 열심히 공부를 하셨지. 왜 그랬을까? 열다섯 살에, 공부를 왜 하는지 스스로 목적의식을 갖게 되었기 때문이야. 그러니까 공자님 말씀은 이런 뜻이지. "열다섯 살이면 누가 시켜서 공부할 나이는 이제 지났다. 혼자서 스스로 알아서 하거라."

열다섯 살이면, 나랑 같은 나이인데?!!!

맞아. 굳이 공자님 말씀을 빌리지 않아도, 중학생 정도면 스스로 독서의 중요성을 깨닫고 자발적으로 책을 읽을 만한 나이가 되었다고 할 수 있어. "나는 왜 책을 읽는가?"에 대한 부기 너만의 이유를 찾아보렴.

……. 지금까지 한 번도 '책을 읽는 나만의 이유'를 생각해본 적이 없어요. 늘 누가 시켜서 읽어야 하니까 읽었던 것 같아요.

책을 읽는 너만의 이유를 세우는 건 결국 너만의 꿈을 찾아가는 거라고 할 수 있어. 책을 통해 만나는 세상과 인물들이 네 속에 잠자고 있는 꿈을 일깨워서 점점 더 명확하게 볼 수 있게 해주거든.

(정말, 나는 왜 책을 읽어야 할까? 책을 읽는 나만의 이유, 찾을 수 있을까?)

나는 왜 책을 읽을까?

"부기야, 잠깐 나 좀 보자."
독서쌤이 나에게 노트를 건넸다.
"네가 그동안 책을 읽었던 이유, 느낌, 결과, 평가 등 지금까지
너의 책읽기 상태를 솔직하게 써봐. 낙서처럼 끼적거려도 괜찮으니까 편하게 써보렴."
살짝 황당하기도 하고 막막하게도 느껴지지만,
한편으론 내 스스로의 동기를 찾고 싶다는 자존심(?)도 발동한다.
자, 그동안 나는 무슨 이유로 책을 읽었는지 생각나는 대로 한번 적어볼까?

1. 시간 때우기 용으로.

딱히 할 일도 없고 놀거리도 없을 때, 시간 때우기 용으로 책을 읽었다.
눈에 띄는 책 중에서 재미있을 거 같은 걸로. 주로 만화로. 단점은……
책을 덮는 그 순간 모든 기억이 다 날아가버린다는 것.
한마디로 머릿속에 남는 게 없다.

2. 재미로.

친구들이 재미있다고 강추하는 책을 읽었다. 주로 게임소설이나 무협소설 류로. 이런 소설들은 현실을 잊고 가상의 세계에 푹 빠져드는 스릴이 있다. 술술 잘 읽힌다. 하지만 솔직히 한편으로 이런 생각도 든다. '내가 왜 굳이 이 책을 읽고 있을까?' '이 책이 내 인생에 무슨 도움이 되나?'

3. 국어시간 수행평가 때문에 억지로.

학교에서 읽으라는 책들은 주로 고전이다. 모르는 단어도 많이 나오고,

내용도 알 듯 말 듯. 솔직히…… 읽다 보면 짜증이 난다. 끝까지 다 읽으려면 내 인내심의 한계를 테스트하는 기분이 든다. 감상문을 써야 한다는 압박감에 시달리는 고통을 선생님은 아실까?

여기까지 쓰고 나니, 나는 '도대체 왜 이 책을 읽어야 하는지' 개념이 없었던 것 같다. 선생님도 왜 읽어야 하는지 이유를 말씀해주시지 않는다. 답답하다. 어디서부터 어떻게 시작해야 할까?

왜 읽어야 하는지 독서쌤이 알려주마.

내가 책을 읽는 이유

-너에게 해당하는 문항에 표시해보렴.

1. 책을 읽으면 성적이 올라가고 시험 보는 데 도움이 되니까
2. 책을 읽으면 아는 것이 많아져서 인정받고 인기가 올라가니까
3. 책을 읽으면 성공하는 데 도움이 될 거라고 생각하니까
4. 책을 읽으면 많은 정보를 얻을 수 있으니까
5. 책을 읽으면 인생을 살아가는 지혜를 얻을 수 있으니까
6. 책을 읽으면 그냥 재미있으니까
7. 책을 읽으면 현실의 고달픔을 잠시 잊을 수 있으니까
8. 책을 읽으면 어떻게 살 것인지 가치관을 세우는 데 도움이 되니까
9. 책을 읽으면 살아갈 용기와 희망을 얻을 수 있으니까

1, 2, 3, 4는 실용적인 이유, 5, 8, 9는 철학적인 이유, 6, 7은 오락적인 이유야. 진짜 독서의 고수는 어떤 이유로 책을 읽을까?
실용적, 철학적, 오락적 이유를 다 가지고 읽는 사람이 진짜 독서의 고수란다! 중요한 건, 내가 무슨 이유로 책을 읽는지 스스로가 아는 거야.
부기는 지금까지 생각 없이 읽거나 오락적인 이유로만 책을 읽은 것 같구나. 지금부터는 책을 읽기 전에 그 책을 읽는 실용적인 이유와 철학적인 이유는 무엇인지 생각해보렴. 재미도 추구하면서 때로는 머리 싸매고 고민할 줄 아는 청춘만이 책이 주는 참 의미를 얻을 수 있는 법. 골치 아픈 만큼 뇌는 똑똑해진다는 사실을 기억하렴!

만년 꼴찌의 운명을 바꾸어 놓은 책

"만년 꼴찌에서 세계적인 의사가 된 비밀"

세계 최초 샴 쌍둥이
분리 수술에 성공한 의사
벤 카슨

"이것이 무엇인지 아는 사람?"

과학 선생님이 검고 유리처럼 생긴 돌조각을 하나 치켜들면서 물었다.

"이 돌은 화산과 어떤 관계가 있지? 아는 사람 없나?"

아무도 손을 드는 사람이 없었다.

"이상하네. 공부를 잘한다는 아이들도 이걸 모르다니……."

그때 조용히 손을 드는 학생이 있었다. 벤 카슨이었다.

"그래, 벤자민."

주위에서 킬킬거리는 소리가 들렸다.

'재는 우리 반 꼴찌 벤 카슨이잖아!'

벤 카슨은 조금은 수줍은 듯 얼굴을 붉히면서 대답했다.

"그것은 흑요석입니다."

"맞았어!"

선생님도 조금 놀란 듯 큰 목소리로 외쳤다. 벤 카슨은 계속 말을 이어갔다.

"흑요석은 용암이 물에 닿을 때 그 용암이 급격히 냉각되는 과정에서 만들어집니다. 그리고 흑요석은……"

휘둥그레진 눈으로 자신을 쳐다보는 아이들의 시선을 느끼며, 벤은 흑요석과 용암에 대한 정보들을 줄줄이 말하기 시작했다. 말을 다 마치고 벤이 자리에 앉자 한 아이가 친구에게 속삭이는 소리가 들렸다.

"재가 정말 벤 카슨 맞아?"

선생님은 아이들을 바라보며 흥분된 목소리로 말했다.

"벤자민, 네가 한 말은 아주 정확하다. 그리고 너무너무 훌륭한 답변이었다. 벤자민이 오늘 우리에게 아주 굉장한 정보를 알려주었구나. 벤자민이 정말 놀랍고 자랑스럽다."

벤 카슨은 상기된 얼굴을 감추려는 듯 고개를 숙인 채 가만히 있었다. 그러나 그의 심장은 터질 듯 뛰었다. 선생님의 인정을 받은 것도, 친구들의 주목을 받은 것도, 이번이 처음이었다. 이 날의 수업은 벤 카슨의 운명을 바꿔놓았다.

벤 카슨은 반에서 만년 꼴찌였다. 스스로도 자신은 멍청한 아이라고 생각했다. 그런 그가 아무도 대답하지 못한 선생님의 질문에 유창하게 답을 하여 반 전체를 놀라게 한 것이다. 그리고 1년 뒤, 6학년 졸업 무렵 벤 카슨은 학교 전체 수석을 한다. 도대체 무엇이 만년 꼴찌 벤 카슨을 공부왕으로 만든 것일까?

5학년에 올라가고 몇 주 후, 벤 카슨은 '꼴찌'라고 적힌 성적표를 어머니에게 보여드렸다. 성적표를 보이면서도 벤은 크게 부끄럽지 않았다.

'나는 반에서 제일 멍청한 애야. 그러니까 꼴찌를 한 게 새삼스러울 것도 없지.'

벤은 스스로도 자신이 반에서 가장 멍청하다고 믿고 있었다. 하지만 벤의 어머니는 그에게 늘 이렇게 말했다.

"베니야, 너는 영리한 아이란다. 너는 네가 하고 싶은 일은 무엇이든지 할 수 있어!"

'고슴도치도 자기 새끼는 이쁘다고, 엄마는 왜 저렇게 말도 안 되는 얘기를 하는 걸까?'

벤은 엄마의 말을 믿지 않았다. 어머니가 아버지와 이혼한 후, 벤은 새로운 학교로 전학을 왔다. 열심히 노력했지만, 벤에게 수업시간은 늘 어렵고 지루했다. 선생님이 하는 말은 모르는 말투성이였다. 당연히 수업 내용을 전혀 알아들을 수 없었다.

학교에서 '꼴찌' 성적표를 받아온 지 얼마 지나지 않은 어느 날, 벤은 형과 함께 밤늦은 시간까지 텔레비전을 보고 있었다. 이혼 후, 어머니는 부잣집에서 허드렛일을 해주며 생계를 이어가고 있었다. 그런데 그날은 일터에서 돌아온 어머니가 갑자기 단호하게 텔레비전을 껐다. 그리고 벤과 형의 눈을 바라보며 이렇게 말했다.

"얘들아, 너희들은 텔레비전 앞에서 너무 많은 시간을 낭비하고 있어. 그동안 나는 지혜를 얻기 위해 기도해왔단다. 그리고 드디어 기도의 응답을 받았어. 그건 바로 책을 읽는 거야! 이제부터 너희들은 매주 미리 정한 두 개의 프로그램 외에는 텔레비전을 봐서는 안 된다. 그것도 숙제를 다 마친 후라야 돼. 숙제를 다 마칠 때까지는 밖에 나가 놀지 말아라. 그리고 매주 도서관에서 책 두 권을 빌려와서 읽은 후에 엄마한테 그 내용을 말해야 한다."

"하지만 엄마, 다른 애들은 모두 수업 끝나면 나가 논단 말

텔레비전은 독서의 적?

미디어 시대인 오늘날 텔레비전을 더이상 독서의 적으로만 치부할 순 없어. 이왕 볼 거면 제대로 텔레비전을 보는 게 중요하지. 책처럼 텔레비전도 제대로 읽을 줄 알아야 미디어 시대의 주역으로 살아갈 수 있으니까 말이야. 텔레비전 잘 읽는 법은? 1. 왜 저 주인공으로, 저 스토리로, 저런 느낌으로, 저 앵글로 찍었을까? 방송과 광고 만드는 사람의 의도 파악하기 2. 방송과 광고의 문제점이 무엇인지 비판적으로 생각하기 3. 방송과 광고의 메시지를 뒤집어서 생각해보기 4. 만약 내가 방송과 광고를 만든다면? 적극적으로 상상하기

이에요. 그러다가 친구를 한 명도 사귀지 못할 거예요."

벤이 울상을 지으며 항의했지만 어머니는 단호했다.

"아마 그럴지도 모르지. 하지만 그 친구들이 너만큼 성공하지는 못할 거다."

벤은 형의 얼굴을 쳐다보았다. 형은 아무 말이 없었다. 어머니 말이 지혜롭다는 것을 형은 알아들은 것 같았다.

어머니는 초등학교 3학년까지밖에 학교를 다니지 못했지만, 매우 신앙심이 깊었다. 어려운 일이 닥칠 때면 어머니는 항상 벤과 형을 앞에 두고 이렇게 말했다.

"이제부터 엄마는 이 문제에 대한 지혜를 얻기 위해 매일 기도를 하겠다. 그러면 하나님께서 지혜를 주신단다."

벤과 형은 힘들게 일하시는 어머니를 슬프게 하고 싶지 않았다. 그래서 어머니에게 순종했고, 약속을 지켰다.

도서관에서 놀자!

도서관에 가면 1. 일단 서가를 쭉 둘러보면서 아무 책이나 꺼내서 구경한다. 무슨 책들이 나왔는지 살펴보는 것만으로도 세상 돌아가는 흐름을 알 수 있다. 2. 평소에 보기 힘든 잡지나 외국서적을 구경한다. 휘리릭 살펴보는 것만으로도 견문이 넓어진다. 3. 관심 있는 직업이나 좋아하는 작가를 정해놓고 관련된 책을 집중적으로 읽어나간다. 관련 책들을 한 권 한 권 찾아가는 재미가 쏠쏠하다. 단, 읽으면서 반드시 수첩에 메모를 할 것! 저절로 나만의 사전이 만들어진다.

다음 날, 벤은 처음으로 도서관을 찾았다. 어쩔 줄 몰라 어색하게 서 있는 벤에게 사서가 다가와서 물었다.

"어떤 종류의 책을 좋아하니?"

벤은 자신이 어떤 책을 좋아하는지 한참 생각해야 했다.

"동물들…… 동물들에 관한 것이요."

『비버: 목수 그리고 댐 건축가』. 벤이 처음으로 도서관에서 대출한 책이었다. 집에 돌아와 책을 읽기 시작한 벤은 끝까지 읽는 데에 이틀이 걸렸다. 그 책은 벤이 처음부터 끝까지 다 읽은 최초의 책이었다.

그때부터 도서관 가는 일은 벤의 매일의 일상이 되었다. 처음에는 동물에 관한 책들을 모두 읽었고, 다음엔 식물에 대한 책, 그 이후엔 광물과 암석에 관한 책들을 읽어나갔다.

이렇게 책을 읽어가면서 벤에게 변화가 생기기 시작했다. 그중 하나가 수업시간에 알아듣는 단어가 점점 늘어간다는 것이었다. 선생님이 어떤 단어를 물어보면 벤은 혼자서 속으로 철자를 읊조렸다. 어려운 단어를 알아들을 때마다 아무도 모르는 희열을 느끼곤 했다. 그리고 급기야 벤은 과학시간에 아무도 몰랐던 흑요석에 관해 설명을 하는 수준이 되어 선생님과 아이들을 놀라게 만든 것이다.

그 수업 이후, 벤은 독서의 중요성과 가치를 절실히 깨닫게 되었다. 그는 더욱 독서에 열중하였다. 사회, 지리, 수학, 역사로 벤의 지식세계는 점점 더 넓어져갔다.

더 이상 벤 카슨은 멍청이가 아니었다. 그는 전체 수석으로 초등학교를 졸업했고, 우수한 성적으로 예일대 의대에 입학했으며, 존스홉킨스대학 병원의 소아과장으로 역사상 최초로 샴 쌍둥이 분리 수술에 성공한 세계적인 의사가 되었다.

벤 카슨의 독서클럽

벤 카슨은 흑인 빈민가 출신의 자신이 세계적인 의사로 성장한 이유는 두 가지라고 말했어. 바로 어머니의 기도와 독서가 그것! 독서를 통한 지식을 심화함으로써 성공적인 삶을 살 수 있다고 벤 카슨은 말하고 있지. 오늘날 그의 책을 읽은 미국의 많은 청소년들이 벤 카슨의 이름을 붙인 독서클럽을 만들어서 책을 읽고 있대. 벤 카슨의 독서클럽은 세 가지 약속을 만들었는데, 1. 일주일에 두 권의 책을 읽을 것 2. 읽은 책에 관한 보고서를 클럽에 제출할 것 3. 텔레비전 시청시간을 제한할 것이 바로 그것이야.

우기야, 무얼 느꼈니?

우기는 스스로 멍청하다는 생각이 들 때가 언제니?

글쎄요…… 성적표 받을 때?

학교 성적이 좋다고 똑똑하다고 볼 수도 없고, 성적이 나쁘다고 멍청하다고 할 수도 없어. 중요한 건 자기 자신의 잠재력을 얼마나 믿고 있는지, 그리고 그 잠재력을 얼마나 적극적으로 계발하고 있는지, 바로 그것이지.

그래도 성적표를 보면 자신감이 뚝 떨어져요. 공부를 못하면 다른 것도 잘할 수 있는 게 없을 것만 같아요.

음…… 우기야, 책읽기를 통해 얻을 수 있는 중요한 것 중의 하나가 바로 '자신감'이란다.

책 많이 읽는 애들은 아는 게 많으니까 자신감이 생긴다는 건가요?

그런 자신감과는 조금 달라. 책을 읽으며 만나게 되는 수많은 인물들과 이야기를 통해, 자신의 가능성을 발견하게 되면서 깨닫게 되는 자신감이거든. 책을 읽다 보면 네가 좋아하는 게 무엇인지, 흥미를 느끼는 분야가 무엇인지, 어떤 삶을 사는 사람에게 매력을 느끼는지를 알게 되지. 그건 곧 너 자신에 대해 더 잘 알게 된다는 뜻이야. 그렇게 자신의 고유한 개성을 알게 되면 스스로에 대한 자신감이 자연스럽게 생겨난단다.

책이 무슨 거울인가요? 나를 더 잘 알게 된다고요?

친구를 많이 사귀다 보면 네가 어떤 스타일의 친구와 더 잘 맞는지, 너는 어떤 성격을 가지고 있는지, 또 이런 친구에게는 어떻게 대해야 하는지 등등 많은 걸 알게 되잖아. 책도 똑같단다. 책은 짧은 시간에 많은 친구들을 만날 수 있게 해주기 때문에 너 자신에 대해 집중적으로 알 수 있게 되는 거지.

'친구가 나를 비추는 거울이듯, 책도 나를 비추는 거울이다.' 이런 말씀이네요.

그렇지! 나의 개성과 장점을 알게 되니 자연히 자신감이 생길 수밖에 없는 거지! 우기야, 이제부터 책을 통해 너의 잠재력을 발견해보렴.

(나의 잠재력을 깨닫게 해줄 책을 과연 만날 수 있을까?)

번
뜩
1
으하하하하
또 일등해버렸네!
어쩜 좋아
다다다닥
다다다
쯧쯧쯧쯧
진정한 1등이 되려면 책을 읽어야지
제정신이냐?
......
하아
만화 보이
유유상종
부담없이 시작!

책에 대한 자신감 지수 테스트

책아, 나 지금 떨고 있니?

'난 잘해낼 수 있어!' 라고 생각하는 사람과 '난 못할 것 같은데……' 라고 생각하는 사람.
둘 중 누가 더 좋은 결과를 얻을까? (굳이 답을 말 안 해도 알겠지?)
책읽기도 마찬가지다. '무슨 이야기가 펼쳐질지 한번 도전해볼까?' 라고 배짱 좋게 덤비는 사람과
'아, 나 진짜 책읽기 싫어하는데……' 라고 주눅부터 드는 사람.
둘 중 누가 책읽기에서 좋은 결과를 얻을까? (이 질문 또한 답은 말 안 하겠다.)
모든 일이 그렇듯이, 책읽기도 자신감이 중요하다.
과연 책에 대한 당신의 자신감 지수는 얼마일까? 아래 문항에 OX로 답해보자.

1. 나는 책을 좋아하고 잘 읽는 독자라고 스스로 생각한다. ○ ×
2. 마음만 먹으면 조금 두꺼운 책도 끝까지 읽어낼 자신이 있다. ○ ×
3. 책을 읽고 나서 그 내용을 이해하기 쉽게 말할 자신이 있다. ○ ×
4. 내가 좋아하는 분야의 책이 아니어도 일단 호기심을 가지고 읽어보려고 한다. ○ ×
5. 한번 읽기 시작하면 그다지 재미가 없어도 책에 대한 의리로 끝까지 읽는다. ○ ×
6. 책을 잘 읽는 여러 가지 방법을 알고 있고 때때로 적용한다. ○ ×
7. 책을 읽다가 잘 모르면 선생님이나 어른들에게 물어보면 된다고 생각한다. ○ ×
8. 주변에서 아무리 시끄럽게 떠들어도 꿋꿋이 책을 읽을 수 있다. ○ ×
9. 읽어야 할 책이나 읽고 싶은 책이 있으면 반드시 읽고야 만다. ○ ×
10. 책을 읽으면 똑똑해지고 삶의 용기를 얻는다고 생각한다. ○ ×

○가 0~3개 책 앞에만 서면 한없이 작아지는군.

책에 대한 자신감이 부족하군. 이럴 땐 같은 분야의 책을 계속 레벨업하면서 읽어봐. 일단 쉽게 읽을 수 있는 가벼운 책에 도전해서 천천히 읽는 거야. 예를 들어, 외모나 스타일에 관심이 많다면 연예인들이 쓴 스타일에 관한 책부터 읽는 거지. 그 다음, 스타일리스트가 쓴 책을 읽는 거야. 그러고 나서 문화심리학자가 스타일에 관해 쓴 책에 도전해보는 거지. 너의 흥미를 책과 연결해보렴. 그리고 그 분야의 책 중에서 읽기 편한 쉬운 책에서 시작하여 난이도를 점차 올려가는 거야. 그러면 책에 대한 자신감도 자연스럽게 커질 거야.

○가 4~7개 고지가 저기야. 조금만 힘을 내.

책에 대해 나름 자신감이 있구나. 그런데 혹시 좋아하는 책만 읽고 있지는 않니? 어떤 책이 좋은 책인지, 어떻게 읽어야 할지 몰라서 망설이고 있지는 않니? 이럴 땐 선생님께 도움을 청해. "선생님, 재미있으면서도 좋은 책 추천 좀 해주세요"라고 말이야. 그리고 책을 읽을 때 꼼꼼하게 읽고, 읽은 내용을 말로 다시 설명해보도록 하렴. 이렇게 읽기 훈련을 하나씩 배워가면 자신감도 훌쩍 업그레이드 될 거야.

○가 8개 이상 자신감이 하늘을 찌르는 당신, 부럽다 부러워.

책에 대한 자신감은 지금 상태로도 충분해. 이제부터는 다양한 책들을 열심히 읽어서 통합적인 사고능력을 키우는 데 도전해봐. 좀더 어려운 책, 좀더 전문적인 책들에 도전하는 거야. 신발끈 고쳐 매고 도전 준비를 하렴. 좀 긴장되지? 하지만 넌 충분히 할 수 있어!

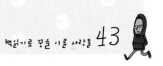

책읽기로 인생 역전!

"성공하고 싶다면 책을 읽으세요"

『해리 포터』 작가 **조앤 롤링**

'마르고 자그마한 체구에 초록색 눈, 동그란 안경을 쓴 열두 살 정도의 소년…… 그 소년의 정체는? 그 소년은…… 마법사!'

1990년 6월 어느 주말, 그녀는 직장일을 마치고 집으로 가기 위해 맨체스터에서 런던으로 가는 기차에 몸을 실었다. 무심코 창밖을 바라보고 있던 그녀의 머릿속에 순간 어떤 소년의 영상이 스쳐갔다. 그녀는 강렬한 영감에 사로잡혔다.

'그 소년은 마법사인데, 정작 본인은 자신이 마법사인 줄 모른다. 그런데 마법사 소년은 마법학교에 가게 된다. 마법학교는 마을에서 떨어진 호젓한 장소가 좋을 거야. 어린 마법사를 훈련시키기에 고풍스럽고 웅장한 성이 좋겠지? 그런데 소년은 왜 자신이 마법사라는 걸 몰랐을까? 마법학교에서 만나게 되는 친구들의 모습은 어떠할까?'

런던으로 돌아오는 기차 안에서 4시간 내내 그녀는 마법사 소년의 이야기를 상상했다. 그리고 기차가 런던의 킹스크로스 역에 도착했을 때, 그녀의 머릿속에는 일곱 권의 책에 대한 전체적인 그림이 이미 그려져 있었다.

기차 안에서 마법사 소년 이야기를 상상해낸 여자, 그녀가 바로 조앤 롤링이다. 그리고 이렇게 탄생한 책이 바로 그 유명한 『해리 포터』 시리즈이다.

집으로 돌아온 롤링은 기차 안에서 떠오른 영감을 바

탕으로 줄거리를 잡아가기 시작했다. 제일 먼저 한 일은 등장인물들을 만들어내는 것이었는데, 특히 등장인물들의 이름을 짓는 일에 많은 시간을 할애했다. 어려서부터 이름에 특별한 의미를 붙여서 생각하길 좋아했던 롤링은 주변 사람들에서부터 전화번호부, 가게 간판, 심지어 범죄인 명부까지 뒤지며 인물들의 이름을 만들어갔다.

그녀가 가장 좋아하는 남자 이름이 '해리'였기에, 주인공의 이름은 '해리 포터'로 낙찰되었다. '포터'는 어린 시절 이웃에 살았던 친구의 이름에서 따왔다. 해리의 두 친구 론과 헤르미온느의 성격도 설정했다. 그리고 이들 세 사람의 돈독한 우정과 용기, 믿음을 소설의 큰 주제로 삼기로 했다.

롤링은 직장일을 하면서 틈날 때마다 해리 포터의 이야기를 이어갔다. 어릴 때부터 책벌레였던 그녀는, 그동안 읽었던 수많은 유럽 신화와 소설에서 아이디어를 얻었다. 그리고 그것을 새롭게 재창조했다. 특히 마법세계의 여러 규칙들을 생각하는 데에 많은 시간을 들였다. 여러 마술책을 뒤지며 공부했고, 그 내용을 바탕으로 상상력을 발휘했다. 마법학교의 독특한 스포츠 '퀴디치', 마법학교의 진귀한 풍경들, 호그와트의 역사, 교장선생님, 헤그리드, 편지를 배달하는 올빼미 등등…… 그 해가 가기 전 『해리 포터』는 이미 롤링의 머릿속에서 거의 완벽하게 구상을 마쳤다.

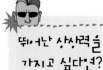

뛰어난 상상력을 가지고 싶다면?

이제까지 없던 걸 새롭게 만들어내는 걸 '상상력'이라고 생각한다면, 그건 커다란 착각이야. 상상력이란, 익숙하게 알려진 것을 새로운 관점으로 해석하는 것, 그래서 상식을 깨트리는 것이야. 남과 다르게 보는 새로운 눈이 바로 상상력이지. 이런 상상력을 키우는 가장 중요한 방법이 뭐게? 그래! 바로 책읽기야. 책을 읽다 보면 저자들의 서로 다른 관점, 다양한 생각, 수많은 이야기와 아이디어를 접하기 때문에 상식을 뛰어넘는 신선한 사고력이 쑥쑥 커지거든.

하지만 『해리 포터』가 세상에 나온 것은 그로부터

7년 후였다. 7년 동안 롤링에게는 많은 일이 벌어졌다. 사랑하는 어머니가 세상을 떠났고, 포르투갈에서 사랑에 빠져 결혼하고 딸도 낳았으나 결국 헤어지고 무일푼 상태로 영국으로 되돌아왔다. 그때 롤링이 국가에서 받은 생활보조금은 매주 69파운드, 우리 돈으로 약 11만 원이었다. 한 달에 50만 원이 채 안 되는 돈으로 롤링은 딸과 생활을 해나가야 했다. 그녀가 입주한 아파트는 난방도 제대로 되지 않았고 쥐들이 벽을 긁어대는 열악한 곳이었다. 어린 딸을 먹이려고 롤링 자신은 끼니를 굶기도 했다.

'더는 안 되겠어. 빨리 『해리 포터』를 완성해서 책을 내야겠어!'

롤링은 딸을 유모차에 태우고 매일 집 근처 공원으로 갔다. 그리고 딸 제시카가 잠이 들면 얼른 유모차를 밀고 근처 카페로 가서 딸이 자는 동안 열심히 글을 써나갔다. 그러나 롤링은 원고를 완성하고도 복사비가 없어서 출판사에 원고를 보내기 위해 엄청난 분량의 원고를 중고 수동 타자기로 손수 다시 쳐야 했다. 그렇게 『해리 포터』의 첫 권이 1995년 말에 완성되었다.

이제 남은 일은 책을 출판해줄 출판사를 찾는 것이었다. 열두 번의 거절 끝에 결국 출판사를 찾았고, 드디어 『해리 포터』는 세상에 나오게 되었다.

전 세계 60여 개 언어로 번역되었고 지금까지 3억 7천만 부가 넘게 팔린 세계적인 베스트셀러를 쓸 수 있었던 비밀은 무엇이었을까? 그녀 스스로도 강조하듯이, 롤링의 성공 비결은 바로 '책읽기' 였다.

롤링의 책읽기는 부모님이 들려주던 옛날이야기에서부터 시작되었다. 이야기에 재미를 느낀 롤링은 무궁무진한 이야기의 세계에 빠져들었다. 그리고 손에서 책을 놓지 않는 책벌레가 되었다.

그러나 그녀가 단지 책만 많이 읽었다면, 그저 수많은 책벌레 중의 한 명으로 남았을 것이다. 롤링의 성공적인 책읽기의 비밀은, 책을 읽는 것에서 그치지 않고 책과 함께 놀았다는 것이다. 서너 살 때부터 롤링은 직접 이야기를 지어서 동생에게 들려주었다. 여섯 살 때는 토끼를 주인공으로 동화를 지어서 엄마에게 들려주었다. 그렇게 롤링은 자신만의 노트에 끊임없이 이야기를 쓰면서 작가의 꿈을 키웠다.

사실 『해리 포터』 이야기는 100퍼센트 그녀가 만들어낸 이야기가 아니다. 『해리 포터』는 그녀가 읽었던 수많은 신화와 소설들에서 얻은 아이디어를 그녀만의 상상력으로 새롭게 재창조해낸 것이다. 그리고 그녀의 이런 놀라운 상상력은, 책 속 이야기를 읽는 데에서 그치지 않고 자기 식대로 이야기를 응용하여 책과 놀면서 만들어진 것이었다.

조앤 롤링은 어디서나 사람들에게 이렇게 말한다.

"책을 많이 읽으세요. 그리고 항상 글을 쓰세요."

노세 노세
책과 노세

프랑스의 유명한 디자이너 코코 샤넬은 집안사정으로 기숙사에서 자랐는데, 책과 놀면서 외로움을 이기고 자신만의 감성과 상상력을 키웠지. 소설을 특히 좋아했던 샤넬은 한 소설을 몇 번이고 읽으면서 소설 속 인물의 대사를 외웠대. 그리고 마치 소설 속 주인공처럼 친구들 앞에서 그 대사를 읊었지. 시련을 딛고 행복하게 된 주인공의 대사를 읊으면서 샤넬도 꿈을 꾸었던 거지. 음악을 좋아한다고? 책 속 멋진 구절에 곡을 붙여봐. 노래 부르길 좋아한다고? 마음에 드는 인물의 대사를 노래로 만들어서 불러봐. 게임을 좋아한다고? 책의 내용을 게임 시나리오로 각색해봐. 너만의 스타일로 책과 놀아봐.

우기야, 무얼 느꼈니?

우기는 『해리 포터』 읽었니?

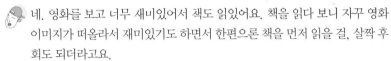

네. 영화를 보고 너무 재미있어서 책도 읽었어요. 책을 읽다 보니 자꾸 영화 이미지가 떠올라서 재미있기도 하면서 한편으론 책을 먼저 읽을 걸, 살짝 후회도 되더라고요.

맞아. 책을 먼저 읽으면서 내 마음대로 영화를 찍어보고 난 다음에 내가 상상했던 이미지와 비교하면서 영화를 보면 훨씬 더 흥미진진하지.

다음에는 영화보다 책을 먼저 읽어야겠어요. 그런데 그렇게 재미있는 이야기가 그처럼 어렵고 힘든 상황에서 쓰여졌다니, 어쩐지 기분이 묘해요.

그렇지? 꿈을 꾸는 건 현실의 어려움을 뛰어넘게 만드는 힘이 있단다. 조앤 롤링에게 꿈을 꾸게 만든 원동력은 바로 '책'이었다는 건 참 인상적이지. 롤링은 책을 읽으며 꿈을 키웠고, 책을 쓰며 꿈을 이루었지.

그런데 선생님, '책과 논다'는 게 뭐예요?

이렇게 생각해보면 쉽겠다. 우기는 부기랑 만날 때 어떤 마음이야? 의무감? 불편함? 귀찮음? 당연히 아니지? 신나고 기대되고 편하고 친근한 마음이잖아. '책과 논다'는 건 이런 마음가짐을 말하는 거야.

아~ 친구 만나서 같이 논다는 기분으로 책을 만나라고요?

그렇지! 일단 그런 마음가짐이어야 책을 읽으면서 신나는 아이디어도 떠오르겠지?

그러고 보니, 책을 만날 땐 늘 의무감과 두려움이 컸던 것 같아요. 친구 만나서 놀듯 그런 마음으로 책을 펼치면 차이가 굉장히 클 것 같네요. 그게 정확히 어떤 건지는 직접 해봐야 알겠지만요.

그렇지! 일단 즐겁게 마음먹고 편하게 책을 만나보렴. 아마 이전과는 전혀 다른, 새로운 경험을 하게 될 거야. 책과 놀 준비, 이제 됐니?

음…… 일단 놀아보죠. 책이 나랑 맞는지 안 맞는지는 놀아보고 결정해도 되죠? ㅋㅋ

빈 칸 채우기 퀴즈

책과 노는 법을 알아볼까?

책과 노는 다양한 방법을 알려줄게.
단, 빈 칸에 들어갈 말을 맞혀봐. 거저 알려주면 재미없잖아. ㅋㅋ

1. 이 책의 ○○○과 저 책의 ○○○이 서로 만난다고 상상해본다.
과연 둘은 어떤 사이가 될까? 어떤 스토리가 펼쳐질까?

힌트 ○ 『어린 왕자』(문학동네)의 ○○○은 '어린 왕자'다.

2. 책 속 인물의 ○○이 바뀐다면 어떻게 될까? 만약 어린 왕자가 아니라
어린 공주였다면? 조종사가 남자가 아니라 여자였다면?

힌트 ○ 『다시 만난 어린 왕자』(이레)를 읽어봐. '책과 놀기'의 묘미를 느낄 수 있을 거야.

3. 책을 다른 ○○로 바꿔본다면? 만약 『어린 왕자』를 영화로 만든다면?
이 장면은 어떻게 연출할까? 이 인물은 어떤 배우가 어울릴까?
어느 부분이 영화에서 중요하게 나올까?

힌트 ○ 영어로 말하면 '미디어media'라고 하지. 광고, 신문, 잡지, 드라마, 영화 등 다양한 미디어가 있어.

4. 책 속 ○○을 다르게 바꿔본다면?
'어린 왕자'가 떨어진 곳이 사막이 아니라 도심 한가운데였다면?

힌트 ○ 작품의 ○○을 분석할 때, 시대적 ○○과 공간적 ○○으로 구분할 수 있지.

5. 책 내용을 재미있게 ○○○해본다면?

힌트 ○ 전지현과 차태현 주연의 영화 〈엽기적인 그녀〉에는 소설 『소나기』를 ○○○한 부분이 있어.
소설 『소나기』에서는 소녀가 죽으면서, 자기 관에 분홍색 스웨터를 함께 넣어달라고 유언을 해.
그 스웨터는 소나기 내리던 날 소년이 자신을 업어줄 때 입었던 옷이거든.
영화 〈엽기적인 그녀〉에서는 전지현이 이렇게 말하지. "내가 죽으면 소나기 내리던 날
나를 업어준 남자아이를 산 채로 같이 묻어달라." 원본을 비틀어서 뜻밖의 유머를 선사하는
○○○의 묘미를 잘 보여주는 예지. ㅋㅋ

6. 책 속 한 장면을 매우 ○○○○ 상상해본다면? 만약 책 속에서 식사 장면이 나온다면, 요리 종류, 식당 분위기, 식탁과 의자 디자인, 벽지 무늬까지 상상해본다. 그 장면을 그림으로 그려봐도 재미있다.

힌트 ○ 『모모』(비룡소)에 묘사되고 있는 회색 도시의 풍경을 상상하며 읽기.
『클로디아의 비밀』(비룡소)의 배경이 되는 미국 맨해튼의 메트로폴리탄 박물관 내부 모습을 상상하며 읽기.
『씨앗을 지키는 사람들』(창비)에 나오는 미래 최첨단 생태형 집의 모습을 상상해보기.

7. 동시대의 ○○과 ◇◇을 비교한다면? 『홍길동전』의 배경이 되는 조선 후기에 서양은 어떤 시대였을까? 같은 시대에 다른 두 문명의 문화를 비교해보는 것도 재미있다.

힌트 ○ 『홍길동전』은 1612년 지어진 것으로 추정되고, 『돈키호테』는 1605년 발표한 것으로 알려져 있어. 조선시대 영웅 홍길동과 스페인의 엉뚱한 기사 돈키호테를 비교해보면서 17세기 ○○과 ◇◇을 살펴봐도 재미있겠지?

8. 책을 다 읽고 나서 책 속 인물에게 ○○를 써본다. 그 인물에게 느껴지는 점, 책 읽으면서 궁금했던 점, 그 인물에 대해서 더 알고 싶은 점 등 친구에게 비밀 이야기하듯 편안하게 써본다. ○○를 다 쓰고 나서, 그 인물의 입장이 되어 답장을 써보는 것도 재미있다.

힌트 ○ 옛날 노래이긴 한데, 가수 김민기의 노래 중에 이런 노래가 있어. "가을엔 ○○를 하겠어요. 누구나 그대가 되어 받아주세요."

9. 책에서 마음에 드는 인물의 명○○를 뽑는다면? ○○를 넣어서 그 캐릭터를 그려보는 것도 재미있다.

힌트 ○ 셰익스피어의 작품 『햄릿』의 명○○는 이것! "사느냐 죽느냐 그것이 문제로다."

이 외에도 책과 노는 법은 무궁무진해. 위의 방법들을 따라해보고 나서, 그 다음엔 너만의 놀이법을 개발해봐.

정답
1. 주인공 | 2. 성별 | 3. 매체 | 4. 배경 | 5. 패러디
6. 상세하게, 자세하게(비슷한 의미면 오케이) | 7. 동양, 서양 | 8. 편지 | 9. 대사

도서관이 세계 최고의 부자를 키웠다

"가난한 소년의 꿈을 이루어준 도서관"

철강왕 **카네기**

안녕하세요?

전보배달부로 일하고 있는 카네기라고 합니다.

저는 시 도서관의 잘못된 규칙에 대해 말하고 싶습니다.

시 도서관에서는 현재 손을 써서 일하는 아이들에게만

책을 빌려주고 있습니다. 이는 부당한 규칙이라고 생각합니다.

손을 써서 일하든 발로 뛰는 일을 하든 가난한 아이들

누구에게든 다 책을 빌려주어야 하지 않을까요?

저희 같은 가난한 아이들이 시 도서관에서

책을 빌려볼 수 있도록 도와주십시오.

전보배달부?

전보는 오늘날 휴대폰으로 주고받는 문자와도 같아. 다른 점이 있다면 그 문자를 사람이 직접 전달했다는 거지. 멀리 떨어진 사람에게 급히 전해야 할 소식이 생기면 전신국에 가서 최대한 짧은 문구로 신청을 해. 예컨대 "아버지 위독 급 귀향 바람" 이런 식으로 말이야. 그러면 전신기술자가 그 문자를 쳐서 그쪽 지역 전신국으로 보내는 거야. 수신 지역의 전보배달부들은 전신국에서 그 전보를 받아서 직접 배달을 했지. 카네기는 배달할 동네의 집주인 이름을 몽땅 외워서 다른 전보배달부보다 돈을 더 많이 벌었대.

이것은 열다섯 살 소년 앤드류 카네기가 '피츠버그 거스퍼'라는 신문사에 보낸 편지 내용이다. 카네기는 가족의 생계를 돕기 위해 전보배달부로 일하고 있었다. 집이 너무 가난한 탓에 학교에 다니는 건 꿈도 꿀 수 없었고, 책을 읽고 싶어도 책 한 권 살 수 없었다. 그러던 어느 날 앤더슨 대령이 자신의 책을 마을 아이들에게 빌려준다는 말을 듣게 되었다. 카네기는 쉬는 날 대령을 찾아갔다.

"대령님, 책을 빌리러 왔어요."

"그래, 보고 싶은 책을 한 권씩 골라 일주일 후에 돌려주면

철강왕?

흔히 카네기를 '철강왕' 이라고 부르는데, 그가 '철' 로 부자가 되었기 때문이야. 카네기는 남북전쟁 후 기관차를 만들어 팔면서 철에 관심을 가지게 되지. 서른일곱 살 때, 그는 전 재산을 털어 제철소를 차리고, 철강 제품을 만들고 운반하는 여러 회사를 세우면서 거대한 '철강 왕국'을 이루지. 30년 후, 그의 회사는 미국 전체에서 소비되는 철강 제품의 절반 이상을 만들어내는 세계 최고의 회사가 돼. 어때? '철강왕' 이라는 카네기의 별명이 이해가 되지?

된다. 그리고 또 빌려가면 된단다."

"감사합니다. 대령님."

이렇게 해서 카네기는 매주 한 번씩 대령의 집에 들러 책을 골라 와서 열심히 읽었다. 매일 먼 거리까지 전보를 배달해야 하는 고된 업무였지만, 새로운 책을 읽을 생각을 하면 하나도 힘든 줄 몰랐다. 그렇게 카네기는 책 읽는 재미에 푹 빠져들었다.

그런데 앤더슨 대령이 시 도서관에 자신의 책을 기증하면서 문제가 생긴 것이다. 시 도서관에서는 손을 써서 일하는 아이들에게만 책을 빌려준다는 규칙이 있었기 때문이다. 실망하여 집으로 돌아오던 카네기는 문득 신문사에 기고를 해야겠다는 생각을 했다. 열다섯 살 소년 카네기가 보낸 글은 곧 신문에 실렸다. 하지만 도서관은 카네기의 뜻을 쉽게 받아들이지 않았다. 카네기는 또 다시 신문사에 글을 보냈다.

"저는 그동안 앤더슨 대령님 집에서 마음껏 책을 빌려볼 수 있었습니다. 도서관이 이런 규칙을 정한 것은 책을 기증한 대령님의 뜻과도 맞지 않다고 봅니다. 직업에 상관없이, 일을 하는 가난한 아이는 누구나 책을 빌려볼 수 있어야 평등하다고 생각합니다."

카네기가 보낸 두 번의 글은 여러 사람들 입에 오르내렸다. 사람들은 카네기의 생각이 옳다고 생각했던 것이다. 결국 도서관에서도 규칙을 바꾸기에 이르렀다. 가난한 아이들은 누구나 책을 빌려볼 수 있도록 한 것이다. 그 후 카네기는 5년 동안 매주 한 번도 빠짐없이 도서관에 들러 책을 빌려 읽었다. 카네기에게 도서관은 학교였고 책은 선생님이었던 셈이다.

이야기의 주인공 카네기는 나중에 세계 최고의 부자가 된 철강왕 앤드류 카네기이다.

카네기는 1835년 스코틀랜드에서 태어나 열세 살에 미국으로 이주했다. 모국에서 초등학교를 졸업한 이후 정식 학교 교육을 한 번도 받아본 적이 없는 카네기가 어떻게 세계 최고의 부자가 될 수 있었을까?

초등학교만 졸업한 가난한 소년을 세계 최고의 부자로 키운 것은 바로 '책'이었다. 그는 학교도 못 다닐 정도로 배고프고 가난한 청소년 시절을 보냈지만, 도서관에서 책을 빌려 읽으며 용기를 얻고 삶의 이정표를 올바르게 세울 수 있었다. 그의 인생에서 책은 자양분이요 스승이었다. 한마디로 그는 '책이 키운 사람'이었던 것이다.

부자 되려면 책을 읽어라?

2천년 전 당나라 시인 두보는 이렇게 읊었대. "富貴必從勤苦得(부귀필종근고득)." 부귀를 얻으려면 필히 책을 열심히 읽어야 한다는 뜻이야. 초등학교만 나왔지만 책을 열심히 읽은 카네기가 세계 최고 부자가 된 것은 결코 우연이 아니라는 거지.

말년에 카네기는 자신이 번 돈을 사회에 환원했는데, 특히 도서관을 많이 세웠다.

'누구나 마음껏 책을 볼 수 있도록 도서관을 세우자. 가난한 시절 책이 내게 얼마나 큰 위로와 용기와 꿈을 주었던가!'

카네기는 미국에만 2천 8백여 개의 도서관을 세웠고, 다른 나라에도 3백여 개의 도서관을 세웠다. 카네기는 죽었지만,

책을 사랑하는 그의 정신은 많은 이들의 가슴 속에서 새로운 꿈으로 진화하고 있다. 그가 세운 수많은 도서관에서, 지금도 셀 수 없을 정도로 많은 사람들이 책을 읽으며 꿈을 키우고 있기 때문이다.

여기서, 깜짝 추천!

지금까지 만난 네 명의 인물들, 버락 오바마, 벤 카슨, 조앤 롤링, 앤드류 카네기에 대해서 더 알고 싶다면 이 책을 추천할게.

『열여섯살 오바마처럼』 김윤정 지음 | 미르북스 | 2009
버락 오바마 대통령은 어떻게 공부했을까? 속속들이 파헤친 그의 독한 공부법.

『열등감을 희망으로 바꾼 오바마 이야기』 헤더 레어 와그너 지음 | 명진출판 | 2008
사춘기 소년 오바마는 어떻게 멋진 리더로 성장했을까?
오바마가 청소년들에게 들려주는 인생 이야기.

『벤 카슨의 싱크빅』 벤 카슨 지음 | 솔라피데 | 2007
빈민가에서 태어난 흑인 소년 벤 카슨은 어떻게 세계적인 의사가 되었을까?
새삼 실감하는 책읽기의 중요성.

『조앤 롤링』 콜린 섹스턴 지음 | 성우주니어 | 2006
『해리 포터』 시리즈의 작가 조앤 롤링이 궁금하다면? 사진이 곁들여져 더욱 실감나는 그녀의 삶.

『카네기 평전』 레이몬드 라몬 브라운 지음 | 작은씨앗 | 2006
가난한 집안에서 태어난 카네기는 어떻게 세계적인 대부호가 되었을까?
생생하게 느껴지는 카네기의 인간적인 모습.

부기야, 무얼 느꼈니?

부기야, 넌 미래에 뭐가 되고 싶니?

전 돈 많이 벌어서 부자가 되고 싶어요.

돈이 아주 많으면 뭘 할 건데?

글쎄요…… 그건 일단 돈 많이 번 다음에 생각할래요.

^^;; 그렇다면, 어떻게 돈을 많이 벌 수 있을까?

그야 공부를 잘해서 좋은 대학에 들어가야죠. 헉! 그러고 보니 공부를 잘해야 부자도 될 수 있잖아요.

부기야, 세계의 부자들을 연구해서 책을 쓴 사람이 있어. 그 사람이 수많은 부자를 만나서 인터뷰하고 조사한 결과 알아낸 두 가지 공통점이 뭔 줄 아니?

공부 잘하고 똑똑한 거?

땡! 공부 잘하고 좋은 대학 나오고, 그런 건 전혀 일치되는 게 없었단다. 부자들도 성적, 학력, 출신 학교는 모두 제각각이었어.

정말요?!!!

첫 번째 공통점은, 부자들 모두 자신이 진짜 좋아하는 일을 직업으로 삼았다는 거야. 돈을 많이 벌기 위해서 일을 한 게 아니라, 자기가 좋아하는 일이어서 열심히 하다 보니 돈이 쌓였다는 거지. 두 번째 공통점은 뭔 줄 아니?

???

부자들의 두 번째 공통점은 그들이 모두 책벌레였다는 거야. 세계적인 부자들은 학력의 높고 낮음에 상관없이 모두가 독서광들이야. 책을 자기 인생의 멘토로 삼는 사람들이 자기 삶에서도 성공할 수 있음을 다시 한 번 확인해주는 대목이지.

아니, 부자 되려면 책을 읽으라고요?!!!

^^ 부자가 되고 싶다면 두 가지를 기억하렴. 첫째, 자신이 좋아하는 일을 찾을 것. 둘째, 책을 읽을 것.

부자가 되고 싶다면

너는 어떤 부자가 되고 싶니? 아래 질문에 예, 아니오로 답해봐.

1. 자기 분야에서 열심히 노력하여 성공한 사람을 부자라고 할 수 있다. Yes / No
2. 로또에 당첨이 되든 주식투자로 큰돈을 벌든, 부자가 된 것도 그 사람의 능력이다. Yes / No
3. 일단 부자가 되면 사회적인 책임이 있다고 생각한다. Yes / No
4. 부자가 된 것은 자신의 운이므로, 돈을 어디에 쓰든 그 사람의 개인적인 일이다. Yes / No
5. 어떤 사람이 부자가 된 것은 여러 사회적 자원이 모아져서 된 것이므로 부자는 사회를 위해 베풀어야 한다. Yes / No
6. 부자는 그가 어떻게 돈을 벌었든지 간에 돈을 많이 벌었다는 이유 하나만으로도 충분히 존경받을 만하다. Yes / No
7. 죽은 후에 자녀가 국가에 상속세를 많이 내는 부자보다 살아 있을 때 사회에 기부를 많이 한 부자가 존경받을 만하다. Yes / No
8. 부자가 돈을 많이 써야 경제가 활성화되어 서민들이 살기 편해지므로 부자를 위한 정책을 펴야 한다. Yes / No
9. 부자가 모든 재산을 자식에게 물려주어 부를 대물림하는 것은 자식이 자기 스스로 인생을 살아가는 데에 문제가 될 것이라고 생각한다. Yes / No
10. 부자가 되면 직업을 따로 가질 필요가 없고, 편하게 인생을 즐기면서 살 것이다. Yes / No
11. 부자가 되어도 내가 좋아하는 일을 계속 할 것이다. Yes / No
12. 부자가 되면 부동산이나 주식을 사들여 재테크를 계속하여 부를 늘리겠다. Yes / No
13. 부자가 되면 좋은 학교나 미술관 등 공공시설을 만들겠다. Yes / No

홀수 번호에 "예"가 많다면 당신은 함께 벌어서 나눈다 형

부자란 개인적인 능력이 있는 사람이긴 하지만, 순전히 개인에 의해서만이 아니라 사회적 자원이 뒷받침되어서 된 것이므로 사회와 나누고 베풀 줄 알아야 한다고 생각하는 유형.

짝수 번호에 "예"가 많다면 당신은 개인의 능력껏 번다 형

자본주의 사회에서 자신의 능력껏 돈을 벌어서 부자가 되었으므로 개인적인 자유를 누릴 권리가 있으며, 부자에게 사회적 책임을 묻거나 강요할 수는 없다고 생각하는 유형.

진정한 부자가 되고 싶다면 이 책을 읽어봐!

너도 부기처럼 그저 막연히 부자가 되고 싶다고 생각하고 있었다고?
부기에게도 말했듯이, 왜 돈을 많이 벌고 싶은지, 어떤 부자가 되고 싶은지를 먼저 생각하는 것이 참 중요하단다. 그래야 진정 행복한 부자가 될 수 있으니까 말이야. 아래의 두 책을 읽으면서 '진정한 부자란 무엇인가?', '나는 어떤 부자가 되고 싶은가?' 찬찬히 생각해보렴.

『청소년을 위한 워렌 버핏』 서정명 지음 | 무한 | 2008

★이 책은 저자가 워렌 버핏과 직접 인터뷰를 하다.

★독서 포인트 가난하게 성장한 워렌 버핏이 어떻게 부를 이룰 수 있었는지 그 과정을 알고 싶다면?

★책 속 명대사 "하버드 대학교 졸업장보다 더 중요한 것은 독서하는 습관이다."

『젊은이여! 꿈과 열정을 가지고 끊임없이 노력하라』
딩자오닝 지음 | 새론북스 | 2009

★이 책은 앤드류 카네기, 록펠러, 빌 게이츠 등 세계 각국의 성공한 33인의 '성공비법'을 다각도로 조명하다.

★독서 포인트 자신의 분야에서 일인자가 되는 법을 알고 싶다면?

★책 속 명대사 "작은 습관이 승리를 부른다. 자기계발을 멈추는 순간 인생을 멈춘 것과 같다."

거장의 꿈을 이루어준 원천

"꿈이 무엇이든
손에서
책을 놓지
말라"

애니메이션의 거장
미야자키 하야오

안녕하세요? 애니메이션을 만드는 미야자키 하야오 감독입니다. 내 이름을 듣고 고개를 갸웃거리는 사람도 있을 거예요. 〈센과 치히로의 행방불명〉 〈모노노케 히메〉 〈이웃집 토토로〉 〈바람계곡의 나우시카〉 이런 제목들은 들어보았지요? 바로 내가 만든 작품들이랍니다. 한국에서도 나를 좋아하는 팬들이 아주 많다고 들었어요. 애니메이션은 국경과 민족을 떠나서 서로의 마음을 통하게 하는 예술이기 때문이지요. 내가 어떻게 해서 애니메이션 감독이 되었는지 궁금하다고요?

나는 어렸을 때부터 지독한 책벌레였어요. 물론 그림 그리기도 아주 좋아했지요. 항상 책과 스케치북을 손에서 놓지 않았어요. 『걸리버 여행기』 『삼총사』 『보물섬』 『노인과 바다』 등 서양 고전소설부터 시작해서 만화책까지, 책이 눈에 띄기만 하면 종류를 가리지 않고 읽어치웠지요.

만화책에는 중학생 때부터 푹 빠졌어요. 부모님은 만화를 열심히 보는 나를 무척 걱정하셨지만, 나는 반드시 미술학과에 진학해서 만화가가 되겠다고 마음속으로 이미 다짐을 했답니다. 내가 고등학교 3학년 때 처음으로 컬러 애니메이션이 나왔는데, 그걸 본 순간 '아! 앞으로 애니메이션의 시대가 오겠구나!' 예감을 했죠.

하지만 아버지의 반대가 생각보다 훨씬 더 심했어요. 그래서 어쩔 수 없이 아버지의 바람대로 대학을 정치경제학부에 들어가게 되었답니다. 하지만 나는 대학에 입학하자마자 만

강추! 판타지 소설

판타지 소설이라고 다 같은 게 아니야. 탄탄한 구성, 놀라운 상상력, 거기에 통찰력 있는 메시지를 담은 판타지 소설의 고전을 읽어봐. 재미와 의미 두 마리 토끼를 잡을수 있어.

강추! 판타지 소설의 고전
『걸리버 여행기』(대교출판) 『이상한 나라의 앨리스』(시공주니어) 『오즈의 마법사』(인디고) 『나니아 연대기』(시공주니어) 『반지의 제왕』(씨앗을뿌리는 사람들)

화 동아리부터 찾아다녔어요. 그런데 내가 다니는 대학에는 만화 동아리가 없더군요. 하는 수 없이 '아동문학연구회'에 들어갔지요. 비록 만화 동아리는 아니었지만 나는 그 동아리에서 생텍쥐페리의 『어린 왕자』를 비롯하여 유럽 작가들의 작품을 탐독할 수 있었어요. 영국 작가 톨킨이 쓴 『반지의 제왕』 『나니아 연대기』 등 유럽의 판타지 소설 속 수많은 캐릭터들을 만나게 된 것도 바로 그 시절이죠.

내 작품들은 모두 내가 읽었던 책과 나의 경험이 결합하여, 상상력이라는 터널을 지나면서 새롭게 만들어진 거랍니다.

〈천공의 성 라퓨타〉는 소설 『걸리버 여행기』에 나오는 '하늘을 나는 섬 라퓨타'에서 영감을 얻어 만든 작품이에요. '하늘을 나는 섬 라퓨타'는 걸리버가 하늘에 떠 있는 섬 라퓨타에서 겪는 신기한 이야기인데, 땅에서 멀리 떨어진 하늘에서 엉뚱하고 쓸데없는 문제만 근심하는 학자들이 나와요. 여기에는, 과학만능을 부르짖던 당시 과학자들을 비판하는 작가의 의도가 담겨 있지요.

내가 만든 애니메이션 〈천공의 성 라퓨타〉는 나만의 독창적인 아이디어와 연출력이 결합되어 새롭게 재생된 '걸리버 여행기'라고 할 수 있어요. 『걸리버 여행기』에 등장하는 하늘을 떠다니는 '섬' 라퓨타가 '성'으로 재탄생된 것이 단적인 예이지요. 〈천공의 성 라퓨타〉는 라퓨타의 왕녀 '시타'가 라퓨타 왕국을 차지하려는 악한 무리들과 맞서 싸우는 이야기예요. 라퓨타를 장악한 악당 무스카가 세계를 지배하려고 끔찍한 살상을 일으키자 시타는 라퓨타가 소유한 힘을 소멸시키는 주문을 외워 라퓨타를 파괴시키면서 애니메이션은 끝이 나지요.

나는 〈천공의 성 라퓨타〉에서 독재체제와 기계문명을 비판하고, 인간과 자연이 공존해야 함을 말하고 싶었어요. 이런 주제의식은, 국민들의 실제적인 삶의 행복과 거리가 먼 이론 탐구에만 매달린 과학자들을 풍자한 『걸리버 여행기』의 그것과 일맥상통한 점이 있다고 할 수도 있어요.

라퓨타 신드롬

1986년 일본에서 미야자키 하야오의 애니메이션 〈천공의 성 라퓨타〉가 개봉한 후 사람들이 왠지 모르게 하늘을 보기 시작했는데, 이것이 일명 '라퓨타 신드롬'이야. 미야자키 하야오의 애니메이션이 사람들에게 얼마나 큰 영향력을 미치는지 대강 감이 오지?

나의 또 다른 대표작 〈모노노케 히메〉의 큰 줄기는 숲으로 대변되는 자연과 철로 상징되는 문명 간의 대립이에요. 주인공 아시타카는 일본 동북부에 은둔하던 에미시 족의 수장인데, 사실 에미시 족은 실제 일본 내 소수민족인 아이누 족이랍니다. 아이누 족은 일본 주류와는 다른 언어와 외모를 가지고 있는 일본 내 소수민족으로, 1868년 이후 일본 정부의 강력한 동화정책으로 그 독특한 문화가 거의 소멸된 종족입니다.

내가 〈모노노케 히메〉에 아이누 족을 등장시킨 이유가 무엇일까요? 〈모노노케 히메〉는 일본 북방계 신화, 특히 아이누 족의 신화에서 영감을 받아 만든 작품이기 때문이에요.

〈모노노케 히메〉의 포스터에는 칼을 든 원령공주와 흰 늑

아이누 족은 누구?

홋카이도 등지에 거주했던 아이누 족은, 눈은 우묵하고 쌍꺼풀이 있으며, 광대뼈가 나오고 귀는 큰 편이야. 털이 많아서 최다모 인종에 속하는 인종적 특징을 지니고 있어. 그리고 남녀 모두 귀고리를 달고 문신을 하고 있지.

대가 등장합니다. 아이누 족은 자신들이 흰 개의 자손이라는 신화를 가지고 있는데, 흰 개는 흰 늑대라고 볼 수 있어요. 그래서 아이누 신화에는 늑대와 인간의 결혼 이야기가 많이 등장한답니다. 원령공주도 흰 들개신의 수양딸로 나오지요. 원령공주가 황폐해진 숲을 구하고, 숲과 사슴신을 파괴한 에보시를 살려주는 것을 통해, 나는 자연과 인간문명 사이의 화해와 공존을 말하고 싶었어요.

〈센과 치히로의 행방불명〉 속 일본 문화

치히로가 '센'이라는 새 이름을 얻고 일하게 된 온천장은 일본의 목욕문화와 깊은 관련이 있어. 일본은 다른 사람을 목욕시킴으로써 공덕을 쌓는다고 믿는 풍습이 있거든. 일본에서는 목욕이 일종의 종교의식이었던 셈이지.
센이 일하는 온천장으로 목욕하러 오는 수많은 신들은 일본의 다신 숭배 문화를 잘 보여주지. 일본에는 수많은 신사와 사당이 널려 있고, 거기에서 제각기 다른 신들을 받들고 있거든.

〈센과 치히로의 행방불명〉은 일본의 신화를 바탕으로 하면서도 세계 여러 나라 사람들이 공감할 만한 보편적인 영웅신화를 기본으로 삼고 있어요. 그래서 〈센과 치히로의 행방불명〉이 국제무대에서 더 큰 호평과 인기를 얻었지요.

이 작품은 열 살 소녀 치히로의 성장 이야기이자 모험 이야기이면서 영웅 이야기라고 할 수 있어요. 치히로가 부모님과 떨어져 낯선 세계에 들어가서 갖은 시련을 겪다가 다시 집으로 돌아오는 것은 전형적인 영웅 이야기 구조이거든요.

치히로는 이사를 가던 중에 낯선 곳에 들르게 되는데, 그곳에서 그만 부모님이 돼지가 되어버려요. 치히로는 부모님을 구하기 위해 낯선 섬에 머물면서 온천장에서 일을 하게 되지요. 온천장 주인 마녀 유바바는 치히로의 인간 이름을 빼앗고 '센'이라는 새 이름을 줍니다. 매일 밤 8백여 신들이 목욕을 하러 오는 온천장에서 치히로는 여러 가지 신기한 일들을 겪고, 그곳에서 만난 소년 하쿠를 구하기 위해 목숨을 건 모험을 감행합니다. 시련을 겪으면서 치히로는 점점 강해지고, 결국 부모님을 구해내고 일상으로 돌아오지요.

주인공 센과 하쿠는 일본 창조신화에 나오는 '이자나기'와 '이자나미'를 닮았다고들 하더군요. 아마 내가 어릴 때부터 듣고 읽은 일본의 신화 이야기가 자연스럽게 작품에 녹아났을 거예요. 신화와 전설 속 인물들을 나만의 새로운 캐릭터로 만들어낸 것이지요.

어때요? 내가 그동안 만든 많은 작품들은 모두 내가 읽었던 책의 내용에서 영감을 받아 탄생했다는 것을 알 수 있지요?

이제 나는 할아버지라고 불리는 나이가 되었어요. 그렇지만 머릿속에서는 항상 새로운 생각들로 심심할 틈이 없답니다. 지금도 틈만 나면 책을 읽으면서 작품 구상을 하지요.

나이가 들어도, 청소년 시기에 책을 읽으면서 느꼈던 감동은 여전히 내 가슴 속에서 별처럼 빛나고 있어요. 정의, 용기, 우정과 같은 보편적 가치, 전쟁 없는 세상, 오염되지 않는 지구에 대한 소망과 같은 범세계적 인식 등…… 책을 통해 어릴 때 심어졌던 생각들은 평생 내 작품의 주제가 되고 있답니다.

일본의 창조신 이자나기와 이자나미

이자나기와 이자나미는 남매신이면서 연인이고 부부야. 그 둘은 많은 일본의 국토와 신들을 낳지. 그런데 이자나미는 불의 신을 낳다가 몸이 타서 죽게 돼. 그래서 이자나미를 구하려고 이자나기가 저승을 방문하지. 그런데 이자나기는 자신의 몸을 보면 안 된다는 이자나미의 말을 어기고, 게다가 저승의 음식까지 먹어버리고 말아. 결국 둘은 지상세계(삶)와 지하세계(죽음)로 갈려 헤어지게 되지.

부기야 우기야, 무얼 느꼈니?

미야자키 하야오는 일본인들이 아주 사랑하는 애니메이션 감독이란다. 일본의 '월트 디즈니' 라고 할까?

애니메이션 작가는 그림만 잘 그리면 된다고 생각했는데, 책을 많이 읽으라고 말하셔서 깜짝 놀랐어요.

그것도 만화책뿐 아니라 서양 명작부터 판타지 소설에 신화와 전설까지, 굉장히 다양하게 읽으신 것 같아요.

만화가들 역시 수많은 책을 읽으며 스토리를 구상하고 캐릭터를 상상하며 새로운 영감을 얻지. 사람을 끌어들일 탄탄하고 재미있는 스토리가 없이는 결코 훌륭한 작품이 나올 수 없겠지? 그러니 문학적 소양은 기본적으로 필요하단다.

하기야, 저도 만화책 읽을 때 스토리가 뻔하면 재미가 없어서 더 읽기가 싫어요.

만화든 영화든 모든 훌륭한 예술작품은 세상과 인간에 대한 깊은 메시지가 녹아 있지. 미야자키 하야오 감독의 경우에는 정의감, 자연에 대한 사랑, 마음 깊이 간직하고 있는 고향 같은 순수함 등 그만의 철학이 작품에 녹아 있어. 그러니까 좋은 만화를 그리려면 사회와 인간에 대한 깊이 있는 안목도 가지고 있어야 해. 당연히 사회과학 관련 책을 읽어서 풍부한 교양과 견해를 쌓아야겠지.

허걱! 사회과학 책까지요?!!!

게다가 작품에 등장하는 과학, 역사, 사회에 관한 기본 지식이 있어야 그걸 배경으로 구상을 할 수 있을 테니, 자연과학과 공학, 역사, 문화 전반에 이르기까지 폭넓은 지식이 필요하단다. 한마디로, 너희들의 꿈이 무엇이든지 간에 반드시 책을 읽어야 한다는 거야. 다양하고 폭넓은 책읽기가 훗날 너희의 꿈에 다 피가 되고 살이 되니까 말이야. 어떤 꿈을 꾸든 꿈은 모두 '책'과 연결되어 있다는 사실을 꼭 명심하렴!

!!!

재미있는 만화영화!
과연 어디에서 아이디어가
나오는 걸까요?
'천공의 성 라퓨타'는
'걸리버 여행기'를 바탕으로
하고 있답니다
일본의 무속신화에
뿌리를 둔 '원령공주'도
빼놓을 수 없군요
'센과 치히로의 행방불명'
역시 신화 속 내용에서
영감을 얻었답니다
이 모든 상상력이
그냥 나오는 게
아니군요!

각계 유명 인사가 직접 말하다

책이 내 삶에 미친 영향!

박찬욱 영화감독 영화 보는 시간보다 책 읽는 시간이 더 길어

독서는 제 영화의 자양분입니다. 영상매체 종사자이긴 하지만, 사실 영화를 보면서 보내는 시간보다는 책을 읽으면서 지내는 시간이 더욱 깁니다. 셰익스피어의 비극들을 포함하여, 알렉상드르 뒤마의 『몽테크리스토 백작』은 오래도록 제 가슴 속에 남아 있다가 〈복수는 나의 것〉 〈올드보이〉 등 제 작품에 영향을 미쳤답니다. 『책, 세상을 훔치다』에서

조혜련 개그맨 책이 미래의 나를 만들어줄 것

책은 나의 에너지이자 인생 친구와 같은 존재이다. 나는 책을 읽으면서 더욱 성장하게 되었고, 책을 읽으면서 더 행복해졌으며, 책을 읽으면서 용기를 낼 수 있었다. 내가 읽어온 책이 지금의 나를 만들었고, 앞으로 읽을 책들이 미래의 나를 만들어줄 것이다.

인터파크 '명가의 서재' 에서

신경숙 소설가 책은 나의 지식인 친구

제게 책이란 내가 모르는 세상과 소통시켜주는 지식인 친구입니다. 지식만이 아니고 아름다움과 메마른 일상에 감동을 가져다주는 친구지요. 한 권의 책을 읽는다는 일은 한 사람을 깊이 알게 되는 여행이라고도 생각합니다. 지금 내 눈앞에 보이는 것만이 전부가 아니라는 것도 책은 일러주지요. 보이지 않는 곳에서 다양한 생각들을 가진 사람들이 제각기 자기 식대로 열심히 인생을 살아내고 있다는 것을 경험하게 해주는 것도 내겐 책입니다. 네이버 '지식인의 서재' 에서

공병호 경영전문가 책은 시공간을 뛰어넘는 타임머신

책은 삶에 위안과 용기를 주기도 하고 지식과 지혜의 원천이기도 합니다. 책을 읽는 행위는 한 인간이 제한될 수밖에 없는 시간과 공간의 한계를 극복할 수 있도록 도와줍니다. 언제 어디서든 누구와도 대화를 나눌 수 있도록 도와주는 것이 바로 책이지요. 책을 읽으면서 우리는 닮고 싶은 사람을 만나기도 하고 본받고 싶은 행위를 만나기도 합니다. 그런 크고 작은 만남을 통해서 나날이 성장하는 그런 삶을 살아갈 수 있습니다.

네이버 '지식인의 서재' 에서

이철환 소설가 책이 밥 먹여준다

책이 밥 먹여주느냐고 말하는 사람들이 있지만, 나는 책이 밥을 먹여준다고 생각한다. 책은 사람의 마음을 움직이게 하는 힘이 있기 때문이다. 내 안의 열등감을 이기기 위해 읽기 시작한 책은, 말과 논리의 힘을 조금씩 키워주었다. 책을 통해 얻은 생각이나 정보, 설득력 있는 말들은 밥이 되고 떡도 되었다. 인터파크 '명가의 서재'에서

장한나 첼리스트, 지휘자 한두 달 한 작가에게 푹 빠져

특별한 독서 스타일이 있는 것은 아니지만 한 번에 장르별로 한 권씩 읽는 것을 좋아해요. 책을 읽는다는 건 크게 시간을 들여서 계획해서 한다기보다는 그저 공기처럼 자연스럽게 같이 호흡하는 것 같아요. 관심이 가는 작가가 있으면 그 작가의 대표적인 장편 작품들, 또는 짧은 이야기, 시, 에세이 등을 고루고루 사서 모두 섭렵하는 편입니다. 동시에 그 작가가 쓴 자서전 또는 그 작가의 삶에 대한 책을 두세 권 정도 구입해서 같이 읽어요. 그래서 그 작가에 대해 최대한 모든 것을 알려고 노력하고 그러면서 그 작가의 일생과 생각에 친해집니다. 어떤 사람인지, 어떤 것을 좋아했는지, 어떤 사랑을 했는지를 알고 나면 그 작가의 책 속의 인물들과 하고 싶은 이야기들이 더 생생하게 깊이 다가옵니다. 그래서 주로 한 작가 삶에 푹 빠져서 한 달에서 두 달까지도 그 작가의 책을 읽으며 지내는 것을 좋아합니다. 네이버 '지식인의 서재'에서

한비야 월드비전 긴급구호팀 팀장, 작가 책은 천하무적

책을 읽는 사람으로서 또 쓰는 사람으로서 책이 어떤 것보다 힘이 세다고 생각해요. 육체가 매일매일 밥을 먹듯이 책은 정신의 에너지를 제공해줍니다. 자기와 비슷한 생각으로부터는 격려를, 다른 생각으로부터는 도전을 받지요. 『책, 세상을 훔치다』에서

정호승 시인 읽지 않고는 단 하루도 못 산다

인간에게 책이 없으면 돈이 없는 것과 같다. 돈이 없으면 배가 고파도 밥을 먹지 못하는 것과 마찬가지로, 책이 없으면 마음의 배가 고파도 그 배고픔을 달랠 길이 없다. 나는 육체의 배고픔을 견디지 못하지만, 마음의 배고픔은 더더욱 견딜 수 없다. 무엇이든지 읽지 않고는 단 하루도 살지 못한다. 때가 되면 밥을 먹어야 하는 것이 인간인 것처럼 때가 되면 책을 읽어야 하는 것이 또한 인간이다. 『책, 세상을 탐하다』에서

이 책을 추천하마!

지금까지 만난 여러 인물들을 통해서 학교 성적이나 학벌보다 더 중요한 게 책읽기라는 사실을 조금은 실감하게 되었을 거야. 그런데 막상 돌아보니 책과는 영 담 쌓고 살았던 지난 시간이 후회된다고? 아직 늦지 않았어! 재미와 감동의 바다에서 허우적거리게 해줄 책을 소개하마! 이 책부터 시작하면 책읽기의 맛에 홀딱 빠지게 될걸.

시간 가는 줄 모르게 풍덩 빠지게 되는 무지무지 재미있는 책

『완득이』

김려령 지음 | 창비 | 2008

집도 가난하고 공부도 못하지만 싸움만큼은 누구에게도 지지 않는 열일곱 소년 완득. 철천지원수였다가 차츰 '사랑스러운 적'으로 변모하는 선생 '똥주'를 만나면서 완득이의 인생은 급커브를 돌게 된다. 킥복싱을 배우면서 세상에 대한 분노를 표출하는 법을 익히고, 어머니를 만나면서 애정을 표현하는 법을 알게 되는 완득이의 유쾌, 상쾌, 통쾌한 성장소설.

『남쪽으로 튀어!』(1, 2)

오쿠다 히데오 지음 | 은행나무 | 2006

사회주의 학생운동에 헌신하다가 우여곡절 끝에 아나키스트로 분파한 아버지를 둔 사춘기 소년 우에하라 지로. 콜라와 캔커피가 '미국의 음모며 독'이라며 금지시키고, '체재'나 '착취' 같은 이해 못 할 소리를 해대며 나라에서 정한 것에 무턱대고 적개심을 발휘하는 아버지가 지로는 창피하기만 하다. 하지만 어쩔 수 없이 아버지가 선택한 '남행' 길에 동참하게 되면서, 지로는 점차 아버지를 이해하게 된다. 도저히 이해할 수 없는 아버지의 행동에 휘둘리는 과정에서 점차 성장해가는 지로의 이야기가 배꼽을 잡는다.

눈물 쏙 감동 가득 가슴이 찡한 책

『내 영혼이 따뜻했던 날들』

포리스트 카터 지음 | 아름드리미디어 | 2003

주인공인 '작은나무'가 홀어머니의 죽음으로 조부모와 함께 살게 되면서 이야기는 시작된다. 체로키족인 할아버지 할머니와 함께 살면서 작은나무는 인디언으로서 자연과 더불어 살아가며 세상을 바라보는 지혜를 배워간다. 인디언을 무시하고 차별하던 백인들이 약초 때문에 고생하는 장면은 코미디 영화 뺨치게 배꼽을 잡게 하고, 백인 목사가 운영하는 고아원에서 폭력에 시달리던 작은나무가 구출되는 장면에서는 멜로드라마 못지않게 눈물이 절로 난다. 마지막 책장을 덮고 나면 영혼이 깨끗하게 씻기는 느낌이다.

『돼지가 한 마리도 죽지 않던 날』

로버트 뉴턴 펙 지음 | 사계절 | 2005

저자가 자신의 어린 시절과 아버지를 회상하며 쓴 자전적 성장소설. 동심의 세계에서 어른으로 막 눈 떠가는 과정을 한 폭의 투명한 수채화처럼 그렸다. 열두 살 소년은 어느 날 옆집 아저씨네 소의 출산을 도와준 대가로 새끼돼지 핑키를 선물 받는다. 소년은 핑키를 동생처럼 살갑게 돌보며 아끼지만, 핑키는 새끼를 낳지 못하는 돼지. 결국 소년의 아버지는 자신의 손으로 직접 핑키를 잡기로 한다. 소년은 돼지 잡는 일을 하는 아버지, 핑키를 잡는 아버지가 밉기만 하다. 그런데 이듬해 봄, 아버지가 병으로 세상을 떠난다. 핑키와 아버지의 죽음을 통해 세상 속으로 한 걸음 더 내딛는 열세 살 소년의 성장담이 담백한 감동을 준다.

『천둥아, 내 외침을 들어라!』

밀드레드 테일러 지음 | 내인생의책 | 2004

이야기의 배경은 대공황이 피크에 달했던 1933년. 캐시 가족은 흑인이라는 이유만으로 하류 인간으로 취급당한다. 흑인 아이들은 진흙길을 걸어서 학교에 가는데, 백인 아이들은 학교 버스를 타고 등교를 한다. 백인 학교의 버스가 흑인 아이들에게 흙탕물을 끼얹으면 백인 운전기사는 낄낄거린다. 비가 억수같이 내리던 어느 날, 캐시와 흑인 형제들은 통쾌한 복수를 감행하고, 캐시의 아빠는 백인들에게 비굴하게 굴다가 살인 누명을 쓰게 된 흑인 소년을 구하기 위해 그토록 애지중지하던 목화밭에 불을 지른다. 이 소설은 인종차별에 대한 항쟁이 흑인들의 증오나 비탄에서 출발된 것이 아니라 인간으로서의 자존심과 존엄성에서 출발된 것임을 보여준다. "피부색도 부모도 선택할 수 없지만, 일단 세상에 태어나면 삶을 무엇으로 채울까 하는 선택이 주어지는 것"이라는 구절이 마음에 오래도록 남는다.

2장

그런데 나는 책읽기가 싫어요

독·서·쌤·에·게·물·어·봐

"책, 읽기 싫은 이유 속 시원히 해결해주마 팍팍!"

음…… 책읽기가 엄청나게 중요하다는 건 알겠네요. 인정!

책읽기가 내 강점과 잠재력을 알려주는 길잡이 역할을 한다는 것도 알겠어요. 인정!

내 꿈과 진로와 연결하여 책을 읽는 것에도 흥미가 느껴지긴 하고요. 이것도 인정!

^---^b

그런데…….

???

그런데 저는 아직도 책읽기가 싫어요.

부기야, 그건 네가 책을 안 읽어봤기 때문이야. 간혹 책을 읽더라도 제대로 읽지 않았기 때문이고. 대충 읽었거나, 억지로 읽었거나.

-_-;;;

부기야, 너를 나무라는 게 절대 아니야. 왜 책읽기가 싫은지 그 이유를 파헤쳐서 속 시원히 해결해주려고 그러는 거란다. 모르기 때문에 거부감이 생기고 멀리 하게 되는 거거든. 고기도 먹어본 사람이 그 맛을 안다는 말처럼 책도 마찬가지란다.

그건 그래요. 부기는 늘 먹는 것만 먹거든요.

-_-; 뭐래? 그거랑 책읽기랑 진정 상관이 있는 거냐???

^^ 책도 읽어본 사람이 그 맛을 아는 거니까. 책읽기의 엄청난 효과를 체험하고 싶다면 일단 읽어봐야 하는 거지. 책읽기가 진로 선택에서부터 자신감 충전, 학습의욕 고취, 성적 향상까지, 실질적으로 막대한 영향을 미친다는 사실은 책을 읽은 애들만이 아는 비밀 중의 비밀이란다.

도대체 어떻게 해야 책읽기가 좋아질 수 있나요???

쌤이 이번에도 힘 좀 썼다. 책읽기가 싫다는 너희들에게 속 시원한 해결책을 알려줄 특별한 분들을 섭외했지. 책이라면 거들떠도 안 보다가 장가들고 나서야 책읽기의 재미에 푹 빠져 최고의 작가가 된 할아버지 한 분을 소개하마. 책은 전혀 안 읽을 거라는 오해에 시달리는 독서고수 몸짱 스타도 초빙했다. 학교 수업에, 학원 수업에, 인강까지, 대통령만큼이나 바쁜 대한민국 중딩을 위해, 틈새시간 짬짬이 책을 읽는 고수들의 비법도 알려주마.

아, 잠깐! 너희들이 전혀 상상하지 못했던 엄청난 반전이 중간에 나오니 마음의 준비를 해두기 바란다. 너희들이 즐겨 애용하는 빼리리의 충격적인 비밀이 밝혀지니까 말이야. (빼리리가 뭐게? 게다가 그 엄청난 반전이란 무엇일까? ㅋㅋ)

내 꿈은 책 읽는 것과 상관없어요

Q 비보이가 되고 싶은데 책을 왜 읽어야 해요? 책은 공부 잘하는 애들만 읽는 거잖아요.

A 무엇을 꿈꾸든, 모든 진로는 책으로 통한단다.

세계 최고의 무술인도 책벌레였다

"아니, 얘가 어디 간 거지?"

저녁 먹을 시간이 한참 지났는데도 아들이 나타나지 않자 어머니는 슬슬 걱정이 되었다. 낮에는 사방을 돌아다니며 뛰어놀았지만 저녁이면 어김없이 식사시간을 지키던 아이였는데 오늘은 몇 시간째 보이질 않았기 때문이다. 걱정이 된 가족들이 아이를 찾아 밖으로 나섰다. 자주 어울리는 친구들 집과 학교 근처도 가보았지만 어디에도 아이는 없었다. 결국 가족들은 아이를 찾지 못한 채 집으로 돌아

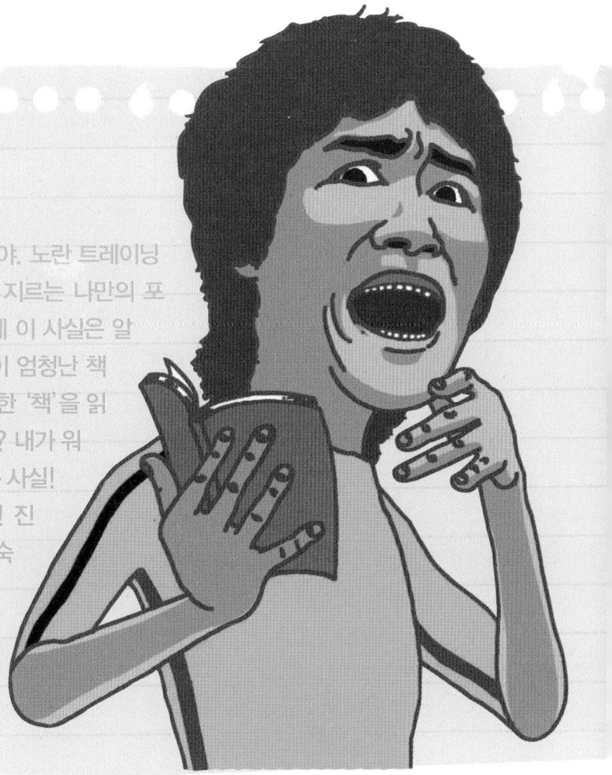

“이소룡의 한마디

아뵤~ 나는 전설적인 무술인 이소룡이야. 노란 트레이닝복에, 코끝을 살짝 터치하면서 괴성을 지르는 나만의 포스! 너희들도 이미 알고 있겠지? 그런데 이 사실은 알고 있니? 세계 최고 무술인 나 이소룡이 엄청난 책벌레였다는 것! 내 몸짱 역사는 몸에 관한 '책'을 읽으면서 시작되었지. 아, 그건 알고 있나? 내가 워싱턴주립대학교에서 철학을 전공했다는 사실! 몸짱 싸움짱은 멍청하다는 편견을 버려! 진정한 무술인은 육체와 정신이 모두 성숙한 사람이야. 그러니 아우야, 영화 〈말죽거리 잔혹사〉의 권상우처럼 무조건 쌍절곤만 휘두르지 말고, 그 시간에 먼저 책을 읽으렴!”

왔다. 그런데 현관에 들어선 순간, 어디선가 기침 소리가 들렸다. 서재에서 나는 소리였다.

서재로 달려가 문을 여니, 그토록 찾아 헤매던 아이가 서재 한쪽에 쭈그리고 앉아 책을 읽고 있는 것이 아닌가. 아이는 가족들이 들어선 줄도 모른 채 정신없이 책에 빠져 있었다. 안심이 된 엄마가 물었다.

“엄마가 얼마나 찾은 줄 아니? 얘야, 배고프지 않아?”

“어, 시간이 벌써 그렇게 되었어요?”

“무슨 책을 그렇게 정신없이 보고 있었니?”

아이가 엄마에게 책을 보여주었다. 아이가 보고 있던 책은 사람의 몸에 관해 설명해놓은 중국의 옛 책이었다. 책은 한문투성이였고 난해한 그림들도 많아 아이가 읽기엔 어려워 보였다. 눈이 동그래진 엄마가 아이에게 물었다.

"이 책의 어떤 점이 그렇게 재미있니?"

"몸에 대해 많은 걸 알 수 있어요. 몸은 참 신기해요!"

초롱초롱한 눈을 빛내며 아이가 대답했다.

몸짱의 시작은 책읽기?

이 이야기는 『드래곤의 전설 이소룡』(이룸)의 내용을 참고한 거야. 몸에 대한 이소룡의 관심이 책읽기에서부터 시작되었다는 사실이 흥미롭지? 이렇게 몸을 연구하고 공부한 이소룡이었기에 동작 하나 하나에 남다른 포스가 묻어나오는 건지도 몰라.

이 이야기의 주인공이 누군지 아니? 무술로 세계를 주름잡았던 불멸의 스타 브루스 리, 바로 이소룡이야. 강렬한 눈매와 도전적인 자세, 금방이라도 앞발을 치켜들고 날아오를 것 같은 생동감 넘치는 모습, 너희들도 한번쯤은 보았을 거야. 이소룡은 '절권도'라는 독창적인 무술을 창시하였고, 할리우드에서 동양인 최초로 스타의 위치에 올랐어. 그리고 서른셋 아까운 나이에 세상을 떠나 영원한 전설이 되었지.

사실 이소룡은 무술을 배우기에는 치명적인 신체조건을 가지고 있었어. 한쪽 다리가 다른 쪽에 비해 2.5센티미터나 짧았거든. 시력도 지독한 근시여서 가까운 사물조차 구별하기 힘들었어. 하지만 이런 신체적 악조건도 무술을 향한 그의 불타는 신념을 막지는 못했지. 그전까지 미국 영화 속에서 동양인은 악독한 살인자나 허드렛일이나 하는 부정적인 인물로 그려졌어. 그런데 이소룡은 당당히 주인공이 되면서 세계적인 스타가 된 거야.

이소룡을 신화적인 무술인으로 알고 있지만, 그가 독서광이었다는 걸 아는 사람은 드물 거야. 이소룡은 엄청난 개구쟁이면서 동시에 틈만 나면 책을 읽는 소년이었어. 싸움에서 절대 지기 싫어하는 승부욕이 무술을 하게 된 동기가 되었지만, 수많은 책을 읽으면서 "무술이란 자기를 발견하는 과정"이라는 무술에 대한 자기만의 철학을 세웠지. 이소룡이 워싱턴주립대학교에서 철학을 전공했다는 사실만 보아도, 그의 무술에 독서가 얼마나 중요한 역할을 했는지 알 수 있어. 그는 영화 촬영 때도 틈틈이 크리슈나무르티, 제임스 앨런 등 여러 사상가들의 책을 읽곤 했어.

그의 서재에는 어릴 때부터 수집한 엄청난 양의 무술 관련 책들이 쌓여 있었지. 무술책만 놓고 본다면 그 어떤 도서관보다도 책이 많았어. 그는 수많은 책들을 읽으며 사색에 잠기고 영화를 구상하곤 했지. 1973년 서른셋의 나이에 갑작스럽게 세상을 떠나기 전까지, 집에 있을 때 그가 가장 즐기던 일은 서재에 앉아서 책을 읽는 것이었다고 해.

마음도 짱 이소룡

이소룡이 즐겨 읽었던 크리슈나무르티와 제임스 알렌은 진정한 삶이란 무엇인지에 관심이 많았던 사상가들이야. 크리슈나무르티(Jiddu Krishnamurti 1895~1986)는 달라이 라마가 '이 시대 가장 위대한 철인'이라고 칭송했던 영적 지도자야. 그는 진정으로 자유롭고 조화로운 삶을 영위하기 위해서는 자기 인식을 통해 내면을 변화시켜야 한다고 주장했지. 제임스 앨런(James Allen 1864~1912)은 톨스토이의 영향을 받아서 자발적인 가난, 영적인 자기훈련, 단순한 삶을 추구하면서 묵상과 사색의 삶을 살았어. 그의 작품은 문학적으로 천재적이며 영적인 것으로 인정받고 있어.

모든 길은 책으로 통한다

이소룡이 책벌레라는 사실이 충격적이라고? 각 분야에서 성공한 사람들의 강연을 듣고 난 뒤, 학생들이 이구동성 외치는 말이 있단다.

"네? 어떤 진로를 꿈꾸든, 책을 많이 읽으라고요?!!!"

"저는 영화감독은 시나리오를 잘 고르고 연출을 잘하면 되는 줄 알았어요. 그런데 책을 많이 읽으라고 해서 놀랐어요."

"만화가 선생님도 그랬어요. 책을 많이 읽어야 성공한 만화가가 될 수 있다고요."

"뮤지컬 기획자로 성공하려면 뮤지컬을 많이 보는 것만큼이나 더 중요한 게 책을 많이 읽는 거래요."

"훌륭한 건축가들은 모두 수많은 책에서 영감을 받았대요."

책과는 전혀 상관없는 분야라고 생각했던 학생들은, 그 분야의 전문가들이 한결같이 '책읽기'가 중요하다고 강조하는 것을 듣고는 모두들 충격을 받지. 실제로 그것이 어떠한 분야든 간에, 책읽기를 통해 상상력과 사고력을 기른 사람은 남과는 다른 성과를 내는 것이 사실이란다.

한겨레신문에 인기리에 연재되고 있는 만화 〈비빔툰〉의 만화가 홍승우의 서재는 수많은 책들로 빽빽하대. 그는 특히 자연과 생태, 인체 및 우주와 관련된 과학책을 즐겨 읽는다고 해.

영화 〈올드보이〉를 만든 박찬욱 감독도 독서광으로 유명하지. 학창시절 도서관에 틀어박혀 읽은 수많은 책들이 영화를 만드는 데 든든한 자원이 되었대. 그는 초등학교 때 『몽테크리스토 백작』을 읽고 느낀 복수와 배신에 대한 생각을 가슴깊이 담아두었다가 〈복수는 나의 것〉 〈올드보이〉 같은 영화를

과학책은 어렵고 딱딱하다고?

아마 많은 친구들이 과학책을 두려워할 거야. 과학책은 딱딱하고 재미없다는 편견 때문이지. 이럴 땐 재미있는 과학만화로 호기심과 자신감을 키우는 것도 좋은 책읽기 전략이야. 술술 읽히면서 과학 지식이 머리에 쏙쏙 들어오는 과학만화 몇 권 추천할게.

추천 과학만화

『중학생이 되기 전에 꼭 읽어야 할 만화 과학 교과서』 1, 2(스콜라)

『만화 원더풀 사이언스』 시리즈(지식채널)

『서바이벌 만화 과학상식』 시리즈(아이세움)

『미리 끝내는 중학교 교과서 카툰과학』 시리즈(어진교육)

만들었어.

유명한 건축인 김진애는 책을 통해 건축적인 상상력을 길어올린대. 박경리의 대하소설 『토지』를 읽으면서 우리나라 전통 건축에 관심을 가지게 되었다는군. 추리소설을 읽으면서 배경이 되는 도시의 그림을 그려보는 등, 문학작품 속 배경공간을 머릿속에 떠올리면서 건축적 상상력을 발휘하는 게 그녀의 노하우래.

작가 최인호는 어려서부터 작가의 꿈을 키웠대. 그는 동화책을 읽을 때에 그냥 읽는 게 아니라 '내가 만약 작가라면 이렇게 썼을 텐데……' 하며 늘 작가의 입장에서 책을 읽었대.

수많은 화가들도 책에서 예술적 영감을 얻는다고 고백들을 하지. 신문에 나오는 사건들, 소설 속의 인물들, 신화 속 세계, 역사책에서 발견한 사건 등 책에서 읽은 내용을 소재로 하여 자신만의 예술세계를 창조하는 거지.

디자이너도 책을 정말 많이 읽어야 해. 예를 들어 자동차 디자이너라고 하자. 멋진 자동차를 디자인하기 위해서는 자동차 공학을 잘 이해하고 있어야 해. 편안한 승차감을 위해 인체에 대한 이해도 있어야 하고, 연비 등 실용성과 경제성을 고려하는 건 기본이고 환경친화성까지 생각해야 해. 하나의 디자인이 탄생하기까지 이렇게 무수한 요소들을 고려해야 하니, 디자이너에게 다양한 분야의 책읽기가 필수적이라는 말이 무슨 뜻인지 감이 오지?

전설적인 디자이너 코코 샤넬은 어려서부터 소설을 즐겨

내가 작가라면…

"21세기는 작가적 상상력이 필요한 시대"라고 해. 방대한 지식은 인터넷에서 얼마든지 찾을 수 있지만, 그 지식을 어떻게 조합하여 전달해야 효과적일지는 결코 인터넷에서 알려주지 않지. 상대방의 마음을 움직이고 감동을 주는 이야기를 만들어낼 수 있는 능력, 이것이 바로 작가적 상상력이야. 굳이 작가가 아니더라도 작가적 상상력을 키우는 것은 정말 중요하단다. 책을 읽을 때, 영화나 드라마를 볼 때, 광고나 뮤직비디오를 볼 때, 무엇을 하든 '만약 내가 작가라면 어떻게 했을까?' 라는 질문을 던지고 상상하기를 즐기렴.

읽었대. 가장 좋아하는 소설 구절을 교과서에 붙이고 다니며 암송하기까지 했다는군. 가난한 집안사정으로 수녀원 기숙사에서 성장한 그녀는 이렇게 말하곤 했지. "소설은 내게 사는 법을 가르쳐주었고, 나의 감성과 자존심을 만들어주었어요."

운동선수는 책을 읽지 않아도 되냐고? 천만의 말씀이야. 운동은 그저 감각적인 훈련만으로 되는 게 결코 아니거든. '두뇌축구' 라는 말도 있잖아. 다른 조건이 비슷하다면, 사고력이 뛰어난 선수가 분명 앞서나가게 되어 있지. 그리고 그 사고력은 독서를 통해 길러지는 것이고.

이런 말이 있잖아. "모든 길은 로마로 통한다."

나는 이런 말을 남기고 싶구나. "모든 길은 책으로 통한다!"

자신의 길을 찾고 그 길을 성공적으로 걷기 위해서는 반드시, 절대로, 꼭, 책이 필요하다는 사실, 이제는 알겠지?

여기서, 돌발 퀴즈!

유명한 예술작품 가운데에는 책에서 영감을 얻어 만들어진 것이 아주 많다. 그렇다면 아래의 음악들은 각각 어떤 책에서 영감을 얻어 작곡된 것일까?

1. 리하르트 슈트라우스의 교향시 '짜라투스트라는 이렇게 말했다'
2. 슈베르트의 가곡집 '겨울 나그네'
3. 멘델스존의 극음악 '한여름밤의 꿈'
4. 림스키 코르사코프의 교향시 '세헤라자데'

힌트: 음악작품의 제목에 정답이 숨어 있음.

정답

1. 철학자 니체의 책 『짜라투스트라는 이렇게 말했다』에서 영감을 받음.
2. 빌헬름 뮐러의 시 '겨울 나그네'에 곡을 붙였음.
3. 셰익스피어의 희곡 『한여름밤의 꿈』을 멘델스존이 열일곱 살 때 읽고 감동 받아서 곡을 만들었음.
4. 『아라비안 나이트』에서 영감을 받음. '세헤라자데'는 이 책에 등장하는 여자 주인공. 왕비에게 배신당한 후 여자를 믿지 못하게 된 왕이 하룻밤만 보낸 후 여자를 죽여버리는데, 세헤라자데는 재미있는 이야기를 밤새 들려주어 왕이 자신을 죽이지 못하게끔 위기를 넘김. 세헤라자데의 이야기는 천일 동안 끊이지 않고 계속되어서 일명 '천일야화'라고도 함.

내 꿈을 자극하는 책을 찾아라

이쯤 되면 슬슬 오기가 발동해서 '책 안 읽어도 되는 직업은 없을까?' 라는 생각마저 들지? 그런데 아무리 눈을 부릅떠도 아마 찾기 힘들 거야. '이런 직업도 책을 열심히 읽어야 성공하는구나!!!' 싶은, 다양한 분야의 멘토들 이야기를 귀 쫑긋 세우고 잘 들어봐.

Q 요리사가 되고 싶어요.
책읽기보다는 요리 실습이 중요하지 않나요?

에드워드 권 두바이 버즈 알아랍 전 수석총괄조리장

"저는 세계 유일의 7성급 호텔인 두바이의 버즈 알아랍에서 4백여 명의 요리사를 지휘했습니다. 선비들에게 꼭 필요한 용품인 붓, 먹, 벼루, 종이를 문방사우라고 하는데, 저는 요리사에게 꼭 필요한 용품 4가지를 주방사우라고 합니다. 그게 뭘까요? 칼, 불, 접시, 그리고 책입니다. 누가 요리를 감각의 예술이라고 했던가요? 요리는 세밀한 계산과 치밀한 이성이 만드는 과학입니다. 따라서 책읽기를 통해 수준 높은 사고력을 계발해야 합니다. 저는 두바이로 갈 때 6백여 권의 책을 가지고 갔습니다. 무려 천만 원의 항공료를 물고 말이지요. 이 비용은 회사가 부담하기로 미리 계약이 되어 있었는데, 후에 천만 원이라는 거액이 청구되자 회사에서 깜짝 놀라더군요."

『일곱 개의 별을 요리하다』 에드워드 권 지음 | 북하우스 | 2008

Q 건축가가 되고 싶어요.
그럼 건축에 관련된 책을 많이 읽어야겠지요?

가우디 전설적인 건축가

"나는 건축사에 획을 그은 천재적인 건축가로 불린답니다. 내가 지은 구엘 저택과 구엘 공원, 카사 밀라 등은 유네스코 세계문화유산으로 지정되었을 정도지요. 나는 어릴 때 틈만 나면 친구들과 유적지에서 뛰어놀곤 했어요. 어느 날 타라고나 유적지에서 놀다가 대성당으로 들어가게 되었어요. 그런데 대성당에 들어서자마자 나는 장엄한 성당의 분위기에 압도되고 말았죠. '아, 사람의 손으로 이렇게 위대한 것을 만들 수 있다니!' 그 순간 나는 건축가가 되기로 결심했답니다. 그리고 그때부터 옛 수도원 터를 갈 때마다 예전처럼 그저 정신없이 뛰어놀기만 한 것이 아니라 가만히 앉아서 머릿속으로 수도원의 옛 모습을 그려보곤 했어요. 그리고 유적지 건축물에 대해 알려고 역사책을 열심히 읽기 시작했지요. 물론 건축에 관한 책도 열심히 읽었지만 철학, 미학, 역사에 대한 책을 두루 읽었답니다."

『꿈꾸는 건축가 안토니 가우디』 김나정 지음 | 이룸 | 2004

디자이너가 되고 싶어요.
디자인책을 많이 읽어야 하나요?

장광효 패션 디자이너

"'국내 최초 남성복 디자이너 컬렉션 주최', '국내 최초 남성복 디자이너 파리컬렉션 참가', '국내 최초 남성복 디자이너 홈쇼핑 오픈' 등 내 이력에는 유독 '최초'라는 단어가 많이 따라다니죠. 나는 어려서부터 지금까지 책벌레입니다. 나는 2008년까지 총 50차례의 패션쇼를 열었는데 그때마다 독특한 아이디어로 주목을 받았어요. 그런 아이디어를 어디에서 얻느냐고요? 대부분 사춘기 때 접한 문학작품에서 모티브를 얻는답니다. 나는 중학교 때 학교 도서관 한 구석에서 우연히 도스토예프스키의 단편소설 『지하생활자의 수기』를 읽은 후에 도스토예프스키의 문학세계에 매료되어서 그의 작품을 몽땅 읽었어요. 특히 『죄와 벌』은 읽고 나서 도저히 인간이 썼다고 믿어지지 않아 일주일이 넘도록 멍한 상태로 지냈지요. 나는 이렇게 깊이 몰입해서 책을 읽습니다. 그리고 거기에서 얻은 감수성이 나만의 패션세계를 이루는 데 지대한 영향력을 미치지요."

『장광효, 세상에 감성을 입히다』 장광효 지음 | 북하우스 | 2008

성악가가 되고 싶어요.
노래 실력을 키우려면 연습이 가장 중요하겠죠?

박인수 테너

"저는 국내외 각종 오페라에서 120회 이상 주역으로 무대에 섰고, 독창회도 2천여 회 이상 한 성악가입니다. 저는 어릴 적부터 유난히 숫기가 없고 부끄러움을 많이 타는 매우 내향적인 성격이었어요. 그런 사람이 어떻게 수많은 청중 앞에 서서 무대를 휘어잡는 성악가가 되었는지 궁금하지요? 소심한 성격 때문에 저는 친구들과 어울리기보다 혼자 책읽기를 좋아했어요. 특히 청소년기에 많은 책을 읽어 책벌레라는 별명을 얻을 정도였지요. 나는 책을 통해, 어떤 일을 하든지 최선을 다해야 하며 고난이 오더라도 의지를 가지고 극복해야 한다는 걸 배웠어요. 특히 아우렐리우스의 『명상록』을 통해 인생을 바르게 살아야겠다, 항상 겸허한 자세로 자기 성찰을 게을리하지 않는 사람이 되어야겠다고 결심했지요. 교회 성가대에서 성악가의 꿈을 꾸었지만 내가 입학한 학과는 사학과였어요. 1년 후 음대에 진학했지만, 사학과에서 읽었던 수많은 역사책들은 내 인생의 듬직한 길동무 역할을 해주었습니다. 내가 늘 공부하고 연습하며 열심히 노력하여 무대에 당당히 설 수 있는 것은 책읽기를 통해서 마음에 강한 심지를 심었기 때문이랍니다."

『나의 선택』 안철수 외 지음 | 정음 | 2003

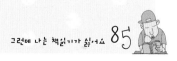

게임이 책보다 더 재미있어요

Q 책보다 게임이 훨씬 더 재미있어요.

A 그럼 게임에 관한 책부터 읽으면 되지.

부기의 일기 ❶

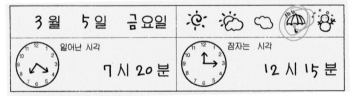

3월 5일 금요일	
일어난 시각 7시 20분	잠자는 시각 12시 15분

오늘도 나는 엄마랑 싸웠다. 역시나 게임 때문이었다. '오늘은 책을 좀 읽어볼까?' 라고 분명 생각은 했는데, 자꾸만 자꾸만 게임기가 나를 불렀다. 야, 김부기, 나랑 놀자! 나랑 놀고 싶지? 나랑 놀 거면서…….

"게임돌이의 한마디

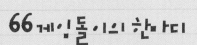

삼국지 게임을 좋아한다면 『삼국지』로 책읽기를 시작해봐. 마법사가 등장하는 판타지 게임을 좋아한다면 판타지소설의 걸작 『반지의 제왕』 『나니아 연대기』를 추천할게. 아, 그런데 너 그거 아니? 게임을 하는 동안 뇌는 전혀 활동을 하지 않아. 뇌신경 과학계의 권위자 모리 아키오 박사의 연구 결과야. 게임하면서 머리 엄청 쓴다고 생각했지? 사실은 그저 반사적으로 반응하는 것일 뿐 실제로 두뇌 활성화와는 아무런 관련이 없어. 내가 너를 매일 보다시피 하니까 그동안 쌓인 정을 생각해서 특별히 말해주는 거야. 그러니까 정신 차려. 우리 너무 자주 보진 말자고."

'안 돼!' 마음속으론 저항했지만 몸은 어느새 게임기 앞에 앉아 있었다. 정신없이 게임에 빠져 있는데 벌컥, 문이 열렸다. 그리고 등 뒤로 쏟아지는 엄마의 고함소리. "야! 김부기! 너 게임기 그만 안 꺼!!!"

허걱, 슬쩍 시계를 봤더니 어라! 벌써 3시간이 지나 자정이 넘어 있었다. 엄마의 공세는 계속 이어졌다. "너, 이리 내! 게임기 당장 갖다버려!!!" "넌 도대체 공부는 언제 할래? 너 허구한 날 게임만 해서 어쩌겠다는 거야!!!"

찔렸다. 나도 알고 있다. 게임만 해서 어쩌겠다는 건지. 그래도, 나는, 일단, 반항했다. “아, 왜 소리 지르고 그래! 엄마, 내 방에서 나가! 공부하면 되잖아!!!”

엄마는 욱 하고 올라오는 걸 꾹 눌러 참고 또 참는 기색이 역력했다. 조그맣게 한숨을 쉬시더니 내 방문을 닫고 나가셨다. 아, 나도 기분이 안 좋다.

부기의 일기 ❷

3월 8일 월요일	(날씨)
일어난 시각 7시 10분	잠자는 시각 11시 40분

오늘은 오랜만에 사촌형을 만났다. 사촌형은 게임 프로그래머로 일하고 있다. 나는 사촌형에게 며칠 전 게임 때문에 엄마랑 싸운 얘기를 털어놓았다. 뭐가 그리 재미있는지 실실 웃으며 내 말을 듣고 있던 사촌형이 나에게 물었다.

“부기야, 넌 게임 말고 또 재미있는 게 있니?”

게임만큼 재미있는 거? 딱히 떠오르지 않았다.

“아뇨, 생각이 안 나요.” 대답하고 나니, 왠지 조금 부끄러웠다. 그래서 재빨리 형에게 질문을 던졌다.

“형, 형도 게임 많이 하지 않았어요? 그러니까 게임 프로그래머도 된 거잖아요.”

형이 씩 웃었다.

"물론 형도 게임 좋아하지. 지금도 열심히 하고 있고. 그런데 너 이거 하나는 분명히 알아둬. 게임 폐인과 게임 프로그래머는 엄연히 다르다."

어라? 형에게 묻어가려는 내 속셈을 들킨 걸까?

"부기야, 게임에 흥미를 느끼는 것 자체는 잘못이 아니야. 자꾸 관심이 가고 끌리는 것, 그건 진로를 결정하는 데 무척 중요한 거니까. 하지만 주의해야 해. 시간 때우기나 심심풀이용 호기심과 '흥미'는 전혀 다르거든. 네가 게임을 단지 시간 때우기용으로 하고 있다면 그건 문제가 있지. 그게 아니라 네가 게임 프로그램이나 게임 캐릭터, 게임 스토리 등에 관심이 가서 그것에 대해 책도 찾아 읽고 자꾸 연구하고 공부하게 된다면 그건 제대로 된 '흥미' 인 거지."

게임에 대해 그렇게 진지하게 생각해본 적은 한 번도 없다. 게임에 관한 책을 읽고 공부를 한다고? 그냥 게임은 게임일 뿐이다. 신나게 게임을 하다 보면 시간 가는 줄 모르고 종종 날이 샌다. 왜? 그냥 재미있으니까! 아, 갑자기 머리가 복잡하다.

"부기야, 우리 게임 한 판 할까?"

형은 내 마음을 풀어주려는 듯 웃으며 말했다. 아싸! 나는 잽싸게 게임기를 설치했다. 결과는 형의 승리. 형은 '딱 한 판만' 이라는 말처럼, 게임이 끝나니 툭툭 털고 일어났다.

"재미있었다. 부기야, 또 보자."

형이 눈을 찡긋거리며 웃었다. 그 웃음이 어쩐지 조금 음흉하게 느껴졌다.

부기의 일기 ③

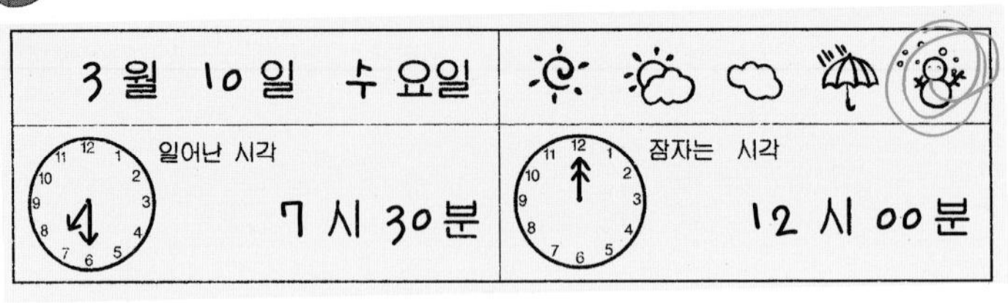

3 월 10 일 수 요일
일어난 시각
7 시 30 분
잠자는 시각
12 시 00 분

저녁 먹고 나서 빈둥거리고 있는데, 띵똥, 문자가 왔다는 수신음이 울렸다.

부기야 이메일 보냈으니까 열어봐 ㅋㅋㅋ

사촌형의 문자였다. 웬 이메일? ㅋㅋㅋ은 무슨 의미야? 며칠 전 형이 헤어지면서 날렸던 음흉한 미소가 떠올라서 어쩐지 긴장이 되었다.

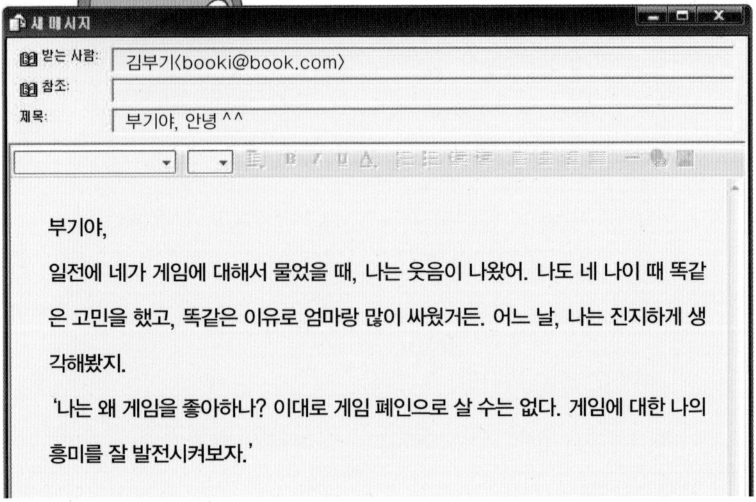
새 메시지

받는 사람: 김부기<booki@book.com>

참조:

제목: 부기야, 안녕 ^^

부기야,

일전에 네가 게임에 대해서 물었을 때, 나는 웃음이 나왔어. 나도 네 나이 때 똑같은 고민을 했고, 똑같은 이유로 엄마랑 많이 싸웠거든. 어느 날, 나는 진지하게 생각해봤지.

'나는 왜 게임을 좋아하나? 이대로 게임 폐인으로 살 수는 없다. 게임에 대한 나의 흥미를 잘 발전시켜보자.'

그때부터 나는 일본에서 수입된 게임 해설서를 읽기 위해 일본어 공부를 시작했어. '삼국지' 게임을 하면서『삼국지』책을 읽었지. 이렇게 게임을 책과 연결하면서 공부를 시작했단다. 그런데 책을 읽다 보니 재미가 있더구나. 그래서 게임과 상관없는 책도 찾아 읽기 시작했지. 계속 책을 읽다 보니 '이런 이야기로 게임을 만들면 어떨까?' 라는 생각이 드는 거야. 그러면서 게임이 만들어지는 원리와 프로그래밍에 대한 관심이 생겨났어.

내가 그랬지? 게임 폐인과 게임 프로그래머는 엄연히 다르다고. 물론 게임을 좋아한다고 모두 게임 프로그래머가 될 필요는 없어. 하지만 이건 꼭 말해주고 싶구나. 그냥 게임에만 빠져 있는 건 너 자신에게 좋지 않아. 게임이 좋다면 좋아하는 게임에서부터 책읽기를 시작해봐. 그러면 어렵지 않게 책읽기의 재미를 느끼게 될 거야. 그러다 어느 순간, 게임보다 책이 훨씬 더 재미있다는 걸 알게 될 때가 올지도 몰라.

참, 형도 게임을 만드는 사람이긴 하지만 평소 청소년들에게 꼭 읽어보라고 보여주는 기사가 있어서 첨부하니 반드시 읽어보렴. 그리고 부기야, 엄마랑 빨리 화해해. ㅋㅋ

나는 첨부된 파일을 다운 받아서 천천히 읽어보았다. 한마디로, 충격 그 자체였다.

일본의 뇌신경 과학계의 권위자 모리 아키오 박사가 얼마 전 충격적인 연구 결과를 발표했다. 박사는 다양한 활동을 할 때 사람의 두뇌가 어떻게 활동하는지를 관찰했다. 그런데 놀랍게도, 게임을 하는 동안의 뇌는 전혀 활동을 하지 않는 것으로 밝혀졌다. 주의력, 창조성, 감성, 의사소통과 깊은 관련이 있는 뇌 부위가 전두엽합령인데, 게임을 할 때에는 전두엽합령의 뇌파가 전혀 감지되지 않았다. 흔히들

게임할 때 시간 가는 줄 모를 정도로 '몰입' 했다고 생각하는데, 실제로 게임은 두뇌 활성화와 아무런 관계가 없다는 것이 연구 결과 밝혀진 것이다. 반면 책을 읽는 동안에는 놀라울 만큼 광범위한 부위에서 뇌가 반응을 하였다.

게임할 때 나는 엄청나게 머리를 쓴다고 생각했는데, 실제로는 뇌가 움직이질 않는다니!!! 망치로 머리를 한 대 맞은 것 같다.

여기서, 돌발 퀴즈!

그렇다면 게임을 무조건 하지 말아야 할까? 피할 수 없다면 즐기라는 말이 있다. 게임을 아예 하지 말라는 건 너무 가혹하다고 생각한다면, 게임을 제대로 즐기는 방법을 배워보자. 게임을 제대로 즐기는 방법 중 올바른 것은 무엇일까? OX로 답해보자.

1. 게임 제작자의 전략을 파악할 수 있어야 한다. O X
2. 게임을 하면서 자신이 어떤 욕구를 해소하고 있는지 성찰할 수 있어야 한다. O X
3. 게임 속에 등장하는 캐릭터에 대해 비판할 수 있어야 한다. O X
4. 게임을 창작의 매개체로 활용할 수 있어야 한다. O X

정답

1. ○ 게임 역시 상업적 이윤을 얻기 위한 매체이다. 따라서 게임 제작자가 게임의 상업성을 높이기 위해 어떤 전략을 구사하고 있는지 살펴야 한다.
2. ○ 어떨 때 게임이 하고 싶은지, 게임을 하는 자신은 게임을 하면서 어떤 욕구를 해소하고 있는지 성찰할 수 있어야 한다. "재미있으니까" 게임을 한다고 생각하지만, 정작 공부가 하기 싫어서 혹은 앞일을 생각하기 싫어서 회피의 수단으로 게임을 하는 것일 수도 있다. 자신의 진짜 욕구를 제대로 파악하고 그 욕구를 긍정적으로 충족할 수 있는 수단을 찾는 것이 중요하다.
3. ○ 게임은 가상세계에서 더 현실감을 느끼고 재미를 만끽하는 상업적 매체이다. 따라서 더 자극적인 재미를 위해서 폭력과 성적 왜곡이 난무하기 쉽다. 게임 속에 등장하는 영웅 캐릭터의 역할, 여성에 대한 왜곡된 이미지, 폭력적인 대결구도 등을 찾아내어 비판적으로 바라볼 수 있어야 한다.
4. ○ 게임 역시 적극적으로 읽는 독자가 되어야 한다. 소설을 게임 스토리로 바꿔보기, 게임을 통해 소설을 더 자세히 탐구해보기, 게임 스토리를 다양하게 변형시켜보기 등 게임을 창작의 매개체로 활용할 수 있어야 한다.

부기의 일기 ④

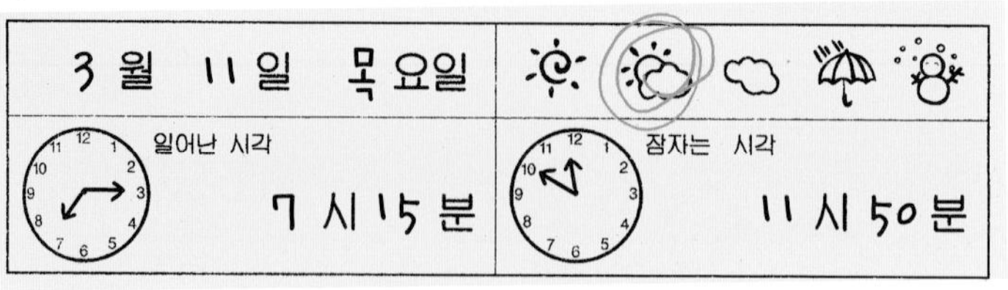

사촌형에게서 전화가 왔다. 내가 충격받은 걸 예상한 목소리였다.

"부기야, 너 괜찮니?"

"형, 그럼 결국 게임하지 말라는 거예요?"

"하하하. 어른들은 다 똑같구나, 이런 생각이 들었겠구나."

"……."

"부기야, 내가 너에게 하고 싶은 말은, 흥미가 단순한 시간 때우기용 오락에서 그친다면 너에게 아무런 유익이 되지 않는다는 거야. 게임하는 게 좋다면, 단지 게임을 즐기는 데서 그칠 것이 아니라 공부를 하는 데까지 나아가라는 거야."

"재미있으니까 하는 건데, 그걸 또 공부랑 연결하라고요?"

"재미나 흥미도 나무 키우듯 키워야 하는 거야. 그저 재미로 놔두면 시름시름 말라 죽거든. 너의 재능의 씨앗이 채 꽃도 피지 못하고 썩어버리는 거지. 그렇다면 단순한 흥미를 남다른 재능으로 키우는 방법은 뭘까? 바로 책읽기야. 흥미를 비범성으로 키워가려면 반드시 책읽기가 필요하단다. 부기 너 온라인 게임 '리니지'와 '아이온' 해봤지?"

"당근이죠. 그거 하다가 밤도 여러 번 샜는걸요."

"ㅎㅎ 그래. 나도 무척이나 좋아하는 게임이야. 근데 부기야, 그 대단한 리니지와 아이온을 만든 회사도 알고 있니?"

"에이, 그 정도는 상식이죠. 엔씨소프트잖아요."

"맞아. 엔씨소프트는 우리나라 온라인 게임 시장에서 독보적인 기업이지. 미국과 유럽 등 세계 시장도 활발히 공략하고 있고. 아이온이 대박 난 직후, 한 일간지에서 엔씨소프트의 김택진 대표를 인터뷰했는데, 무척이나 인상적이었어."

"뭔데요? 또 새로운 게임 발표한대요???"

"^^;;; 기자가 김택진 대표한테 세계 시장에서 그들의 정서에 맞는 게임을 개발하려면 무엇이 필요하냐고 물었어. 그런데 그 질문에 김택진 대표가 뭐라고 대답했을까?"

"???"

"그 대답이 정말 의미심장해서 수첩에 써뒀거든. 그대로 읽어줄게."

– 나라별로 차이가 있을 텐데 그네들의 정서에 맞는 게임을 개발하려면 뭐가 필요하죠.

"인문학적 소양입니다. 저희가 만드는 롤플레잉 게임은 톨킨의 『반지의 제왕』에서 시작합니다. 판타지에 관한 한 기본적으로 톨킨의 세계관이 깔려 있는 거죠. 그게 영화가 됐다가 주사위 게임이 됐다가 컴퓨터 게임으로 발전하는 과정을 거친 거죠. 그런 배경을 알아야 해요. 인문학적 소양을 토대로 게임을 만들어야 관객들이 이해합니다."

"부기 네가 그토록 좋아하는 게임을 만든 회사의 대표가 그런 게임을 개발하려면 필요한 것이 인문학적 소양, 즉 책을 읽는 거라고 말하고 있어. 어때?"

"!!!"

"김택진 대표는 일주일에 한 번은 꼭 서점에 간대. 서점에서 프로그래밍 관련 책도 보지만 경영서나 과학책, 시도 읽는다는 거야. 시를 읽는 게 의외라고 기자가 말하니까, 정결한 단어들을 보면 평온해져서, 마음을 닦는 데 시만큼 좋은 게 없더라는 거야."

"!!!"

"부기야, 만약 김택진 대표가 하루종일, 밤을 새워, 오로지 게임만 했다면 과연 지금의 리니지와 아이온이 존재할 수 있었을까?"

"……."

"ㅋㅋ 그래, 머릿속이 복잡할 거다. 네가 책읽기의 재미를 몰라서 그렇지, 일단 그 재미에 눈을 뜨게 되면 게임만큼이나 책읽기도 재미있다는 걸 알게 될 거야. 게다가 책읽기는 너의 재능을 무럭무럭 키워주기까지 하지. 형이 하는 말 잘 생각해 봐. 부기야, 다음에 만나서 또 게임 한 판 하자."

이제는 조금 감이 온다. 똑같이 게임을 좋아하는데 나는 게임 폐인이 되고 사촌형은 게임 프로그래머가 된 차이. 그렇다. 책읽기와 연결시켰느냐 아니냐의 차이라는 걸.

세상에는 세 종류의 사람이 있죠!
아빠보다 엄마가 좋은 사람!
음…
엄마?
아빠가 좋아?
엄마가 좋을걸?
영희 보다 숙이가 좋은 사람!
으앙
더러워!
그리고…
책보다,
게임이
좋은 사람!
사랑해요
엄마…
이제부터
게임 시간
없어!
난
엄마가
좋아요
성적표 2-3
김부기
가 가 가 가 가
집에 가
세상엔 세 종류의 사람이 있어요!
책 읽는 사람, 책 쓰는 사람, 우리 엄마!
수작 부리지 마.

흥미-책-진로 연결시키기

나에게 맞는 책을 찾아라!

책읽기, 어디에서부터 어떻게 시작해야 할지 도통 모르겠다고? 단계별로 따라와봐.

1단계 **내가 가장 흥미를 느끼는 분야를 찾아.**

2단계 **나의 스타일을 파악해.**

3단계 **내 스타일에 맞는 책 찾기 방법을 선택해.**

4단계 **본격적으로 책을 읽어.**

5단계 **책을 읽으면서 내 진로와 연결시켜.**

1단계 나의 흥미

자연이 좋아! 꽃, 나무, 동물, 벌레, 인체, 유전, 구름, 하늘, 강, 바다, 불, 별, 우주, 수학이 좋다면

표현하고 싶어! 음악, 그림, 디자인, 글쓰기, 춤, 영화, 텔레비전, 라디오, 무대, 상상, 만화가 좋다면

스포츠가 최고! 스포츠, 내기, 승부, 수집, 야외활동, 만들기, 운전, 조종이 좋다면

여행을 떠나요! 여행, 외국어, 외국 문화, 지도에 관심이 간다면

일상생활이 궁금해! 마음, 정신세계, 요리, 집, 인테리어, 패션, 스타일, 남 도와주기(행정, 사법, 교육, 안전, 복지)에 관심이 있다면

소원을 말해봐! 안내, 판매, 영업, 접객에 관심이 간다면

2단계 나의 스타일

검색하는 걸 좋아한다.

활동적이어서 실외가 좋다.

사람에 대한 관심이 많다.

3단계

책과 연결

인터넷의 세계로 풍덩~

1단계에서 고른 흥미 분야를 검색창에 친다. 만약 스포츠에 관심이 있다면? 스포츠 관련 직업을 검색해본다. 운동선수 외에도, 감독, 코치, 심판, 메디컬 스태프, 스포츠클럽 트레이너, 스포츠 에이전시, 스포츠 칼럼니스트, 스포츠 카메라맨, 스포츠 용품 제작회사, 건강관리 지도사, 레크레이션 지도자 등 다양한 직업이 있음을 알 수 있다. 그들을 인터뷰한 인터뷰 기사, 소개 기사, 홈페이지, 동영상 강의 등을 두루 훑어본다.

서점이나 도서관으로 고고 씽~

서점이나 도서관은 분야별, 주제별로 책이 분류되어 있어서 나의 흥미와 관련된 책들을 쉽게 찾을 수 있다. 처음에는 사진과 그림이 많이 나오는 보기 편한 책을 몇 권 골라서 읽어본다.

저자가 누구일까~

내 흥미와 관련된 책을 쓴 저자에 대해 알아본다. 저자가 운영하는 블로그나 웹사이트가 있다면 살펴본다. 궁금한 점이 있으면 이메일로 저자에게 직접 질문을 해보는 것도 좋다. 그 분야에서 성공을 거두기 위해 어떤 공부를 해왔는지, 어떤 책들이 도움이 되었는지 구체적으로 물어본다.

4단계

심화 단계

4-1단계 같은 분야의 책 더 읽어보기

내가 흥미를 느끼는 분야의 다양한 직업을 가진 사람들의 책을 읽어본다. 만약 게임에 관심이 많다면, 프로 게이머가 쓴 책 + 게임 제작자의 책 + 게임 스토리 작가의 책 등을 같이 읽어본다.

4-2단계 그 분야에서 성공한 사람의 자서전 읽어보기

그 분야에 계속 관심이 생긴다면, 그 분야에서 직업적으로 성공을 거둔 사람들의 자서전 읽기에 도전해본다. 그 직업이 등장하는 소설을 읽어보는 것도 좋다. 예를 들어 의사에 관심이 있다면, 의사가 쓴 자서전이나 의사가 등장하는 소설을 읽는다.

4-3단계 직업에 대한 전문 지식이 담긴 책 읽어보기

마지막으로, 그 분야에 관한 전문 지식을 담은 책읽기에 도전해본다. 컴퓨터에 관심이 있다면, 공학적 지식을 담은 책에 도전해보는 것이다. 이런 책을 읽을 때에는 밑줄을 긋고 중요한 정보들을 따로 메모하며 꼼꼼하게 읽는다.

5단계

진로계획 짜기

5-1단계 관련 학과 찾기

1~4단계를 거쳐 흥미를 느낀 분야와 관련된 전공 과목을 찾아서, 관련 대학이나 학과 입학에 필요한 조건과 성적을 알아본다. 대학 홈페이지나 진학 사이트를 이용하면 된다.

5-2단계 세부 계획 짜기

진학까지 남은 시간을 역으로 계산하여 3년→2년→1년→한 달→하루 식으로 세부 계획을 짠다. 먼저 성적 검토. 어느 과목을 얼마나, 어떻게 향상시킬 것인가? 그러기 위해서 1년 단위로, 한 달 단위로, 하루 단위로 해야 할 것은 무엇인가? 그 다음 학습 습관 검토. 문제점이 무엇이며 어떻게 개선할 것인가?

5-3단계 독서계획 짜기

교과서 공부와 별도로, 독서계획을 짠다. 하루에 얼마나, 어느 시간에, 어떤 책들을 읽을 것인가? 일단 가볍게, 매일 30분 이상씩 읽자. 진로와 관련된 책+휴식과 재미를 주는 책+용기와 희망을 주는 책을 적절하게 분배하라.

5-4단계 기타 계획 짜기

동아리 활동, 자기계발 프로그램 참여, 봉사활동 등 진로 선택에 도움이 될 만한 활동을 찾아보고 봉사 및 체험활동 계획을 짠다.

책만 보면 졸려요

Q 책을 읽으려고 해도 어려워서 금방 책장을 덮어버려요.

A 눈높이에 맞는 책부터 천천히 읽어나가면 된단다.
조선 최고의 문장가 박지원도 어릴 때 학습부진아였단다.

부기, 학습부진아였던 박지원을 만나다

부기 안녕하세요? 저는 21세기 대한민국의 중학생 김부기입니다. 굳이 나이를 따지자면 선생님보다 대략 250년 후에 태어났지요. 저의 최대 고민은 공부예요. 공부를 잘하려면 책을 많이 읽어야 한다고 하는데, 저는 책을 펼쳐도 끝까지 읽은 적이 없어요. 선생님은 조선 최대의 명문장가라는 칭송을 들을 정도로 유명하시잖아요. 책도 많이 쓰셨고요. 선생님은 어떻게 책을 읽으셨어요?

박지원의 한마디

"나는 조선의 선비이자 명문장가로 유명한 박지원이란다. 너희 중고등학교 교과서에서 내가 쓴 작품들을 종종 보았을 거야. 『열하일기』라고 들어봤지? 「허생전」 「호질」 「양반전」도 모두 내가 쓴 소설들이란다. 사실 나는 책만 보면 졸음이 쏟아져 책과는 담을 쌓고 살던 아이였어. 머슴들과 노느라 시간 가는 줄 모르는 철부지, 집안의 문제아, 그게 나였지. 그런 내가 어떻게 조선 최고의 명문장가가 되었을까? 그런 내가 어떻게 책을 읽게 되었고 심지어 책을 쓰게 되었을까? 엄청 궁금하지? 부기도 정말 궁금하다며 나에게 인터뷰를 요청해왔어."

박지원 사실, 나도 어려서 책읽기를 아주 싫어했단다. 내가 살았던 시대에도 교육열이 대단했지. 양반가 자식들은 과거에 합격하여 관직에 나가는 게 꿈이었거든. 더구나 명문가에서 태어난 나는 공부에 대한 압박이 심했지. 그런데도 나는 죽어라 책을 읽지 않았어.

부기 정말이요? 놀기를 좋아하셨나 봐요?

박지원 맞아. 하루 종일 머슴들이랑 신나게 놀았지.

부기 부모님께 혼나진 않으셨어요? 저는 책 좀 읽으라고 매일 잔소리를 듣는데…….

박지원 물론 부모님 걱정이 크셨지. 훈장 선생님을 여럿 갈아치웠단다. 모두들 포기하고 떠나더군. 부모님은 어떻게 공부를 시킬까 고민하시다가 나를 장가를 보내셨어. 장가가면 철이 들어 공부를 할 거라고 생각하셨던 거지. 근데, 장가를 갔는데도 내가 통 책을 보지 않는 거야. 책만 보면 졸음이 쏟아지는 걸 어떡하겠니? 책하고는 담을 쌓고 살았어. 집안의 문제아였지.

부기 어라? 지금의 제 모습이랑 별반 다르지 않네요. 그런데 어떻게 해서 선생님이 당대 최고의 문장가가 될 수 있었어요?

박지원 최고의 문장가라고 하니 좀 부끄럽구나. 내가 책을 좋아하게 된 것은 처삼촌 덕분이야. 그러니까 내 부인의 숙부님이시지. 그분이 내 과외 선생님을 하시겠다고 자청을 하신 거야. 나는 생각했지. '애 좀 쓰시다가 제풀에 지쳐서 떠나실 거야. 다른 훈장 선생님들도 그랬잖아.' 한데, 처삼촌은 첫날부터 다른 과외 선생님들과 달랐어.

부기 어떻게요?

박지원 책을 펼치자는 말은 한마디도 하지 않고, 같이 밖에 나가 산책이나 하자고 하는 거야. 처삼촌은 걸으면서 나에게 이야기를 들려주셨어. 옛날이야기 있지? 정말 흥미진진하고 재미있더라고. 그분은 날마다 이야기를 들려주셨어. 전해내려오던 민담에서부터 전설, 소설에 이르기까지 정말 많은 이야기들을 말이야. 시간이 지나자 중국의 역사 속에 등장하는 영웅들의 이야기도 들려주시고, 공자, 맹자, 노자, 묵자 등 철학자들의 일생과 사상에 대해서도 들려주셨단다.

부기 책으로 볼 때보다 이야기로 들으면 더 쉽게 호기심이 생길 것 같아요.

박지원 정말 그렇더라고! 그렇게 이야기를 듣고 나니까 막 궁금증이 생겨나는 거야. 그래서 어느 날 내가 처삼촌에게 물었지. "이 많은 이야기들을 어떻게 다 알게 되셨어요?" 그랬더니 껄껄 웃으시면서 "그야, 다 책에 들어 있지"라고 하시는 거야. "어떤 책에요?" 하고 물으니 책 몇 권을 보여주셨어.

부기 아하, 그때부터 책을 읽기 시작하셨군요!

박지원 그렇지! 책을 펼치자 처삼촌이 들려준 이야기가 책 속에 다 들어 있지 뭐냐! 더 자세히, 더 흥미진진하게 책 속에 나와 있더라고. 나는 중국의 역사책이며 영웅담, 인물이야기를 정신없이 읽기 시작했단다.

부기 이제 생각해보니, 선생님이 「양반전」 「허생전」 같은 소설도 쓰셨지요? 이야기를 많이 읽다 보니 소설가가 되셨네요!

박지원 맞아. 나는 소설 읽기를 아주 좋아하게 되었어. 재

미있는 소설에서 시작해서 점차 책과 친해진 거지. 그러면서 점점 읽기 까다로운 책들도 읽기 시작했어. 그런 책들은 소설처럼 단숨에 읽을 수 있는 게 아니고, 한 문장 한 문장 그 뜻을 새겨가면서 읽어야 했지. 당연히 인내심이 필요하긴 했지만 옛 선인들의 깊은 사상과 세상의 이치를 알아가는 재미에 약간의 지루함은 참아낼 수 있었단다.

부기 천하의 문장가이신 선생님도 처음에는 책읽기가 힘드셨단 말이에요?

박지원 아기가 걸음마를 시작할 때 얼마나 많은 연습을 하는지 아니? 모르는 낱말이 많이 나오고 어려운 문장을 만나면, 처음에는 누구나 골치가 아프고 읽기 싫어진단다. 그렇지만 그 뜻을 알려고 노력하면서 계속 읽다 보면 점차 어휘력도 늘고 읽는 속도도 빨라지면서 책 읽는 재미를 알게 되지.

부기 선생님을 만나고 나니 용기가 생기네요! 지금 나이에 독서를 시작해도 결코 늦지 않았다는 생각이 들어요. 선생님은 장가가고 나서 독서를 시작하셨으니까요. '쉽고 재미있고 흥미있는 책부터 조금씩 읽어나가라', '좀 힘들더라도 계속 읽어나가면 독서능력이 향상되고 책 읽는 재미도 더욱 알게 된다' 이 말씀이지요?

박지원 그렇지! 아주 똑똑하구나. 세상에 재미있는 책이 얼마나 많은 줄 아니? 네 눈높이에 맞는 쉬운 책, 네 구미가 당기는 재미있는 책에서부터 시작하렴. 그러면서 계속 레벨을 올려가는 거야. 책읽기 레벨 도전이 게임보다 몇십 배는 더

18세기 지식계에 파란을 일으킨 박지원

연암 박지원(1737~1806)은 그의 나이 44세에 청나라 건륭 황제의 70회 생일을 축하하는 사절단에 끼어 중국을 가게 돼. 공적인 소임이 없어 자유롭게 여행할 수 있었던 연암은 사람들이 가보지 못했던 열하 지방을 체험한 후, 『열하일기』를 쓰게 되지. '연암체' 라는 새로운 문체가 생겨날 정도로 『열하일기』는 당시 지식층에 큰 영향력을 발휘했어. 중국의 문물에 대한 자세한 묘사와 객관적인 평가를 바탕으로, 시대착오적인 반청(反淸) 사상을 풍자하고 조선을 낙후시킨 양반 사대부의 책임을 추궁하는 등 신랄한 현실비판적인 내용이 담긴 『열하일기』는 연암 당대는 물론이고 조선조 내내 문단에 받아들여지지 못했지.

흥미진진하단다. 나는 책읽기에 빠진 후 머슴들과 노는 걸 때려치웠잖니. 책읽기의 재미는 안 빠져본 사람은 몰라!

부기 음…… 명심하겠습니다. 이렇게 인터뷰를 하게 되어 영광이었습니다.

여기서, 돌발 퀴즈!

18세기 지식인들 사이에서 핫 이슈였던 연암 박지원. 그는 현실비판과 실학사상이 담긴 글을 많이 남겼다. 다음 중 연암에 대한 설명으로 맞는 것은?

1. 『열하일기』의 '열하'는 청나라 황제들이 여름 피서지로 썼던 곳이다. O X
2. 『열하일기』에서 박지원은 청나라를 '오랑캐'라고 무시한다. O X
3. 『열하일기』에는 철학, 정치, 경제, 천문, 지리, 풍속, 제도, 역사, 문화 등 사회생활 전 영역에 걸친 문제들이 담겨 있다. O X

정답

1. ○ '열하'는 오늘날의 하북성 북부, 열하강 서쪽에 있는 '청더[承德]'에 해당하는 곳이다. 조선 사신이 열하까지 간 것은 박지원 때가 처음이었다.
2. × 박지원은 청나라의 발전된 문물을 보며 강렬한 질투심을 느끼는 동시에, 청을 오랑캐라고 무시하는 조선 사대부들의 허위의식을 비판한다.
3. ○ 똥거름을 예찬하는 대목, 수레를 자세히 관찰하여 묘사한 대목, 청나라의 '캉'을 우리의 온돌과 비교하는 대목, 지구가 둥글다는 것이나 하늘이 아니라 지구가 돌고 있는 것이라는 대목, 음악을 주제로 얘기한 '망양록', 각종 그림과 그릇들에 대한 관심까지, 『열하일기』는 실학자로서 연암이 다방면에 관심이 있음을 잘 보여준다.

자기 레벨에 맞는 책 찾는 법

내 수준에 맞는 책을 찾아라!

1. 혼자서 읽으려면, 나에게 맞는 어휘 레벨은?

① 90% 이상 아는 낱말이 나오는 책이어야 혼자서 읽기에 적당하다.

② 80% 정도 아는 낱말이 나오는 책이면 혼자서 읽기에 적당하다.

③ 70% 정도 아는 낱말이 나오는 책이면 혼자서 읽기에 적당하다.

④ 60% 정도 아는 낱말이 나오는 책이면 혼자서 읽기에 적당하다.

2. 혼자서 읽으려면, 나에게 맞는 배경지식 레벨은?

① 처음 읽는 책이라도 80% 이상은 이미 알고 있는 내용의 책이 좋다.

② 처음 읽는 책이니까 60% 정도 알고 있는 내용의 책이 좋다.

③ 처음 읽는 책이니까 40% 정도 알고 있는 내용의 책이 좋다.

④ 처음 읽는 책이니까 20% 정도 알고 있는 내용의 책이 좋다.

3. 좀 어려운 책인데 꼭 읽어야 하는 책이라면, 어떤 방법으로 읽는 게 좋을까?

① 인터넷 검색이나 주변 사람들을 통해 그 책에 대해 미리 알아보는 게 좋다.

② 일단 직접 끝까지 읽어보는 게 좋다.

③ 친구나 선생님과 함께 읽는 게 좋다.

④ 어려운 낱말을 적어두는 어휘수첩, 모르는 정보를 적어두는 정보수첩 등 메모를 통해 공부하듯이 읽는 게 좋다.

정답

1. ① 혼자서 읽으려면 90% 이상 아는 낱말이 나오는 책이어야 한다. 책을 고르는 건 책과 사귀는 것과 같다. 서로 대화가 통해야 기분이 좋고 계속 만나고 싶어질 것 아닌가? 책과 대화가 통하려면 먼저 단어가 통해야 한다. 읽기 능력은 결국 어휘력에서 나오기 때문이다. 일단 아무 페이지나 펼쳐라. 펼친 페이지에서 중요한 단어들(내용을 이해하는 데에 중요한 개념어나 용어)을 뽑아보라. 그중에서 자신이 정확하게 그 뜻을 알고 있는 낱말이 90% 이상이라면 혼자서 그 책을 읽을 수 있는 수준이다. 만약 아는 단어가 70% 이상~90% 이하라면 부모님이나 선생님 등 다른 사람의 도움이 필요하다. 50% 이하라면? 냉큼 책을 덮고 다른 책을 고르는 게 낫다.

2. ① 처음 읽는 책이라도, 80% 이상은 이미 알고 있는 내용의 책이 좋다. 이미 배경지식이 높은 책이 읽고 싶은 마음이 더 드는 법이다. 너무 낯선 책은 흥미가 당기지 않고 좌절감을 느끼게 되어 읽기가 싫어진다. '아, 이거 아는 거잖아!' 하는 책을 선택하라.

3. ① ② ③ ④ 모두 맞다.

① 먼저 책에 대해 사전답사를 한 다음에 읽으면 더 수월하게 읽을 수 있다.

② 일단 어렵더라도 끝까지 읽어가면서 내용을 한번 익히는 것이 중요하다. 좀 어려운 책이지만 처음부터 끝까지 다 읽었다는 것, 이 경험이 책에 대한 자신감을 키우는 데 무척이나 중요하기 때문이다.

③ 좀 어려운 책인데 꼭 읽어야 하는 책이라면, 친구나 선생님과 함께 읽는 게 좋다. 일단 끝까지 다 읽고 난 다음, 함께 대화를 나누면 이해력을 키울 수 있다.

④ 어려운 낱말은 반드시 적어두자. 연습 없이 레벨이 저절로 올라가지 않는다. 영어 공부에 투자하는 노력을 생각해보라. 그것의 반의 반만이라도 책읽기에 투자해보라.

책 읽을 시간이 없어요

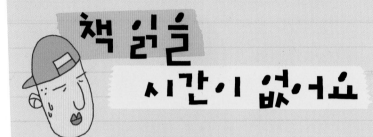

Q 학교 수업에, 학원 수업에, 숙제에…… 도무지 시간이 없어요.

A 세계적인 학자 앨빈 토플러는 면도하는 시간에도 책을 읽는대.
알차게 시간 내서 책 읽는 비법을 알려줄게.

책읽기에 적용되는 법칙 하나 알려줄까?
처음부터 재미를 느껴서 읽는 것이 아니라,
한 권 두 권 읽다 보니 재미를 느끼는 것, 이게 바로 책읽기의 법칙이야.
그러니까 일단 읽어봐야 하는 거지. 그런데 도통 책 읽을 시간이 없다고?
그럼 읽을 시간을 만들어야지. 세상에 공짜가 없듯이 책읽기도 마찬가지야.
책과 가까이 하려는 열성이 필요해. 너의 하루 24시간을 둘러봐봐.
아마 별 생각 없이 멍하니 흘려보내는 시간이 꽤 많을걸?
그 자투리 시간에 책을 펼치는 거야!
잠깐잠깐 만나는 스릴 넘치는 책과의 데이트,
지금부터 그 방법을 알려주마.

앨빈 토플러

본명 Alvin Toffler
연대 1928년~
직업 앞으로 우리 사회가 어떻게 변화할 것인지 연구하고 예측하는 미래학자. 앞으로의 미래사회는 '지식'을 가진 사람이 지배할 것이라며 지식사회로의 이동을 예측한 책 『제3의 물결』은 그의 대표작이자 전 세계적인 베스트셀러임.
특징 엄청난 독서광임.

앨빈 토플러의 한마디

"안녕하세요 여러분? 나는 미래에 관해 연구하고 예측하는 미래학자예요. 책도 여러 권 냈는데 대부분 전 세계적인 베스트셀러가 되었죠. 게다가 세계 각국에서 요청하는 강연 때문에 정말 눈코 뜰새 없이 바쁘답니다. 그래도 나는 잠깐이라도 틈이 나면 책을 읽어요. 단 몇 줄이라도 말이에요. 심지어 면도하면서도 책을 읽는답니다. 몇 줄이 쌓이면 몇 장이 되고, 그러다 보면 어느새 책 한 권이 끝이 나요. 아주 짧은 틈새 사이사이 단 몇 줄이라도 책을 보는 것, 이것이 나의 독서 비결이자 성공 비결이랍니다."

앨빈 토플러의 독서 비법

1. 분석력을 기르는 책읽기

'미래학자' 라는 직업이 낯설지? 미래학자란 앞으로 우리 사회가 어떻게 변화할 것인지를 예측하는 직업이야. 알 수 없는 미래를 어떻게 예측하느냐고? 물론 무턱대고 앞일을 예측할 수는 없지. 우리 사회가 어떤 흐름으로 변화할지 진단하기 위해서는 무엇보다 지금의 사회현상을 철저하게 분석할 수 있어야 해. 그러려면 수많은 분야의 책을 읽으면서 사회현상을 연구해야 하지. 앨빈 토플러는 엄청난 독서광으로 유명하단다. 책이야말로 현재 사회현상 이면의 흐름을 볼 수 있는 분석력을 길러주기 때문이지. 책을 읽을 때 '이 책의 저자는 사회현상에 대해 어떤 관점과 태도를 가지고 있을까?' 라고 질문을 던지면서 읽어보렴. 그리고 저자의 관점에 대해 나름대로 비판을 해보는 거야. 이렇게 질문을 던지며 책을 읽다 보면 분석력이 쑥쑥 커질 거야.

'지금 현재'와 연결하여 읽기

나의 경험, 우리 사회의 문제, 21세기 문화현상 등 '지금의 현실'과 연결해서 책을 읽어보렴. 예를 들어『홍길동전』을 읽으면서 홍길동과 슈퍼맨을 비교해볼 수도 있지. 소설『소나기』를 요즘의 환경문제와 연관지어 보면 어떨까? 아마 많은 장면들이 새롭게 보일 거야. 거기에 환경에 대한 자신의 지식과 가치를 녹여내면 한 편의 새로운 환경소설이 나올 수도 있지. 이렇게 책 속 지식과 지금 현재의 관점을 연결하고 거기에 자신의 경험과 생각을 넣어 한데 비비면 참신한 아이디어가 탄생한단다.

2. 상상력을 키우는 책읽기

그런데 단지 책을 많이 읽고 현재 사회현상을 분석하는 것에서 그쳤다면, 앨빈 토플러가 이렇게 세계적인 미래학자가 되지는 못했겠지? 그는 각각의 사회현상에 대해 분석한 내용을 통합하여 하나의 커다란 흐름을 읽어내는 수준으로까지 나아갔어. 그렇기에 오늘날 전 세계 수많은 사람들이 그가 읽어낸 흐름이 무엇인지 궁금해하고 듣고 싶어하는 것이지. 앨빈 토플러는 이렇게 말하고 있어.

"미래는 예측하는 것이 아니라 상상하는 것이다. 미래에 대해 상상하기 위해서는 독서가 가장 중요하다."

"미래는 책을 읽는 사람에 의해서 움직이는 사회가 될 것이다."

책을 읽는 사람은 변화하는 사회를 빠르게 읽어내고 새로운 사회를 대비하는 통합력과 상상력이 뛰어나기 때문이야. 책을 읽는 자, 세계를 지배하리라. 이 사실을 골룸이 알았다면 절대반지 때문에 비참한 최후를 맞이하지 않았을 텐데 말이야.

이휘소 박사

본명 이휘소, 미국 이름은 벤자민 리
연대 1935년~1977년
직업 세계적인 물리학자. 세계 최대 물리학 연구소 '페르미랩'의 이론물리 부장을 역임.
특징 모든 사람들이 노벨물리학상 수상자로 그를 예상했을 정도로 세계적으로 뛰어난 물리학자였음. 이휘소 박사가 아인슈타인보다 뛰어났다고 말하는 사람도 있을 정도임. 이렇게 뛰어난 물리학자를 우리만 잘 모르고 있었네?

이휘소 박사의 한마디

"얘들아, 안녕? 나는 물리학자 이휘소란다. 한국인 최초로 노벨물리학상 수상이 유력했던, 세계적인 물리학자이지. 그런데 그만 교통사고를 당해 갑작스럽게 세상을 떠나게 됐어. 내 출생 연대를 보면 알겠지만, 난 너희 나이 때 한국전쟁을 겪었지. 포탄이 쏟아지는 전쟁터 피난길 트럭 위에서 내가 뭘 했는지 아니? 다름 아닌, 책을 읽었어. 나는 너희들이 부러워. 왜냐고? 위험천만한 피난 트럭이 아닌 안전한 버스와 지하철을 매일 탈 수 있으니까 말이야. 피난 트럭에서 읽은 책도 재미있었는데 하물며 버스와 지하철에서 책을 읽는다면 얼마나 재미있겠니?!"

이휘소 박사의 독서 비법

1. 호기심에 대한 답을 얻기 위한 책읽기

이휘소 박사는 일제강점기에 어린 시절을 보냈지만 부모님이 모두 의사여서 부유한 환경 속에서 성장했어. 그 덕에 마음껏 책을 읽을 수 있었지. 그는 호기심이 강하고 질문이 많은 아이였어. 끊임없이 솟구치는 질문에 대한 답을 찾기 위해 이휘소 박사가 선택한 것이 뭐게? 그래 바로 '책'이야. 주변의 모든 인물, 사건, 현상에 질문을 던져봐. 그리고 그 질문에 대한 답을 찾기 위해 책을 읽어보렴. 책읽기가 한층 흥미진진해지겠지?

2. 전공 분야 외 다양한 분야의 책읽기

이휘소 박사는 책을 통해 중력, 만유인력 등 온갖 과학 이론들을 섭렵했지. 그렇다고 그가 과학책과 수학책만 읽은 건 아니야. 『도덕경』, 『그리스 로마 신화』, 불교 경전, 셰익스피어의 작품들, 프로이트의 심리학, 마르크스의 사회철학, 헤겔의 철학책까지, 동서양의 고전부터 심리, 철학, 사회학 서적까지 분야를 가리지 않고 뭐든지 읽어치웠지. 특히 한시를 좋아해서 자주 암송하곤 했대. 이황과 정약용의 시는 한문 원본으로 읽을 정도였다고 해. 이런 다양한 책읽기가 그를 세계적으로 뛰어난 과학자로 만든 밑거름인 거지.

3. 어휘력과 문장력을 업그레이드하는 책읽기

이휘소 박사는 미국으로 유학 가서 수많은 논문을 발표했는데, 그의 논문은 많은 사람들의 감탄을 자아냈지. 사실 논문이란 게 무척 어렵고 딱딱하잖아. 그런데 이휘소 박사의 논문은 마치 문학작품처럼 읽기 편했대. 그만큼 글이 쉽고 아름다웠다는 거지. 과학자가 어떻게 이렇게 글도 잘 쓸 수 있을까? 아마 이휘소 박사가 다양한 분야의 책을 두루 읽었기 때문일 거야. 책을 많이 읽으면 어휘력과 문장력이 향상되어 글쓰기도 자연스레 잘하게 되거든.

나를 감동시킨 명장면을 찾아라

"어린왕자를 만난다면 내게 꼭 편지를 주세요." 장 피에르 다비트는 『어린 왕자』의 마지막 장에 생텍쥐페리가 했던 말에서 모티브를 얻어서 『다시 만난 어린 왕자』(이레)를 썼대. '책이 책을 만든' 거지. 그렇다면 어떻게 해야 생산적인 읽기가 될까? 책을 읽고 나서 가장 인상 깊었던 장면과 그 이유를 적어보는 거야. 이때 그 책을 읽으면서 새롭게 알게 된 단어를 활용해서 글을 쓰면 더욱 좋아.

체 게바라

본명 Ernesto Guevara de la Serna

연대 1928년~1967년

직업 혁명가. 게릴라전의 전문가. 쿠바 혁명을 성공시킨 주역.

특징 1. 검은 베레모를 즐겨 씀. 손질하지 않은 긴 머리칼과 텁수룩한 턱수염, 굳게 다문 입술, 강렬한 눈빛까지, 일명 혁명계의 '꽃남.'

특징 2. 혁명의 아이콘. 가난한 민중을 독재체제에서 해방하기 위한 쿠바 민중 혁명을 성공시킨 주역임. 그를 흠모하는 수많은 젊은이들이 요즘도 그의 흔적을 찾아 남미로 떠나곤 함.

특징 3. 쿠바 혁명을 위한 게릴라 투쟁 당시에도 늘 책을 손에 들고 있을 정도로, 어려서부터 지독한 독서광이었음.

체 게바라의 한마디

"어이, 친구. 안녕하시나? 나는 대학생 때 친구와 남미 여행을 하다가 너무나 가난하고 비참하게 사는 남미 민중들의 모습을 목격하게 돼. 엄청난 충격을 받은 나는 그 길로 다니던 의대를 뛰쳐나와 쿠바 정부에 맞서 게릴라 투쟁에 뛰어들지. 긴장의 연속인 게릴라전의 와중에서 나에게 휴식시간이 언제였는지 아나? 밀림의 천막 안에서 책을 읽는 시간이었다네. 천막 안에서 파이프를 입에 물고 평화롭게 책을 읽고 있는 사진, 내 사진 중에서도 가장 유명한 사진이지."

체 게바라의 독서 비법

1. 친구 같은 책읽기

체 게바라는 어려서 천식을 앓아 침대에 누워 지내는 일이 많았어. 친구들과 놀지도 못한 채 홀로 침대에 누워 지내던 어린 체는 책을 읽기 시작했지. 그는 열다섯 살 무렵에 프랑스 작가 에밀 졸라의 작품을 프랑스어 원본으로 읽는 수준이었고, 수많은 고전작품은 물론 윌리엄 포크너, 존 스타인벡 등 당시 최신 작가들의 작품까지 다 읽은 상태에 이르렀어. 그에게 책은 친구와 같았던 거야. 친구와 어울릴 수 없었던 체 게바라는 대신 책을 통해 수많은 인물들을 만났던 거지. 남미 민중에 대한 깊은 동정심과 공감을 느낀 체의 마음씨는 아마도 이런 책읽기를 통해 길러졌을 거야.

2. 휴식 같은 책읽기

쿠바 정부군에 맞서서 전쟁을 선포한 게릴라전. 하루하루가 얼마나 긴장의 연속이었겠니? 정부군에 비해 무기와 물자도 열악하고 부족했을 테고, 생활도 많이 불편했겠지. 무엇보다 정신적인 긴장감과 압박감이 대단했을 거야. 그런 와중에도 체 게바라는 천막 안에서 책을 읽는 시간을 가장 편안한 휴식시간으로 여겼지. 그는 책을 읽으면서 마음의 긴장을 풀고 휴식을 얻으며 새로운 에너지를 충전했던 거야. 너희들은 남는 시간을 어떻게 보내니? 혹시 멍하니 텔레비전을 보거나 게임만 하고 있는 건 아니니? 신나게 논 것 같은데 어쩐지 몸은 찌뿌듯, 마음은 찜찜한 경험, 다들 있을 거야. 이제부터 휴식시간에 책을 읽어보렴. 책은 몸과 마음에 쉼을 주고 새로운 힘으로 채워준단다.

책에서 격려 받기

자기정체성에 대한 고민이 시작되면서 끊임없이 '나는 누구인가' 라는 질문을 던지게 되는 청소년기. 성장소설과 자서전, 평전을 읽어보렴. 같은 또래의 주인공이 등장하는 성장소설을 읽으면 많은 공감과 격려를 느낄 거야. 자서전이나 평전 속의 인물은 성격과 경험이 매우 구체적으로 묘사되기 때문에 자아정체성을 형성하는 데 영감을 얻을 수 있지.

성장소설
『까망머리 주디』(푸른책들) 『헨쇼 선생님께』(보림) 『나, 이제 외톨이와 안녕할지 몰라요』(사계절)

자전소설
『가난한 사람들을 위한 은행가』(세상사람들의책) 『개밥바라기별』(문학동네) 『나의 아름다운 정원』(한겨레신문사)

평전
『청소년을 위한 체 게바라 평전』(행복한박물관) 『전태일 평전』(아름다운 전태일) 『큰의사 노먼 베쑨』(이룸)

여기서, 돌발 퀴즈!

앨빈 토플러, 이휘소 박사, 체 게바라 세 사람의 책읽기 공통점은?

1. 총알이 떨어지는 트럭 위에서 책을 읽었다.
2. 친구들과 놀지 않고 책을 읽었다.
3. 책은 짬짬이 읽어야 제 맛이다.
4. 짬짬이 틈틈이 책을 읽었다.

정답

4번. 자투리 시간을 잘 활용하라는 말씀이었죠. 3번의 내용은 주의하세요! 책의 제 맛을 느끼는 책읽기는 책의 성격에 따라 그 방법이 다르답니다. 짬짬이 읽을 때 제 맛인 책, 느긋하게 읽어야 제 맛인 책, 공부하듯 열심히 읽어야 제 맛인 책 등 책에 따라 맛을 느끼는 방법이 달라요.

자투리 시간 활용법

책읽기, 틈새시간을 노려라

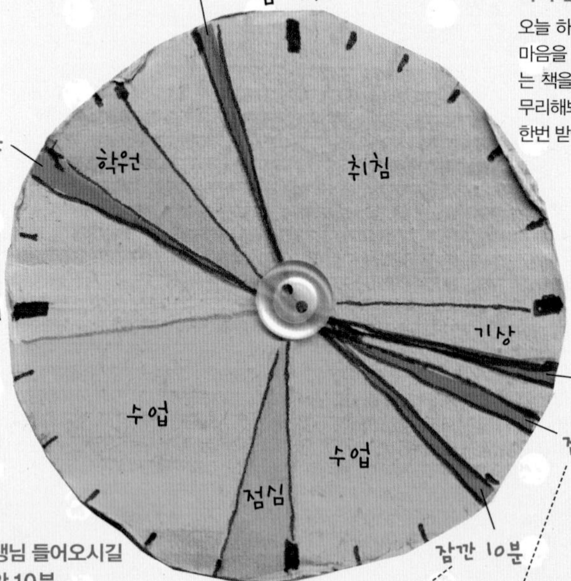

자기 전 20분

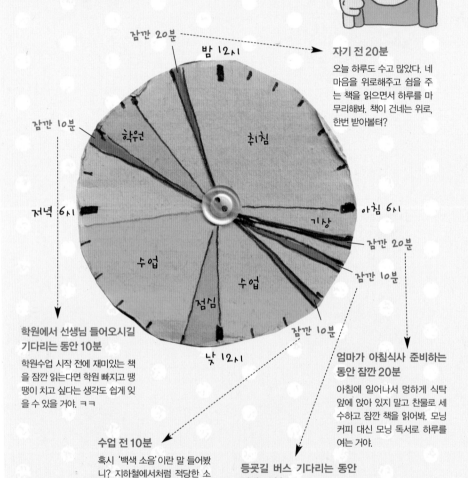

오늘 하루도 수고 많았다. 네 마음을 위로해주고 쉼을 주는 책을 읽으면서 하루를 마무리해봐. 책이 건네는 위로, 한번 받아볼터?

학원에서 선생님 들어오시길 기다리는 동안 10분

학원수업 시작 전에 재미있는 책을 잠깐 읽는다면 학원 빠지고 땡땡이 치고 싶다는 생각도 쉽게 잊을 수 있을 거야. ㅋㅋ

엄마가 아침식사 준비하는 동안 잠깐 20분

아침에 일어나서 멍하게 식탁 앞에 앉아 있지 말고 찬물로 세수하고 잠깐 책을 읽어봐. 모닝커피 대신 모닝 독서로 하루를 여는 거야.

수업 전 10분

혹시 '백색 소음'이란 말 들어봤니? 지하철에서처럼 적당한 소음이 오히려 집중력을 높여준다는 뜻이야. 수업 시작 전, 웅성웅성 시끌시끌 친구들이 뿜어내는 백색 소음 속에서 책을 읽어봐. 훨씬 집중이 잘 될 거야.

등굣길 버스 기다리는 동안 잠깐 10분

버스 기다리면서 주로 뭘 하니? 음악 듣기? 멍 때리기? 아니면 또 지각이다 발 동동 구르기? 서서 책읽기는 어때? 서서 잠깐 읽는 한두 페이지가 때로는 강렬하게 기억에 남기도 하거든. 서서 먹는 밥은 체해도, 서서 읽는 책은 소화가 잘 된단다.

⇨ 이렇게 자투리 시간 합치면 하루 1시간 이상 확보!

이렇게 읽으면 3일에 책 한 권 끝!
시간적인 여유가 있는 주말을 합치면, 일주일에 책 3권 끝!
5분씩, 10분씩 자투리 시간에 읽는 책이 지금과는 다른 수준으로 너를 안내해줄 거야.

⇨ 단, 주의점! 자투리 시간에 읽는 책은 따로 있다.

책 중에는 한자리에 조용히 앉아서 집중해서 읽어야 할 책이 있고,
버스 안이나 쉬는 시간 등 자투리 시간에 잠깐잠깐 읽을 만한 책이 있다.

⇨ 자투리 시간에 읽으면 좋은 책은…

1. 가볍게 쓴 짧은 단편 에세이

자투리 시간에 읽기에는 짧은 글을 모아둔 책이 좋다. 짧지만 감동적인 내용이 많고
삶의 지혜를 주기 때문에 마음을 다스리고 꿈을 키워가는 데 힘을 얻을 수 있다.

추천 도서 ◎ **『내 인생을 바꾼 한 권의 책』**(리더스북) **『9인 九색 청소년에게 말걸기』**(주니어김영사)

2. 짧은 글을 모아둔 작은 잡지

이런 잡지들은 가방에 넣어두고 틈틈이 읽는다. 그 달의 주제에 맞는 글들을 모아놓았기 때문에
다양한 배경지식을 기를 수 있다. 그림, 사진 등 이미지가 많아서 읽기에도 편하다.

추천 잡지 ◎ **《샘터》《좋은생각》《독서평설》**

3. 짧은 정보를 모아둔 지식사전류의 책

역사적으로 흥미로운 사건들, 재미있는 과학 상식, 다양한 인물들의 일화 등을 짧게 설명해놓은
책이 있다. 보통 하나의 주제가 한두 쪽을 넘지 않기 때문에 자투리 시간에 집중해서 읽기 좋다.

추천 도서 ◎ **『있다면? 없다면!』**(푸른숲) **『상대적이며 절대적인 지식의 백과사전』**(열린책들)

4. 학습에 도움이 되는 만화책, 마음을 따뜻하게 하는 만화책

만화로 풀어서 설명한 학습만화를 자투리 시간에 읽는 것도 유익한 독서방법이다.
요즘에는 인권, 경제, 정치, 역사 등 묵직한 주제를 친절하게 설명한 만화가 꽤 많다.

추천 만화 ◎ **『박시백의 조선왕조실록』 시리즈**(휴머니스트) **『맨발의 겐』 시리즈**(아름드리미디어)
『쥐』1, 2(아름드리미디어) **『100℃』**(창비)

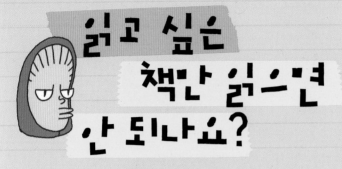

읽고 싶은 책만 읽으면 안 되나요?

Q 난 만화책만 읽고 싶은데…… 꼭 골고루 읽어야 하나요?

A 책은 영혼의 영양분이잖아.

책도 편식하면 건강한 인격을 가질 수 없겠지?

자, 오늘은 미리 예고한 대로 진지한 토론을 해볼까? 오늘의 주제는 바로 이거야. '만화책만 읽어도 될까?'

가뜩이나 읽기 싫은 책, 그나마 자기가 좋아하는 책으로 읽겠다는데 그게 왜요?

아니지, 이왕 책을 읽으려면 다양한 책을 골고루 읽는 게 좋지.

오, 자연스럽게 입장이 갈렸구나. 좋아, 부기는 '문제가 없다' 팀. 우기는 '문제가 있다' 팀으로 하자. 아, 그리고 서로를 존중하는 마음으로 토론할 때는 존댓말을 쓰도록 하자. 그럼 지금부터 스타트~.

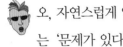

"독서쌤의 한마디

안녕? 나는 독서쌤이야. 내 직업은 독서 지도 및 독서 상담. 내 취미는 내 방식대로 책과 놀기. 내 특기는 책읽기 싫어하는 애들 책 읽히기야.
책 때문에 고민하고 있는 학생들이여, 책 읽는 법이 궁금한 학생들이여, 모두 내게로 오라. 내가 명쾌한 해답을 주마."

부기(문제없다) 자기 취향대로 읽는 게 왜 문제가 되죠? 만화책도 책이잖아요. 물론 성인용 만화나 작품의 질이 떨어지는 만화를 보는 건 문제가 있겠지만요.

우기(문제 있다) 아무리 자기 취향이라고 해도 만화책만 본다면 생각이 한쪽으로 치우치지 않을까요? 우리가 유치원 다닐 때부터 무수히 들었던 말이 "편식하지 마라"라는 거였잖아요. 독서도 편식하면 균형 잡힌 정신을 기르기 힘들지 않을까요?

부기 만화를 잘 모르시나 본데, 만화책도 아주 다양한 이야기가 있어요. 학창생활, 우정, 사랑 등 우리 또래가 공감할 수 있는 스토리부터, 과학이나 역사, 사회, 예술 등 지식을 담은 만화까지요. 만화를 읽으면서도 다양한 배경지식과 교양을 얼마든지 쌓을 수 있어요.

수기 음…… 그 말을 들으니, 도전하기 힘든 분야는 처음에 만화책으로 시작하는 것도 좋을 것 같네요. 역사책이나 과학책읽기가 부담스러울 때, 역사만화, 과학만화로 시작하는 것도 현명한 책읽기일 것 같군요.

부기 그렇죠! 그래서 저는 만화를 강추합니다.

수기 하지만,

부기 엥?

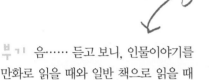

수기 만화책은 그림 위주에, 과감한 생략으로 내용이 비약적으로 전개되기 때문에 일반 책에서 얻을 수 있는 깊이 있는 지식과 의미를 얻기에는 한계가 있다고 봅니다. 한마디로 이미지는 강렬하게 남는데, 깊은 내용을 알기는 어렵다는 거죠. 그러니까 만화로 흥미를 유발했다면 그 분야의 책으로 넘어가는, '발전하는 책읽기'는 반드시 필요하다고 생각합니다.

부기 음…… 듣고 보니, 인물이야기를 만화로 읽을 때와 일반 책으로 읽을 때 확실히 느낌이 달랐던 것 같긴 해요. 감정 묘사나 사건 전개가 훨씬 구체적이니까 만화에서 느끼지 못했던 걸 많이 생각해볼 수 있었어요.

수기 그렇죠? 각각의 장르와 분야에서 느낄 수 있는 맛과 깊이가 다르기 때문에 골고루 책을 읽어야 한다는 겁니다.

부기 ……. 전 여전히 만화책을 사랑하지만, 만화책에서 시작해서 다양하고 깊이 있는 책읽기로 확장해야겠다는 생각이 드네요. 어느 정도는 인정합니다.

수기 저도 만화책이 재미있을 거라는 생각이 드네요. 저는 평소 역사와 과학 쪽이 어렵게 느껴졌는데, 토론 끝나고 부기군에게 재미있는 역사만화와 과학만화를 추천해달라고 하고 싶군요.

하하, 아주 유익한 토론이었어.
독서쌤이 결론을 정리해볼까?
첫째, 만화책을 읽을 때에도 작품의 질적 수준을 따져 읽어야 한다. 둘째, 만화책에서 시작해서 다양한 분야와 장르의 책으로 확장해야 한다. 이런 저런 음식을 많이 맛보아야 좋은 요리사가 될 수 있고, 운동경기도 다양한 나라의 선수들과 많이 치러봐야 실력이 늘듯이, 다양한 장르의 책을 골고루 읽어야 통합적인 사고력이 발달하고 시야가 넓어질 수 있겠지. 특히나 성장기인 너희들은 골고루 먹는 게 매우 중요하지. 몸의 양식과 마음의 양식 둘 다 절대 편식 금지! 그럼 이상 오늘의 토론 끝~.

편식은 금물!
영양가를 따져보거라!
書田有路!
지존고수

독서계획 짜는 법

차근차근 단계별로 읽어라

독서계획 짜기

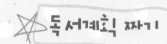

하다못해 친구들이랑 놀려고 해도 계획을 세우는데, 책읽기에도 당연히 계획이 필요한 법. 내 수준에 맞게 차근차근 단계를 올려나가는 독서계획 짜기 지금부터 시작해보자!

1 왜 읽지?

먼저, 무슨 목적으로 책을 읽을 것인지 생각해본다. '사회 과목 성적을 올리기 위해서 역사에 관한 책을 읽어야 한다'와 같이 목표가 분명한 게 좋다.

2 쉬운 책은 뭘까?

책이 낯설어서 목표를 세울 엄두가 나지 않는다면, 가장 흥미 있는 분야의 그림책이나 사진책, 만화책을 골라서 읽는다. 쉽게 접근할 수 있게 만든 책이 좋다.

추천 도서

『이원복 교수의 사랑의 학교』 상, 하 (사랑의학교) 만화가 이원복이 세계 곳곳의 아름답고 감동적인 이야기를 그린 만화책. 한 번 손에 들면 놓기 힘들다.

『삼봉이발소』 1–3 (소담출판사) 파란웹툰 사이트에 연재되어 조회수 천만을 넘기며 폭발적인 인기를 얻은 하일권의 만화. '외모 콤플렉스' 라는 무거운 주제지만 공감과 폭소를 자아내며 감동을 준다.

『나의 라임오렌지나무』(청년사) 원작소설보다 더 감동적이라는 평을 듣는 이희재의 만화. 이희재가 만화로 그린 **『아홉살 인생』**도 강추.

『행복한 왕자』(마루벌) 마루벌에서 출간한 이 그림책을 읽은 후 시공주니어에서 출간한 『행복한 왕자』를 읽으며 오스카 와일드의 단편작품들을 접하면 좋다.

3 그래도 정말 책읽기가 싫다면?

책을 왜 읽어야 하는지 그 가치를 정말로 모르겠다면, 감동적인 성장소설을 읽는 게 좋다. 자기 또래의 고민과 갈등이 담긴 소설을 읽으면서 자신의 정체성과 미래에 대해 고민하고, 인생에 대해 진지한 질문을 던져본다.

추천 도서 ○

『말라깽이와 주름여왕』(파라주니어) 열다섯 살 반항 소녀 타마라와 전직 교사 출신 여든아홉 살 바클레이 할머니의 좌충우돌 가출 소동.

『열네살의 인턴십』(바람의아이들) 수학은 갈피를 못 잡겠고, 국어는 무슨 말인지 못 알아듣겠고, 독어 시간에는 아예 잠들어버리는 열네 살 루이가 우연히 자신도 몰랐던 재능과 열정을 깨닫고 꿈을 향해 전력 질주하는 성장소설.

『내가 나인 것』(사계절) 엄마의 간섭과 잔소리에서 벗어나기 위해 가출을 감행한 소년이 여러 사건들을 통해 성숙해지는 성장 이야기.

『행복이 찾아오면 의자를 내주세요』(사계절) 상처를 안고 폐쇄적인 삶을 살아가던 사춘기 소녀가 세상과 인간에 대해 새롭게 눈뜨게 되는 성장소설.

4 어느 정도 책읽기에 재미를 붙였다면?

사회적인 고민이나 철학적인 사유가 담긴 소설에 도전해본다. 분량이 얇으면서도 인간 존재의 의미, 이념과 개인의 삶, 역사의식 등을 다룬 책을 읽으면서 친구나 선생님, 부모님과 토론을 해본다.

추천 도서 ○ **『나무소녀』**(양철북) **『침대 밑 악어』**(책씨) **『처절한 정원』**(문학세계사) **『어린 왕자』**(문학동네)

5 더 높은 레벨에 도전하고 싶다면?

다각적인 분석을 해야 하는 진지한 소설을 읽는다. 이런 책은 반드시 여러 평론가들의 비평문을 함께 읽어 다양한 관점에서 조망해야 한다.

추천 소설 ○ **『파리대왕』**(민음사) **『변신』**(문학동네) **『동물농장』**(민음사) **『아큐정전』**(계수나무)

추천 해설서 ○

『국어 선생님과 함께 읽는 세계 명작』 1, 2 (푸른숲) 현직 국어 선생님들이 원작의 숨은 매력과 다양한 주변 정보를 알기 쉽게 풀어놓은 책. 하나의 작품을 여러 관점에서 살펴보며 자신의 삶을 되돌아보는 계기로 연결할 수 있게 도와준다.

『명작에서 멘토를 만나다』(살림) 세계 명작을 성장기 청소년의 정서와 관심에 맞춰 풀어놓은 책. 같은 저자가 쓴 **『책 숲에서 사람의 길을 찾다』**(휴먼드림) 역시 동서양 명작 중에서 중학생 수준의 읽을 만한 책들을 소개하고 있다.

『논리소년, 문학소녀를 만나다』 1, 2 (웅진지식하우스) 꼭 읽어야 할 한국문학 작품을 골라 핵심만 다루고 있는 책. 같은 출판사의 **『문학소년, 논리소녀를 만나다』 1, 2**는 세계문학 작품을 해설해놓았다.

『나의 고전 읽기』 시리즈(아이세움) 우리나라 『삼국유사』부터 마르크스의 공산주의, 루소의 사회계약론에 이르기까지, 동서양 고전 원문을 이해하기 쉽게 제시하고, 흥미로운 관련 에피소드와 함께 설명한 책.

『고전소설 속 역사여행』(돌베개) 한국 고전소설을 통해 조선시대 사람들의 삶과 역사를 들여다보는 책. 소설 읽는 재미와 역사를 배우는 즐거움을 함께 느낄 수 있다.

이 책을 추천해!

책의 중요성을 일깨워주는 책

『18세, 책에게 꿈을 묻다』

문형범 지음 | 황소자리 | 2007

열여덟 살 형범이, 텔레비전 독서 퀴즈 프로그램에서 1등을 하다!
2006년 KBS TV 퀴즈 프로그램 〈도전! 골든벨〉의 우승자가 된 형범이는 학원에 다니지 않고도 전교 1등을 놓친 적이 없다. 사교육 안 받고도 1등 하는 비결은 무엇일까? 비밀은 바로 책읽기. 형범이가 어린 시절부터 지금까지 읽은 책은 무려 5천여 권! 저자 스스로 밝히는, 독서가 자신에게 끼친 가장 긍정적인 영향은 무엇일까? "자기 스스로 어떤 사람인지, 무엇을 하고 싶은지, 어떻게 살고 싶은지"를 고민해볼 수 있게 한 점이라고 한다. 엄청난 독서광인 저자가 전래동화에서부터 『논어』에 이르는 명작뿐 아니라, 미야자키 하야오의 작품에 이르기까지, 다양한 책과 작품을 통해 만난 세상과 사람, 그리고 그 속에서 배운 사랑과 사유, 감성의 힘을 빼어난 문장으로 들려준다.

『17살, 나를 바꾼 한 권의 책』

구진아 외 지음 | 김영사 | 2008

명문대생 39인이 말하는 '나를 바꾼 책읽기.'
지금은 명문대생이지만 그들이 처음부터 공부 잘하는 우등생은 아니었다. 낮은 아이큐부터 등 돌린 친구까지, 좌절도 방황도 많았던 그들. 모든 변화의 시작은 바로 한 권의 책이었다. 지능지수 95에 절망하던 학생은 책을 읽으며 공부의 목적을 깨달은 뒤 명문대에 합격했고, 밤 새워 공부해도 성적이 바닥을 치자 자포자기했던 학생은 책을 통해 마음속에서 춤추던 꿈과 만나 세계무대에 도전했다. 유학생활에 적응하지 못했던 자퇴생은 책이 선사한 위로에 힘을 얻어 목표한 대학에 합격했고, 절친한 친구의 절교 선언으로 관계 맺기가 서툴렀던 학생은 책에 비친 자신을 들여다보며 닫아버렸던 마음의 문을 열었다. 이 책은 성적과 진로, 외모와 관계 등의 이유로 고민하고 방황하는 청소년들에게 위로와 희망을 동시에 던져준다. 더불어 저자들이 추천하는 책을 읽으면서 그들이 선배처럼 곁에서 이야기해주는 듯한 느낌도 받을 수 있다.

그 외 책읽기의 중요성을 말해주는 책들

『책읽기의 달인 호모 부커스』

이권우 지음 | 그린비 | 2008

저자는 책을 통해 개천에서 용이 날 수 있다고 주장한다. 특히 청소년기에 왜 독서가 중요한지를 체험을 통해 간절히 호소한다. 같은 출판사에서 나온 『책읽기의 달인, 호모 부커스 2.0』도 함께 읽어보면 좋다. 대한민국 공식 '독서의 달인'이라 불리는 5명의 전문 필자들과, 남다른 책읽기를 통해 책 쓰기의 기회를 얻은 20명의 독자들의 각양각색 독서론을 담았다.

『나를 천재로 만드는 독서법』

서상훈 지음 | 지상사 | 2008

에이브러햄 링컨, 존 스튜어트 밀, 최한기, 김득신 등 독서광들의 독서법을 소개하면서, 독서토론 하는 법, 베껴 쓰기의 좋은 점 등을 강조한다.

『독서불패』

김정진 지음 | 새싱 | 2005

위대한 독서광들의 성공 스토리를 소개한다. 세종대왕, 나폴레옹, 링컨, 정약용 등 위대한 업적을 남긴 사람들은 모두 지독한 독서광이었음을 강조하면서 독서의 중요성을 말한다.

『책, 세상을 탐하다』

장영희 외 지음 | 평단문화사 | 2008

우리 시대 각 분야에서 성공적으로 살고 있는 사람들의 책에 대한 인연, 책 읽는 습관, 좋아하는 책 등을 읽기 편하게 소개하고 있다. 책이 그들의 삶에 끼친 영향을 잘 엿볼 수 있다.

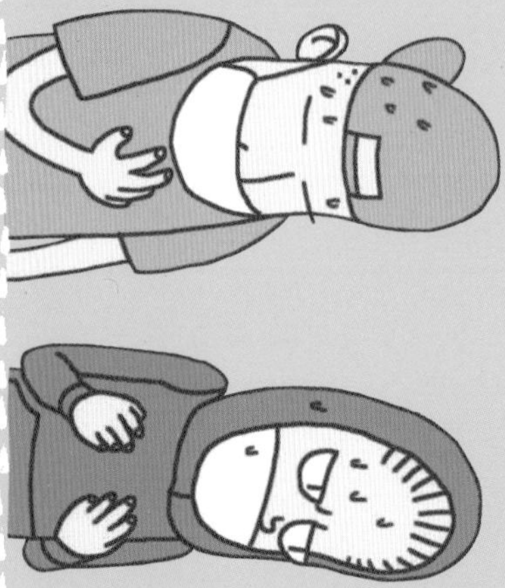

3장

잘 읽고 싶은데 어떻게 읽어야 할까요?

책 • 이 • 직 • 접 • 말 • 한 • 다

"나와 사귀고 싶다면……"

너희들은 나를 너무 어렵게 생각하는 것 같아.

내가 콧대 높고 도도할 거라는 생각에 지레 겁을 먹는 것 같아.

흘끔흘끔 훔쳐보기만 하다가 멀어져가는 네 뒷모습을 볼 때마다

나는 한숨을 내쉬며 혼자서 중얼거리곤 해.

"아, 나도 네가 나에게 다가오길 기다리는 한 권의 책일 뿐이야……."

네가 막연히 생각하듯 나는 결코 어렵거나 따분하지 않아.

세상의 온갖 재미있는 이야기, 흥미로운 이야기, 신기한 이야기,

놀라운 이야기를 내가 들려줄게.

세상에 대해 궁금한 것, 자연과 우주에 대해 묻고 싶은 것,

사회와 인간에 대해 알아야 할 것을 내가 모두 알려줄게.

나를 알면 알수록 오묘한 내 매력에 풍덩 빠지게 될걸.

나를 몰랐던 옛날로 절대로 되돌아가고 싶지 않을 거야.

도대체 어디에서 이런 자신감이 나오는지 궁금하다고?

그렇다면 차근차근 나에게 다가와봐.

자, 지금부터 나와 잘 사귀는 방법을 알려줄게.

나와의 첫 데이트, 상상력이 필요해

머리부터 발끝까지 찬찬히 훑어보기

머리부터 발끝까지 핫 이슈!♪♬
내 모든 것 하나하나 핫 이슈!♪
내 맘대로 또 쓰고 쓰고 하는 저자
♪Two 내 맘대로 또 쓰고 쓰고 하는 저자
Three 아무렇게나 절대 아닌 차례♩♪
Four for for for book
Hot Hot Hot ISSue

나와 사귀고 싶다면, 일단 나에 대한 호기심이 필요해. '엄마가 시켜서' 혹은 '학교 숙제여서' 나에게 접근한다면 나의 진정한 매력을 발견하지 못할 수도 있어. 호감이 가는 사람, 좋아하는 사람을 만나러 갈 때 너는 무슨 생각을 하니?

'그 사람은 어떤 사람일까?'

'무슨 생각을 하고 있을까?'

'오늘 만나면 무슨 대화를 나눌까?'

눈빛이 반짝반짝 빛나면서 상대에게 호기심이 생기고, 때론 손발이 오그라드는 알콩달콩한 상상을 하면서 가슴 설레는 마음. 나와 첫 데이트할 때 필요한 기본자세는 바로 이런 거야.

하지만 나에 대해 상상의 나래를 펴는 데에도 단계가 필요하지. 일단 머리부터 발끝까지 나를 찬찬히 훑어보는 거야.

먼저 내 얼굴과 이름. 바로 책의 표지와 제목이야.

표지와 제목을 보는 순간 우리 뇌 속에 저장된 온갖 정보들이 고개를 들기 시작하지. 표지와 제목만 보고 '어떤 책일까?' '무슨 내용일까?' 먼저 상상을 해보는 거야. 앞표지와 뒤표지의 글을 읽어보는 것도 상상의 나래를 펼치는 데 도움이 될 거야. 내 얼굴만 보고 나에 대해 네 멋대로 상상하는 거, 일단은 용서해줄게.

다음에는 저자가 누구인지 알아보는 거야.

나의 부모가 누구인지, 나는 누구의 손에서 자랐는지 내 배

경조사를 하는 것이라고 볼 수 있지. 저자가 어떤 이력을 가지고 있으며, 그동안 어떤 책을 썼는지, 관심사가 무엇인지를 파악하면 대략적으로 내가 어떤 성격일지 가늠해볼 수 있거든.

훑어보는(?) 순서

제목
↓
표지(앞표지, 뒤표지)
↓
저자(앞날개, 뒤날개)
↓
내 맘대로 책 내용 상상하기
↓
차례(소제목들)
↓
머리말

그 다음으로 차례와 머리말을 살펴야 해. 나의 얼굴(표지와 제목)과 성장환경(저자 이력)을 알았다면, 구체적으로 내가 어떤 책인지 내 속을 알고 싶을 거야. 내 속마음을 파악하는 방법을 알려줄까? 바로 나의 뼈대를 찾아내는 거야. 난 뼈대 있는 집안의 자손이거든. ㅋㅋ

책의 뼈대는 차례와 머리말을 보면 알 수 있어. 자, 먼저 커다란 백지 한 장을 준비해. 그리고 거기에 책의 차례를 그대로 베끼는 거야. 그런 다음, 큰 제목→소제목→세부제목들을 연결해서 책의 내용을 마음대로 상상해보는 거야. 각 제목에는 책의 핵심 키워드가 들어 있기 때문에, 차례에 나오는 제목들만 연결해도 책의 전체 내용을 짐작할 수 있거든. 그렇게 차례를 파헤치다 보면 얼른 책을 읽고 싶은 마음이 스물스물 올라올 거야. 뼈대 있는 독자가 되려면, 먼저 책의 뼈대부터 파악하는 습관을 들여야 한다는 걸 명심하길. ㅋ

그런데 잠깐! 차례를 보기 전에 먼저 할 일이 있어. 나의 뼈대에 대해 먼저 네 맘대로 상상을 해보는 거야. 예를 들어 '지구 온난화'에 대한 책을 읽는다고 가정해봐. 다음과 같이 다양한 방법으로 상상력을 펼쳐볼 수 있겠지.

'만약 내가 저자라면 지구 온난화에 대해서 어떤 내용을 쓸까? 근데 지구 온난화가 정확히 무슨 뜻이지? 일단 개념에 대해 설명해야겠어. 맞아. 요즘 겨울이 너무 따뜻하다고들 하고, 북극이 녹아내린다는 말도 많이 들은 것 같아. 지구 온난화로 인해 벌어지는 현상들에 대해서 더 많이 소개하는 것도 좋겠는걸. 그런데 왜 지구 온도가 뜨거워지게 되었을까? 그래, 지구 온난화의 원인을 분석하는 내용을 써야겠다. 그런데 원인만 안다고 지구 온난화가 해결되진 않잖아. 그렇다면 해결책에 대해서도 써야겠네. 하지만 거창한 해결책보다는 내가 쉽게 실천할 수 있는 해결책을 쓰는 게 좋겠지?'

이렇게 네 나름대로 상상의 그림을 그린 다음에 차례를 보면 내 속마음을 금방 파악할 수 있을 거야. 이 책의 저자는 이 주제에 대해 이런 흐름으로 글을 구성했구나,라는 것이 한눈에 보이게 되거든.

눈을 반짝거리며 나를 훑어보고 나에 대해 마음껏 상상의 나래를 펴는 것은, 나와 친해지려는 자발적이고 적극적인 자세이니 아주 칭찬할 만한 태도야.

단 한 가지 주의할 점이 있어. 사람에게 이런 태도를 적용하면 큰코다칠 수 있다는 사실! 훑어보고 네 맘대로 상상하는 걸 책에게 적용하면 훌륭한 독자라고 칭찬받지만, 사람에게 적용하면 변태에 스토커라고 잡혀갈 수 있으니, 책과 사람을 잘 구분하도록 해!

책 먹는 여우

『책 먹는 여우』(주니어김영사)의 주인공 여우는 책을 먹을 때 그냥 먹지 않고 소금과 후추를 쳐서 맛있게 먹어. 그리고 더 이상 책을 먹을 수 없게 되자 자기가 직접 책을 써서 큰 성공을 거두지. 여우가 양념을 쳐가면서 맛있게 책을 먹는 건, 책을 읽을 때 자기 생각을 책에 연결지으면서 읽으라는 뜻이야. 여우가 책을 써서 성공하는 건 생산적인 읽기로 발전해가라는 뜻이지. 흔히 책이 재미없기 때문에 안 읽는다고들 말하는데, 과연 그럴까? 중요한 건 너의 태도야. 더 이상 책에게 책임을 물을 게 아니라, 스스로 책에게 먼저 다가가서 친해지려는 자발성을 기르렴. 사람과 마찬가지로 책과 친해지는 데에도 노력과 인내가 필요하니까!

책과의 연애비법, 더 깊이 알려주마!

책 읽기 전 상상력을 발휘하는 특별한 비법

●책 제목으로 이야기 만들기

① 책 제목을 보고 떠오르는 낱말들을 적는다.

② 그 낱말을 소재로 이야기를 지어본다.

③ 이야기를 지을 때에는 '그래서 그 다음에는 어떻게 되었지?' 라는 질문을 스스로 던지면서 꼬리에 꼬리를 물듯 줄줄 이야기를 이어간다.

④ 막연하게 '무엇을 어떻게 했다' 로 그치는 것이 아니라, 사건이 일어난 장소는 구체적으로 어디인지, 상황은 어떤 상황인지, 그 분위기는 어떠한지, 이야기 속 인물들이 주고받는 대화는 어떤지 등등 자신이 실제로 그 장면 속에 있다고 생각하면서 디테일을 자세하게 상상하며 이야기를 짓는다.

●차례의 소제목들로 이야기 만들기

① 차례에 나와 있는 소제목의 단어들을 엮는다.

② 그 단어들을 연결하여 이야기를 만들어본다.

③ 자신이 만든 이야기와 책의 내용을 비교하며 읽으면 더욱 재미있다.

●맨 앞 페이지와 맨 마지막 페이지로 이야기 만들기

① 책의 맨 앞 페이지와 맨 마지막 페이지만 읽는다.

② 그리고 중간 부분은 어떤 내용일지 상상해본다.

③ 혼자 하는 것보다 여럿이 릴레이로 이야기를 만들면 더욱 재미있다.

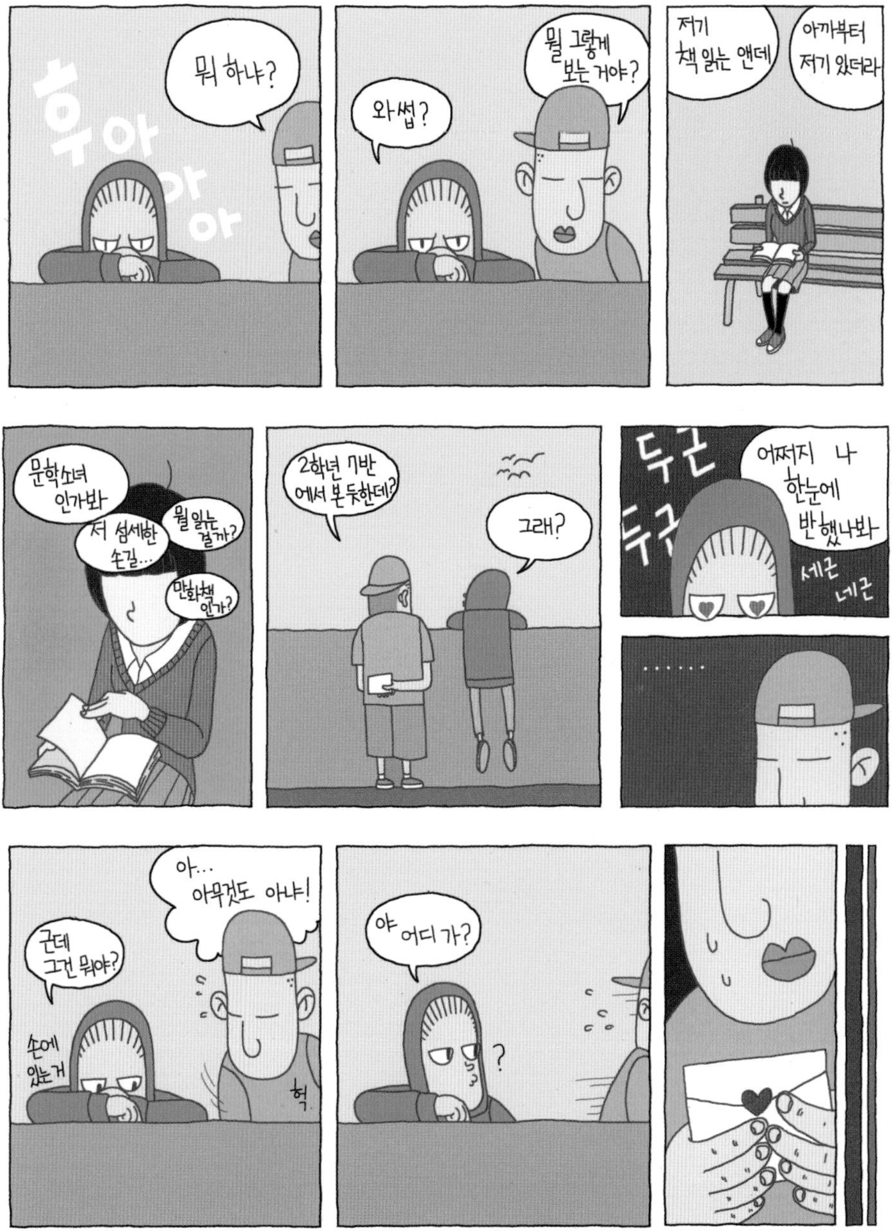

한 소녀에게 반한 부기와 우기...! 그들의 운명은?

누군가 나를 소리 내어 불러준다면

중얼중얼 꿍얼꿍얼 책에게 말 걸기

Tell me tell me ♪
tell tell tell tell tell tell me ♬
♪나를 읽고 싶다고
나를 사랑한다고 ♬♪
어서 다시 한 번 말해봐

"아빠는 도끼를 들고 어딜 가는 거예요?"

아침 식탁 차리는 일을 거들며 펀이 엄마에게 물었다.

"돼지우리에. 어젯밤에 돼지가 새끼를 낳았어."

엘윈 브룩스 화이트의 『샬롯의 거미줄』(시공주니어)의 첫 장면이야. 이 짧은 대화를 읽으면서 어떤 생각이 드니?

'돼지 이야기가 나오는 걸 보니 배경이 농장인가봐.'

'아침 식탁 차리는 걸 도와주면서 대화를 나누는 걸 보니 펀과 엄마는 사이가 좋을 거야.'

'그런데 왜 아빠는 도끼를 들고 돼지우리에 갔을까?'

여러 생각이 들 수 있어. 만약 아무 생각이 안 든다면 평소 너무 멍 때린 채로 책을 읽고 있는 건 아닌지 잠깐 반성 좀 하셔.

내가 좋아하는 사람은 어떤 스타일인지 아니? 나는 '표현하는 사람'을 좋아해. 생각으로만 그치는 게 아니라 자신의 생각을 말로 표현하는 사람 말이야.

"어? 돼지가 새끼를 낳았는데 왜 도끼를 들고 갔지?" "돼지우리를 손보려고 그러나? 아님 돼지를 죽이려고?"

이렇게 중얼중얼거리며 책을 읽는 사람이 나는 정말 좋더라. 보통 혼자서 꿍얼꿍얼 혼잣말을 하고 있으면 "뭘 그렇게 혼자서 구시렁대고 있냐?"라며 구박을 받기 일쑤이지. 하지만 나와 만날 때는 완전히 반대야. 중얼거리면서 책을 읽는다는 건 책과 적극적으로 대화를 나누고 있다는 뜻이니까 말이야.

『샬롯의 거미줄』

월버는 함께 태어난 형제들 중에서 가장 작다는 이유로 죽임을 당할 뻔한 아기돼지야. 다행히 농장 주인의 딸 펀이 아빠를 설득해서 목숨을 구하게 되고, 펀의 사랑을 받으며 건강하게 자라게 되지. 펀의 외삼촌네 농장에 맡겨지게 된 윌버는 그곳에서 새로운 친구를 만나는데, 바로 거미 샬롯이야. 그런데 크리스마스에 윌버가 햄으로 만들어질 거라는 소문이 돌고, 윌버는 겁에 질려 울부짖지. 과연 샬롯은 윌버를 살려낼 수 있을까?

책 속 등장인물에게 “옳지! 그건 잘한 거야!” 라고 맞장구도 치고, “아니야! 그건 아니야!” 라고 자기 의견을 피력하기도 하고, “그래서? 도대체 어떻게 할 거야?” 라고 질문을 던지기도 하면서 자꾸 말을 걸어오는 사람에게는 나 역시 어느 순간 마음을 주게 되더라고. 관심을 가지고 자꾸 말을 걸어오는 사람에게 신경을 쓰게 되는 법이니까.

책을 읽다가 마음에 드는 대사를 만나면 마치 연극배우처럼 분위기를 잡고 대사를 읊어보는 것도 강추하는 방법이야. 마음에 드는 구절을 잠시 눈을 감고 암송해보는 것도 좋고.

소리 내어 암송하면 눈으로만 읽을 때와 또 다른 차원의 맛을 느낄 수 있단다. 네가 나를 불러줄 때 나 또한 너에게 더 깊이 다가가게 되거든. 책의 분위기가 너의 마음속으로 스르르 스며드는 느낌을 한번 느껴보렴.

학습을 연구하는 인지심리학자들에 따르면, 책을 읽을 때 책에게 말을 걸고, 중얼거리고, 암송하는 독자가, 그렇지 않고 눈으로만 읽는 독자에 비해 훨씬 책 내용을 잘 이해할 뿐 아니라 사고력도 높대. 뭐든 쉽게 얻는 건 쉽게 잃어버리는 법이니, 쉽게 읽으면 쉽게 잊어버리는 것도 당연지사겠지?

내가 수다쟁이를 좋아하는 게 의외라고? 기억해줘. 책이나 사람이나 둘 다 말을 걸어야 관계가 시작된다는 걸.

우렁차게 소리를 내봐

예전에는 소리 내어 읽기를 아주 중요하게 여겼어. 소리 내어 읽기는 단지 발음 교정을 위해 하는 건 아니야. 소리 내어 책을 읽다 보면 자연스럽게 설득력이 키워지거든. 상대를 설득해서 마음을 움직이려면 말에 감정을 실어 강약을 넣을 수 있어야 하는데, 이런 말하기는 연습 몇 번으로 할 수 있는 게 아니야. 그런데 평소에 소리 내어 책을 읽다 보면 설득력 있는 화술을 자연스럽게 익히게 돼. 때때로 크게 소리 내어 책을 읽어보렴. 책읽기가 더 재미있어지고 어느새 목소리가 커지고 자신감이 생길 테니까.

책과의 연애법, 더 깊이 알려줘!

책 속 주인공에게 특별하게 말을 거는 법

"너의 고민은 무엇이니?" ➡ 주인공의 고민 찾기

재미로 스치듯 읽어서는 인물의 고민이 무엇인지 알아차릴 수 없다. 친구와 속 깊은 대화를 나누듯 주인공의 심정에 공감하며 읽는다.

"고민의 원인이 뭔데?" ➡ 갈등의 원인 찾기

주인공이 겪는 갈등의 원인을 여러 관점에서 분석해본다. 등장인물 간의 성격이나 가치관이 달라서 생기는 갈등일 수도 있고, 사회적 신분의 차이에서 오는 갈등이거나 이념 간의 갈등일 수도 있다.

"왜 그래야 하는데?" ➡ 쟁점 찾기

주인공이 갈등을 해결해가는 과정을 추적하면서 "왜 그래야 하는데?" "꼭 그래야 했어?"라고 주인공에게 자꾸 시비를 걸어본다. 이렇게 시비를 거는 과정을 통해 나만의 생각과 관점이 정리된다. 나라도 주인공처럼 했을 거라는 생각이 든다면 과연 어떤 측면에서 주인공에게 동조하는 것인지 생각해보자. 반대로 주인공의 선택에 동의할 수 없다면 그 이유는 무엇인지, 과연 나라면 어떤 선택을 했을 것인지 생각해보자.

흔적을 남겨주세요

밑줄 쫙 끼적끼적 메모 남기기

니가 어느 페이지에 무얼 적든지♬♩
이제 정말 상관 안 할게
이제 와 부끄부끄 주저하지 마
♪적어줄래
I don't care e e e e e♬♪
I don't care e e e e e♩♪

이런 말 들어본 적 있니?

"밑줄이 그어져 있지 않은 책은 사랑받지 못한 책이다."

독서전문가들이 실험을 했대. 책을 읽으면서 밑줄을 긋거나 떠오르는 생각을 책에 적어가며 읽는 사람과, 아무런 표시를 하지 않으면서 읽는 사람 중 누가 더 내용을 잘 이해하는지 알아보는 실험이었지. 실험 결과는, 책에 열심히 흔적을 남겨가며 읽은 사람이 내용을 더 잘 기억하고 이해도 더 잘 했다는 거야. (그렇다고 도서관에서 빌린 책에 사랑한다는 이유로 밑줄을 좍좍 긋는 건 곤란해. 난 매너 있고 센스 있는 사람을 좋아하거든.)

나를 사랑하고 싶다면 나에게 흔적을 남겨줘. 마음에 드는 문장이나 중요하다고 생각되는 문장에 밑줄을 죽— 긋고, 나를 읽다가 뭔가 떠오르는 생각이 있다면 구석에 끼적끼적 메모를 해도 좋아. 밑줄 긋기는 뇌의 반응을 자극해서 정보를 오래 기억하도록 돕거든. 그러니 날 오래 기억하고 싶다면 흔적을 남기라는 얘기야.

독서의 고수들은 메모를 한다!

『홍길동전』을 쓴 허균은 책을 읽다가 맘에 드는 구절을 만나면 즉시 메모를 했대. 그는 이렇게 메모해둔 문장들을 분류해서 나중에 책으로 엮었는데, 무려 4천 권이 넘는 중국 고전의 구절들을 메모했다는군.
다산 정약용도 메모의 중요성을 강조했지. 정약용은 책을 읽다가 어느 순간 깨달음이 오면 그 순간을 놓치지 않고 메모를 했대. 그런 방식을 '疾書(질서)'라고 하는데, 생각이 달아나기 전에 빨리 적어둔다는 뜻이야.

물론 모든 책에 밑줄을 그을 필요는 없어. 가볍게 훑어볼 책이 있고, 필요한 부분만 읽을 책도 있지. 하지만 책의 종류에 따라, 읽는 이의 능력과 목적에 따라, 읽는 방법을 적절하게 조절해가며 읽으려면 상당한 수준의 독서력을 갖추어야

해. 그 정도면 이미 책읽기의 고수라고 할 수 있지. 그러니 아직 많은 책을 읽으며 독서력을 개발해야 할 너희들은 밑줄 긋고, 키워드에 동그라미 치고, 끼적끼적 메모도 하면서 꼼꼼히 읽는 습관을 기르는 게 좋아.

자, 그렇다면 어떻게 밑줄을 그어야 할까? 책 내용을 확실하게 기억하게 만드는 '메모의 기술'을 지금부터 알려줄게.

첫째, 핵심에 표시를 해줘.

책의 주제와 관련된 핵심 키워드, 저자의 생각을 나타내는 문장 등 꼭 기억해야 할 '핵심'에 흔적을 남기는 거야. 그런데 그 단어와 문장이 핵심인지 아닌지 어떻게 아느냐고?

일반적으로 지식을 알려주는 책의 경우, 일단 제목에서 핵심 단어가 등장하는 경우가 많아. 그러니까 제목과 관련된 단어라면 핵심 키워드일 가능성이 매우 높으니 주의해서 보길.

반복적으로 등장하는 단어 역시 핵심 키워드일 가능성이 높지. 책을 읽다가 자꾸 어떤 단어가 눈에 밟힌다면 그 단어가 등장하는 대목을 유심히 읽을 필요가 있어.

만약 문학작품이라면, 주인공의 대사와 주인공에 대한 설명을 유심히 살펴보는 게 좋아. 대부분 작가는 주인공의 입을 통해 자신의 생각을 전달하는 경우가 많거든.

둘째, 의문점에 표시를 해줘.

뜻을 잘 모르겠는 낯선 단어, 이해되지 않는 문장, 내 생각과 다른 부분, 왜 이렇게 썼는지 저자에게 질문하고 싶은 부분 등 책을 읽다가 머릿속에 물음표가 떠오르면 거기에 곧바로 표시를 하는 거야. 물음표가 떠오른 문장이나 단락 옆에 너의 질문을 구체적으로 적어놓는 것도 아주 좋아.

책을 다 읽고 나서, 적어놓은 질문들을 모두 모아서 한꺼번에 쭉 공책에 옮겨 쓰도록 해. 그리고 각각의 질문에 대한 답을 책에서 다시 찾아보는 거야. 답을 찾기 위해 책을 다시 읽어야 하냐고? 에이, 왜 이래 아마추어같이. 이미 표시해놓은 핵심 부분들만 쏙쏙 살펴보면 되잖아. 대부분의 답이 그 속에 다 있을 거야.

그래도 영 답이 안 보이는 질문이 있다면? 그때는 그 질문에 대한 답을 찾을 수 있는 다른 책을 찾아보거나 선생님께 물어보는 거야.

적자생존

'적자생존.' 원래는 다윈의 진화론에서 나온 용어이지만, 요즘은 '글로 적는 사람이 살아남는다'라는 뜻으로 쓰이지. 그만큼 메모가 중요하다는 거야. 책을 읽으면서 메모를 하는 건 아주 능동적이고 생산적인 읽기 방법이야. 적극적으로 손을 움직여 메모를 하면, 중요한 정보가 추려지고 정보를 판단하는 능력이 생기게 되거든.

셋째, 기발함에 표시를 해줘.

책 내용 중에서 신선하다고 생각되는 부분, 책을 읽다가 갑자기 떠오르는 생각, 등장인물이나 저자에게 하고 싶은 말, 혹은 책의 주제와 전혀 상관없는 엉뚱한 생각까지, '아하!' 하고 떠오르는 아이디어를 흔적으로 남기는 거야. '나도 이런 생각 한 적 있었는데' '그때 나는 어떻게 해결했었지?' '나도 너처럼 용기를 낼게' 등등 느낌을 적어도 좋아. 책의 주제와 전혀 상관없는 생각도 괜찮아. 예를 들어 '와인'에 대한 책을 읽다가 '우리나라 막걸리를 와인처럼 이렇게 세계적으로 알리려면 어떻게 해야 할까?' 라는 식으로 책에서 좀 빗나갔다 싶은 생각도 노 프라블럼. 오히려 이런 통통 튀는 생각들이 훌륭한 아이디어로 발전할 수 있으니, 거르지 말고 주저하지 말고 일단 적는 거야.

어때? 이렇게 메모의 기술을 적용하며 책을 읽는다면 책읽기가 상당히 흥미진진해지겠지? '메모하기.' 이건 나를 적극적으로 사귀겠다는 전략 중 으뜸 전략이야.

내가 중요하다고 생각하는 문장에 네가 밑줄을 긋는다면, 서로 마음이 통했다는 생각에 내 얼굴에는 미소가 번질 거야. 나에게 흔적을 남겨줘. 그럼 난 너의 머릿속과 마음속에 오래오래 기억될 거야.

여기서, 돌발 퀴즈!

책을 읽고 메모하는 방법은 책을 읽는 목적에 따라 다 다르다.

다음 내용 중 올바른 메모법은? OX로 답해보자.

1. 분석이나 독해를 목적으로 해도 소설을 읽을 때에는 일단 편하게 읽고 나서 전체적인 느낌을 메모하는 것이 낫다. OX
2. 정보나 지식을 습득하려면 한 페이지를 읽은 후 새롭게 알게 된 내용을 정리한다. OX
3. 토론하는 글일 경우에는 핵심을 도표로 정리한다. OX
4. 만화를 읽은 후에도 내용을 정리해야 한다. OX

정답

1. × 흔히들 문학작품은 편하게 감상용으로 읽으면 된다고 생각하는데 이는 잘못된 생각이다. 소설이라고 해도 분석이나 독해를 목적으로 읽을 경우에는 적극적으로 메모를 하면서 읽는다. 반대로 편하게 감상하는 게 목적이라면 소설을 다 읽고 나서 전체적인 느낌을 메모하는 것이 좋다.
2. ○ 한 페이지를 읽은 후 메모를 하는 것이 번거롭게 느껴질 수도 있지만, 정보나 지식을 습득하려면 정리하는 방법을 배워야 한다. 정보와 지식 습득이 목적이라면 한 페이지를 읽은 후 새롭게 알게 된 내용을 간단하게 정리하고 넘어간다. 이때 맵이나 표, 그림으로 정리하면 좋다.
3. ○ 비교, 대조, 대립, 토론하는 글을 읽을 경우에는 주장의 근거와 논리의 핵심을 간단하게 도표로 정리하면 좋다.
4. ○ 만화를 읽은 후에는 내용을 정리한 다음 자기 생각을 곁들여 소감문을 쓰는 게 좋다. 특히 역사적 사건이나 과학적 지식을 풀어놓은 만화를 읽을 경우, 사건의 배경과 원인, 과정, 결과 등을 요약하는 메모 습관을 들여야 한다.

책과의 연애비법, 더 깊이 알려주마!

효과적인 '밑줄 긋기'

준비물 책의 마음을 단번에 사로잡을 수 있는 강렬한 빨간 펜
어두운 곳에서도 눈에 쏙쏙 들어오는 환한 노란 펜
보기만 해도 눈이 시원해지는 상큼한 파란 펜
내 생각의 흐름을 재빨리 따라올 수 있는 부드러운 검정 펜
자꾸만 눈길이 가는 에지 있는 포스트잇

1. 새로 만난 낯선 단어에는 빨간색 동그라미.

2. 문단에서 가장 중요한 핵심단어에는 노란색으로 삼각형 표시.

3. 문단에서 가장 중심이 되는 내용, 주제를 나타내는 문장에는 파란색으로 길게 밑줄 긋기.

4. 책을 읽다가 저자에게 질문을 하고 싶을 때,
갑자기 번뜩이는 아이디어가 떠올랐을 때,
그 문장에 밑줄을 긋고 그 옆에 자기 생각 적어넣기. *memo*
(우리가 알고 있는 위대한 발명가나 과학자들 중에는 책을 읽다가 기발한 생각을 끌어낸 사람들이 많다.)

5. 책을 읽다가 자신이 알고 있는 내용이 나올 때에도 메모하기. *memo*
(어느 책에서 읽은 건지, 누구에게 들은 건지, 신문이나 뉴스에서 본 건지 등 자신의 배경지식을 끄집어내서 적는다.)

6. 책뿐만 아니라 신문을 읽을 때, 영화 팸플릿을 읽을 때,
잡지나 만화를 읽을 때에도 밑줄 긋기를 적극 활용하기.

흔적을 남겨라!

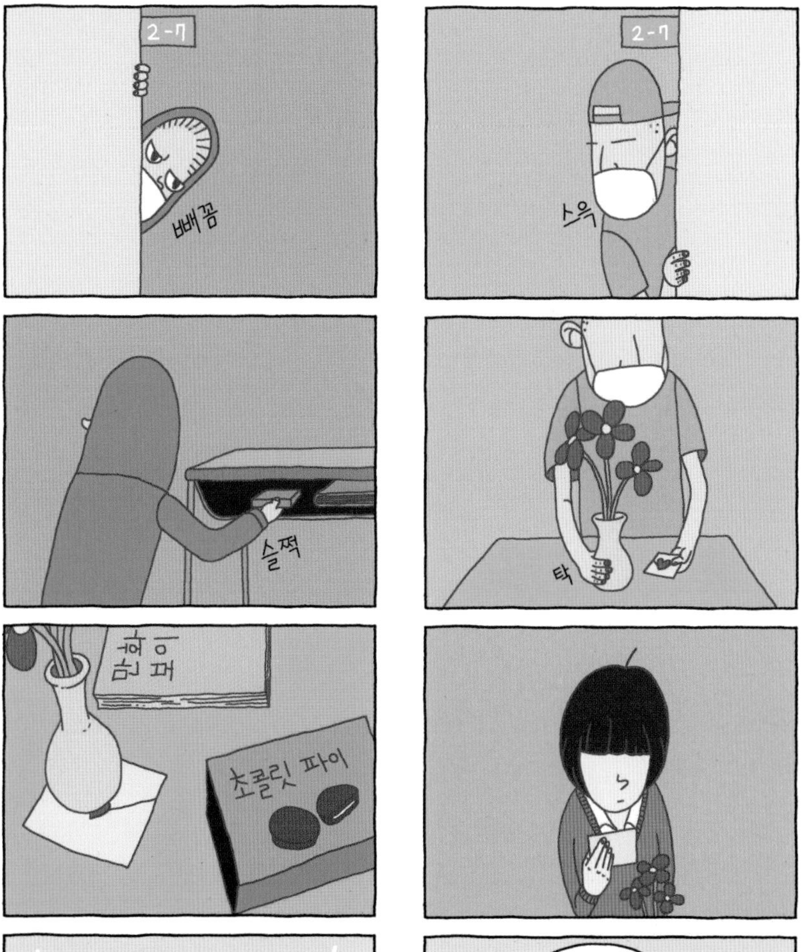

최후의 승자는 과연 누가 될 것인가!

'왜?'냐고 물으신다면

왜? 만약에? 나라면? 책에게 질문 던지기

(내가 미쳤나봐) 자존심도 없는지♬
(너에게 물어봐) 호기심 천국처럼♬♩
이럼 안 되는데 하면서 오늘도 묻고 있어
♪ Again&Again&Again&Again(자꾸 물어봐)♬
너의 말에 또 물어 (나도 왜 내가)♪♬
왜 묻는지 몰라 (몰라) 왜 묻는지 몰라(몰라)

누군가에게 관심이 생겼을 때 가장 먼저 생기는 현상이 뭘까? 그 사람에 대해 궁금한 게 많아지면 그 사람에게 관심이 간다는 뜻 아닐까?

나를 사귈 때도 마찬가지야. 나에 대해 궁금한 게 많고 자꾸 질문을 던지는 사람은 나에 대해 관심이 있다는 거지. 그래서 나는 책을 읽으면서 질문을 던지는 사람을 좋아해.

이지도어 아이작 라비는 원자시계의 개념을 최초로 발견한 공로를 인정받아 1944년 노벨 물리학상을 수상한 유명한 물리학자야. 아무도 생각하지 못한 핵의 자기공명 기술을 개발한 그에게 한 기자가 물었어. "선생님, 어떻게 그런 놀라운 생각을 할 수 있었습니까? 비결이 있나요?"

그는 이렇게 대답했지. "제가 어렸을 때 학교에서 돌아오면 어머니는 늘 저에게 이렇게 물으셨어요. '얘야, 오늘은 수업 시간에 선생님께 무슨 질문을 했니?' 그것이 오늘의 저를 있게 한 비결입니다."

질문을 던지면, 핵심이 보이고 답을 찾으려는 적극적인 동기가 생기지. 질문이야말로 생각의 씨앗인 셈이야. 예를 들어볼게. 황순원의 소설 『소나기』의 첫 문장 "소년은 개울가에서 소녀를 보자 곧 윤 초시네 증손녀딸이라는 걸 알 수 있었다"를 읽고 나서, 문장을 질문으로 바꿔보는 거야.

"윤 초시는 무엇을 하는 사람일까?"

오늘은 무얼 물었니?

오늘날 우리가 내비게이션을 이용해 쉽게 길을 찾는 것도 라비의 덕택이지. 이렇게 남들이 생각지 못한 것을 생각해낼 수 있는 비결은 무엇일까? 그건 '해답'이 아니라 '질문'에서 비롯된 거야. 유독 유대인들이 노벨상을 많이 타는 까닭 가운데 하나가 바로 질문하는 버릇을 어린아이 때부터 길러주는 가정교육 때문이라고 해. 질문하기야말로 특별한 생각의 싹을 틔워주는 비결이야. 그러니까 눈치 보지 말고 질문을 던지렴. 질문거리를 찾는 과정에서 남다른 관심과 창의성이 쑥쑥 자랄 거야.

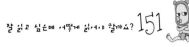

"소년은 소녀가 윤 초시네 증손녀딸이라는 걸 어떻게 알았을까?"

"왜 하필 배경이 개울가일까?"

"작가는 소녀가 윤 초시네 증손녀딸이라는 걸 왜 굳이 처음에 밝히고 있을까?"

이렇게 던진 질문은 이후에 전개될 내용의 핵심과 주제를 이해하는 데에 아주 중요한 단서가 되지. 시험공부하면서 찍었던 예상문제가 진짜로 시험에 나왔을 때의 통쾌한 기분, 느껴본 적 있지? 네가 스스로 던진 질문이 책의 내용에서 중요한 단서인 걸 발견하는 기분은 느껴보지 않고는 절대 모를 거야.

주도적으로 공부하는 것은, 책을 읽으면서 스스로 질문을 하고 그 질문에 대한 답을 스스로 찾아가는 과정이야. 적극적으로 나에게 다가오는 사람에게 나는 내 안의 깊은 의미를 알려준단다.

'책에게 질문 던지기.' 막상 시도해보면 그리 많은 시간이 들지 않으면서 책읽기가 흥미진진해진다는 걸 알게 될 거야.

위대한 결과는 위대한 질문에서 비롯된대. 질문이 있는 곳에 생각의 보물이 있어. 나에게 자꾸 질문을 해봐. 황당한 질문, 웃긴 질문, 사소한 질문, 진지한 질문, 그 어떤 질문도 오케이! 질문이 많을수록 너의 생각은 커지고 꿈은 자랄 거야.

이런 책엔 이런 질문을!

1. 과학책을 읽을 때에는 과학은 누구를 위해서, 왜 발전해야 하는지를 꼭 물어야 해. 그래야 단지 과학적 지식을 이해하는 데서 그치지 않고 문화, 예술, 정치, 경제 등과 연계해 과학의 미래를 고민하고 상상할 수 있으니까.
2. 역사책을 읽을 때에는 저자가 어떤 근거와 논리로 역사를 평가했는지 꼭 물어야 해. 역사를 해석하고 평가하는 관점은 역사가의 가치관에 따라 다르거든. 같은 전쟁을 어떤 역사가는 '침략'으로 보는데 어떤 역사가는 '해방'으로 보는 건 역사에 대한 관점이 다르기 때문이지. 어떤 근거로 그렇게 평가했는지 묻고 저자의 역사관을 분석, 비판할 수 있어야 해.

책과의 연애비법, 더 깊이 알려주마!

창의력과 분석력을 키우는 좋은 질문 던지는 법

"왜 이 제목일까?" ⇨ 딴지 거는 질문법

질문은 제목에서부터 만들어진다.
제목에 딴지를 걸면 의외로 새로운 아이디어가 나온다.

예〉 미셸 깽의 소설 『처절한 정원』(문학세계사)을 읽는다면

- "정원이 처절하다는 건 무슨 의미일까?"
- "여기에서 말하는 정원은 뭔가 다른 뜻이 있는 걸까?"

"내가 알고 있는 건 뭘까?" ⇨ 배경지식 체크 질문법

책을 읽기 전에 그 책이 다루고 있는 소재나 주제에 대해
자신이 알고 있는 것은 무엇인지 먼저 스스로에게 묻는다.

예〉 구드룬 파우제방의 소설 『핵 폭발 뒤 최후의 아이들』(보물창고)를 읽는다면

- 핵? 원자폭탄? 2차 세계대전 때 일본 히로시마와 나가사키에 원자폭탄이 투하되어 많은 사람이 죽었지."
- "원자력발전소도 핵을 이용한다고 들었는데, 방사능이 유출되면 매우 위험하다고 하던데."
- "신문에 북한 핵 문제 관련 기사도 자주 나오지. 핵을 가지고 있는 나라들이 다른 나라가 더 이상 핵무기를 가지지 않게 하려고 감시한다고 하던데, 신문을 다시 찾아봐야겠군."

"만약에 그 반대라면?" ⇨ 청개구리 질문법

거꾸로 뒤집는 질문은 창의적인 사고를 키운다.

예〉

- "만약에 황순원 소설 『소나기』에서 소년과 소녀의 처지가 반대로 바뀌었다면 이야기가 어떻게 전개되었을까?"
- "만약에 고전소설 『박씨부인전』에서 박씨부인이 끝내 허물을 벗지 못했다면 어떻게 되었을까?"
- 홍길동이 만약 여자였다면? 공주가 예쁘지 않았다면? 이 책의 시대나 장소가 바뀌었다면?

열 번 찍어 안 넘어가는 책 없다?

재고 쪼개고 분석하기

쏘리 쏘리 쏘리 쏘리♬♩
♬내가 내가 내가 먼저
책에 책에 책에 빠져♪
♪♬읽고 싶어 읽고 싶어
♪빨리 빨리 읽고 싶어
내가 미쳐 미쳐 baby♩♪

나는 적극적인 사람을 좋아해. 한 번 대시해보고 별 반응이 없다고 금방 두 손 드는 사람은 매력 없어. 더 안타까운 건 그런 사람은 내 안에 있는 보물을 결코 가질 수 없다는 사실이야. 세상에 공짜가 어디 있니? 노래방에서 놀더라도 친구들 사이에서 인기짱이 되려면 가수들의 안무를 연구해가는 노력이 필요한 시대야. 하물며 너의 막강한 경쟁력이자 지식의 원천이 될 나와 친해지기 위해서 어느 정도의 수고는 감수해야 하지 않겠어?

책을 눈으로만 보아서는 절대 알 수 없어. 책 속으로 들어가서 파헤치고 헤집고 까불러보지 않고서는 결코 발견할 수 없는 보물이 내 안에 있거든. '감상' 이라고 하면 가슴을 찡하게 울리는 무언가를 느껴야만 한다고 생각하고 있지는 않니? '진정한 감상' 이란 이리저리 재보고 쪼개보고 붙여보는 과정을 통해 책의 속살을 알아가는 것이란다.

먼저, 책 제목에 대해 깊이 생각해봐. 제목을 통해 작가는 작품을 쓴 의도를 드러내는 경우가 많거든.

그 다음, 책의 결말에 주목해. 작품의 결말은 주제와 밀접하게 관련되어 있어.

하나 더, 책을 쓴 저자의 삶과 그가 살았던 시대를 살피는 것도 필요해. 당대의 시대와 저자의 삶을 이해하면 책의 메시지나 등장인물의 행동을 이해하기 쉽거든.

즐기려면 읽어라!

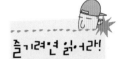

흔히들 음악은 그저 '감상' 한다고만 생각하지? 그런데 제대로 즐기려면 음악도 제대로 읽을 줄 알아야 해. 대중가요를 읽는다는 건 뭘까? 음악 감상 노트를 써보는 거야. 네가 좋아하는 대중가요의 제목과 가사를 찾아서, 왜 좋았는지, 어떤 점이 마음에 와 닿았는지, 노래를 들으면서 느꼈던 감정이나 이미지는 무엇인지 자유롭게 적어봐. 뮤직비디오를 감상할 때, 음향을 끄고 영상만 감상하거나, 가사만 보고 영상을 상상한 뒤에 보는 것도 좋아. 같은 주제로 직접 가사를 짓거나 뮤직비디오를 구상해보는 것도 재미있겠지.

마지막으로, 다양한 관점에서 바라보기. 저자의 관점에서, 저자와 반대되는 관점에서, 주인공의 입장에서, 조연의 입장에서, 혹은 악역의 입장에서…… 어떤 눈으로 책을 읽느냐에 따라 분석해낼 수 있는 매력이 다 다르단다. 이렇게 다양한 관점에서 내용을 새롭게 분석하다 보면 남과 다른 창의성이 생겨나게 될 거야.

'분석'이라고 하면 골치 아프다고 생각하는 사람, 많았지? 분석은 어려운 게 아니야. 책의 이모저모를 꼭꼭 짚어가며 읽는 쫀쫀한 습관이라고 생각하면 좋을 것 같아. 책을 쓱~ 훑는 게 아니라, 제목-결말-저자-시대배경-주인공-조연-악역 등등 다양한 렌즈로 다양한 각도에서 읽는 것이 바로 분석적인 책읽기야. 분석은 정해진 길로만 가는 게 아니라 골목길, 샛길, 숲길, 국도, 때론 없는 길을 만들면서 가는 '탐험'과 같아. 새로운 길은 새로운 풍경을 보여주는 법. 따라서 남들은 알지 못하는 재미가 쏠쏠하겠지? 용감한 자가 미인을 얻듯, 적극적으로 책을 탐험하는 독자가 참 재미를 알게 될 거야. 이쯤에서 한마디 남길게.

"분석하지 않은 자, 깊이 감상할 수 없나니, 적극적으로 책에게 들이대라! 어때요? 참 재밌죠~잉."

분석의 달인

일상생활에서 쉽게 분석력을 기르는 방법이 두 신문의 머리기사를 비교하는 거야. '언론은 진실을 전달해야 한다'라는 윤리의식은 존재하지만, 언론사 역시 이윤을 추구하는 기업이야. 그러다 보니 광고주(기업)나 지지하는 정당을 비판하는 기사를 쓰기가 쉽지 않지. 성향이 뚜렷하게 다른 두 개의 신문을 나란히 펼쳐놓고 첫 면을 장식하고 있는 기사의 헤드라인과 사진을 비교해보렴. 신문사가 그 사건을 바라보는 시각과 중요도를 읽어낼 수 있을 거야.

책과의 연애비법, 더 깊이 알려주마!

독해력 확실히 높여주는 깐깐한 어휘력 키우는 법

분석적 책읽기는 곧 독해력의 문제이다. 그리고 독해력의 바탕은 바로 풍부한 어휘력이다. 그러므로 모르는 단어의 뜻은 반드시 알고 넘어가자. 어휘력은 물론이요 어느 순간 독해력까지 향상되어 있을 것이다.
만약 책을 읽다가 모르는 단어를 만났다면?

① **일단 그 단어를 소리 내어 읽어본다.**
➲ 소리를 내는 순간 머릿속에 저장되어 있던 단어가 수면 위로 떠오를 수 있다. 그런데도 기억이 안 난다면?

② **앞뒤 문장을 연결하여 다시 읽어본다.**
➲ 문장의 연결 속에서 단어의 뜻을 추리할 수 있는 단서가 있을 것이다. 만약 전혀 단서를 못 찾겠다면?

③ **낱말의 형태와 구조를 살펴본다.**
➲ 같은 글자를 사용한 다른 단어를 떠올려보면 뜻을 추측할 수 있다.
예〉 '관노' (?) ➡ 관청, 관리, 관사 ➡ '관' 이란 단어는 '공식적인 정부기관' 을 가리키는 것 같다. ➡ 그렇다면 '관노' 는 '관청의 노비' 라는 뜻이겠구나. 그런데 이런 식으로 단어 분석이 안 된다면?

④ **그 자리에 들어갈 수 있는 비슷한 말이나 반대말은 무엇일까 생각해본다.**
➲ 역으로 낯선 단어의 뜻을 헤아릴 수 있다. 그래도 도저히 모르겠다면?

⑤ **사전을 찾아본다.** 드디어 뜻을 알았다면?

⑥ **그 단어로 짧은 글을 지어본다.**
➲ 이렇게 공들여 알게 된 어휘는 당신의 독해력뿐 아니라 당신의 앞날에 피가 되고 살이 될 것이다.

내가 당신 삶에서 무슨 의미냐고 물으신다면

책과 내 삶을 연결시키기

소원을 말해봐!♬
♪네 마음 속에 있는 꿈과 희망을 말해봐.
네 머릿속에 있는 미래를 그려봐.♬♪
그리고 나를 봐.♪
난 너의 책이야 멘토야 꿈이야.♬♩

자, 벌써 마지막 단계야. 나와 잘 사귀는 비법의 하이라이트! 그 전에 질문을 하나 할게. 아주 중요한 질문이니 신중하게 생각한 후 대답해줘.

"넌 왜 나와 친해지려고 하니?"

학교 성적 때문에? 수능 언어영역 점수 때문에? 아니면 논술 잘 치르려고? 그도 아니면 그냥 심심풀이 재미삼아?

오직 성적이나 숙제 때문이라면, 혹은 그냥 심심풀이 시간 때우기용이라면, 너와 나의 만남은 결코 '살아 있다'고 할 수 없어. 책을 아예 안 읽는 건 아닌데 도통 실력이 늘지 않는 것 같다고? 책을 읽긴 읽는데 책장을 덮고 나면 도무지 기억나는 게 없다고? '내 인생의 책'으로 꼽을 만한 책이 없다고? 그렇다면 지금 너에게 '살아 있는 책읽기'가 필요하다고 볼 수 있군.

'살아 있는 책읽기'란 무엇일까? 책에서 읽은 것을 너의 삶에 적용하고, 삶에서 체험한 것을 책을 읽으며 되짚어 보는 것, 이것이 바로 '살아 있는 읽기'야.

책을 네 삶과 연결시키는 법을 알면, 너는 꿈을 이루는 데 커다란 힘을 얻게 될 거야. 책읽기는 꿈을 이루는 데 정말 중요한 역할을 하거든. 책 읽는 거랑 꿈을 이루는 거랑 무슨 상관이 있냐고? 차근차근 설명해줄 테니까 내 말을 잘 들어봐.

꿈을 이루는 데 가장 중요한 것은 '뭔가를 이루겠다'라는

마음가짐이야. 그런데 이 태도는 경험과 지식에 의해서 만들어지지. 이게 무슨 말이냐고? 고기도 먹어본 사람이 잘 먹는다는 말이 있듯이, 작은 성공을 해본 사람이 큰 성공도 할 수 있고 작은 꿈을 성취해본 사람이 큰 꿈도 성취할 수 있다는 거야. 다시 말해, 네 꿈에 도움이 되는 좋은 경험과 지식을 많이 쌓을수록 너의 태도는 좋은 영향을 받게 되고, 그런 태도를 가진 사람은 결국 꿈을 이루게 된다는 거야. 그렇다면 좋은 경험과 지식을 어디에서 제일 많이 얻을 수 있을까? 그래, 바로 '책'이야!

시련을 딛고 꿈을 이룬 사람들의 자서전, 주인공이 용기와 희망을 가지고 꿈을 이루는 성장소설, 진심과 진실이 담긴 수필, 마음에 깊은 울림을 주는 한 편의 글, 한 구절의 시, 마음을 돌보는 심리책 등을 읽으면 위로와 용기, 꿈과 희망, 조언과 도움을 얻을 수 있어.

마음이 위축되고 낙담될 때, 시련을 이겨낸 사람들의 이야기를 읽으며 '아, 나도 그렇게 느꼈는데', '맞아, 나도 그런 말을 하고 싶었어!', '나만 겪는 문제가 아니구나' 고개를 끄덕이다 보면 자신도 모르게 툭툭 털고 다시 일어날 수 있는 힘이 생기지.

어떻게 해야 할지 갈피를 잡을 수 없을 때, 선택의 기로에 섰던 사람들의 이야기를 읽으며 '주인공은 어떻게 문제를 해결했지?', '아, 나도 그렇게 해결하면 되겠구나!', '이런 면은

꿈을 이룬 사람들의 뇌

꿈을 이루는 데 책읽기가 얼마나 중요한가를 과학적으로 설명해주는 책으로 『꿈을 이룬 사람들의 뇌』(한언)라는 책이 있어. 저자는 꿈을 이룬 위대한 사람들의 비밀을 분석했는데, 비밀은 바로 그들의 '태도'였대. '꿈을 이루겠다'라는 태도가 남달랐던 거지. 그런 태도를 결정하는 게 바로 뇌인데, 책을 많이 읽을수록 우리 뇌의 중심센터인 전두엽이 활성화되어 신념이 강화되고 문제해결력이 생긴대. 좋은 책을 읽으면 뇌가 마치 실제로 경험한 듯 착각을 해서 좋은 신경회로를 새롭게 만들어낸다는 거야. 정말 놀랍지 않니?

미처 생각 못 했는데 관점을 이렇게 바꿀 수도 있겠구나' 하는 깨달음을 얻고 해결책을 얻게 되지.

과연 할 수 있을까 자신이 없을 때, 시련을 딛고 꿈을 이룬 사람들의 이야기를 읽으며 '아, 이 사람도 이렇게 용기를 냈구나!', '그래! 나도 한 번 해보는 거야!'라며 저자가 지닌 강한 신념과 의지가 자연스레 자신에게 흡수되어 새롭게 다짐을 하게 되지.

그래서 책을 읽는 건 성공한 인생선배에게 코칭을 받는 것과 같아. 너에게 필요한 용기와 희망을 그들은 발휘했고, 네가 하고 싶은 일들을 그들은 이미 이루었으며, 그 마음과 비결을 책을 통해 너에게 들려주어 네가 간접경험을 하게 도와주지. 그리고 그런 긍정적인 간접경험은 너의 마음과 뇌에 영향을 주어 적극적인 태도를 만들어낸단다.

꿈이 무엇인지 모르겠다면, 책을 펼치렴. 책 속의 저자가 자극을 줄 거야. "나는 이런 꿈을 꾸었고 이렇게 꿈을 이루었다. 그렇다면 너는 어떤 꿈을 꿀 거니?"

무엇을 어떻게 해야 할지 몰라 방황하고 있다면, 책을 펼치렴. 책 속의 저자가 용기를 줄 거야. "나 역시 수많은 장애물을 만났고 무수한 방황을 했다. 장애물이 없는 인생은 없다. 그러니 용기를 내라. 나는 해냈고, 그러니 너도 할 수 있다!"

꿈을 과연 이룰 수 있을까 막막하다면, 책을 펼치렴. 책 속의 저자가 힘을 줄 거야. "주변 사람들이 뭐라고 하든, 지금 너

의 학교 성적이 어떻든 흔들리지 마. 나는 나만의 개성을 살려서 나만의 방법으로 꿈을 이루었다. 너 역시 너만의 개성을 살리면 된다. 도전해보라!"

너의 삶의 문제를 대입하여 저자의 심정에 깊이 공감하면서 책을 읽을 때 저자의 신념, 성공의 경험, 삶의 가치관은 자연스럽게 너의 가슴속으로 흘러들어 간단다. 그래서 책읽기는 너 스스로 행동하게끔 동기를 부여해주지.

책과 너의 삶을 연결하렴. 바로 그럴 때 책읽기는 너의 꿈과 지금의 현실 사이에 다리가 되어줄 거야. 너는 그 다리를 건너가기만 하면 돼.

이제 알겠지? 책과 잘 사귀는 가장 중요한 비법은 바로 너의 마음가짐이라는 걸. 너의 삶을 위해, 너의 꿈을 위해, 너의 미래를 위해 나와 친구가 되고 싶은 바로 그 마음가짐 말이야.

여기서, 돌발 퀴즈!

책읽기가 사고력을 계발하고 마음가짐을 변화시키는 효과가 있다는 것은 여러 실험과 연구를 통해서도 드러났다. 실제로 책읽기는 우리의 두뇌활동과 신체활동에 엄청난 영향을 미친다. 그렇다면 책읽기의 영향력에 대해 다음 중 맞는 내용은 무엇일까? OX로 답해보자.

1. 책을 읽으면 독성 물질이 몸 밖으로 빨리 배출된다. OX
2. 책을 읽으면 치매 노인의 증상도 호전될 수 있다. OX
3. 책을 읽으면 전두엽이 발달한다. OX
4. 책을 읽으면 새로운 뉴런이 만들어진다. OX

정답

1. ○ 독서를 하면 신경계에 흐르는 혈액량과 혈류의 속도가 증가하여 독성 물질이 혈관계에 끼지 않고 몸 밖으로 신속하게 배출되는 것을 돕는다.
2. ○ 치매 노인들에게 하루에 20분씩 읽기와 쓰기를 시켰더니 대소변을 못 가리던 증상이 없어졌고 사람들을 알아보고 일상적인 대화를 훨씬 자유롭게 구사했다는 연구 결과가 있다.
3. ○ 전략을 세우고, 어떻게 할 것인가 결정하고, 미래의 계획을 세우는 역할을 하는 전두엽은 기업으로 말하면 CEO라고 할 수 있다. 치매 · 인지신경학 분야 전문의 나덕렬 교수(삼성서울병원)는 저서 『앞쪽형 인간』(허원미디어)에서 창조적인 사람이 되려면 책을 많이 읽고 쓰기와 발표하기 등 생각하는 훈련을 통해 앞쪽 뇌를 활성화하라고 말하고 있다.
4. ○ 『꿈을 이룬 사람들의 뇌』(한언)라는 책은 꿈을 이루는 데에 책읽기가 얼마나 중요한지를 과학적으로 설명하고 있다. 뇌는 상상과 실제를 구분하지 못해 우리가 생각한 것도 실제 경험한 것처럼 받아들이는데, 좋은 책을 읽으면 뇌가 마치 실제로 경험한 듯 착각을 해서 긍정적인 프로세스의 신경회로를 새롭게 만들어낸다. '아는 것이 힘' 이라는 말은 결코 헛말이 아니다.

책과의 연애비법, 더 깊이 알려주마!

책을 내 인생의 멘토로 삼는 방법

① 내 경험을 먼저 풀어놓는다

책으로부터 코칭을 받으려면 먼저 자신의 경험 보따리를 저자에게 풀어놓아야 한다.

- 책의 주제와 관련하여 자신이 겪었던 체험을 책 여백에 적어가며 읽는다.
- 체험을 적을 때는 당시 상황과 기분을 자세하게 적는다.

② 주인공은 어떻게 했는지 살펴본다

"영혼을 치유하는 장소." 고대 이집트의 람세스 2세는 자신의 도서관을 이렇게 불렀다. 책 속 인물과 정서적으로 교감하면서 책을 읽을 때, 책은 마음을 치유하고 변화시킨다.

- 주인공의 심정에 특히 공감되는 부분에서 잠시 멈춘다. '내가 이런 감정을 느끼는 이유가 무엇일까?' 질문을 던지고 감정의 동기와 원인을 생각해본다.
- 정서적 반응이 일어났던 감정이나 문제를 인물이 어떻게 해결하는지 살펴본다. '주인공은 어떻게 갈등과 문제를 해결했지?'라고 돌아보면서 '아, 나도 그렇게 해결하면 되겠구나!'라고 힌트를 얻을 수 있다.

③ 인물이야기에서 조언을 얻는다

청소년기는 끊임없이 '나는 누구인가'라는 질문을 던지는 시기다. 인물이야기를 읽으며 자신의 자아정체성을 형성하는 데 뚜렷한 근거를 얻을 수 있다.

- 인물에 대한 책을 읽을 때에는 같은 인물을 다룬 책을 최소 두세 권 이상 읽도록 한다. 저자마다 그 인물에 대한 관점이 다를 수 있기 때문이다.
- 인물이야기를 마치 문학작품 읽듯이 읽지 말고, 역사적 맥락 안에서 인물의 고민과 선택을 읽어낸다.
- 인물이야기의 주인공을 보통사람들과 다른 영웅처럼 묘사한 책은 주의한다.

추천 도서 **『이순신을 만든 사람들』**(한겨레아이들) 이순신에게만 초점을 둔 게 아니라, 그와 함께 일한 일곱 사람들을 소개함으로써 영웅 중심의 전기 형식에서 탈피했다.

책과 사랑에 빠져보아요♥

이 책을 추천해!

좋은 책이 때론 좋은 약보다 낫지. 좋은 책은 읽는 동안 우리의 영혼을 풍성하게 하여 세상과 사람이 달라 보이게 만들거든. 심봉사가 심청이 목소리만 듣고도 번쩍 눈을 떴듯, 마음의 눈을 트이게 하는 책을 소개할게.

세상을 보는 눈을 확 트이게 해주는 책

『꽃섬고개 친구들』

김중미 지음 | 검둥소 | 2008

꽃섬고개라 불리는 달동네 아이들의 삶을 통해, 아직도 우리 사회 곳곳에 남아 있는 차별과 편견, 약자에 대한 착취와 폭력 문제를 고발한다.
몸이 불편하신 할머니와 살고 있는 선경이는 어려운 집안형편 때문에 실업계 고등학교에 진학하여 학업과 아르바이트를 병행한다. 선경이의 친구 한길이는 어머니를 때리는 주정뱅이 아버지의 모습을 보면서 폭력을 거부하며 살아가려 한다. 그리고 공부방 선생님의 영향을 받아 훌륭한 선생님이 되겠다는 목표를 세운다. 팍팍한 삶 속에서 불평도 생기고 이기적인 마음도 싹트지만 선경이와 한길이는 서로 기대면서 점점 성장해간다. 특히 폭력 없는 평화로운 세상을 꿈꾸며 병역을 거부하는 한길이의 모습을 통해, 양심적 병역거부에 대해 진지하게 생각해볼 수 있다. 자신뿐 아니라 어려운 이웃, 사회문제에 이르기까지, 세상을 향해 눈을 뜨게 해줄 만한 책이다.

『처절한 정원』

미셸 깽 지음 | 문학세계사 | 2005

소년은 아버지에게 어떤 비밀이 있다는 것을 예감한다. 도대체 어떤 연유로 초등학교 교사인 아버지가 아무런 보수도 바라지 않고 언제 어디서든 초청하기만 하면 어릿광대로 변신하여 사람들을 웃기려 하는 것일까? 소년은 생각한다. '죄 때문일 것이다. "밝힐 수 없는 과오" 때문임이 분명하다. 그런데 그 과오란 무엇일까?' 비밀은 아버지의 동생인 가스통 삼촌에 의해 밝혀진다. 도덕과 양심, 웃음에 대해 새로운 일깨움을 던져주는 소설이다.

함께 살아가야 하는 인간 존재를 새삼 느끼게 해주는 책

『책상은 책상이다』

페터 빅셀 지음 | 예담 | 2001

더 이상 아이를 부양할 의무도, 반드시 무엇인가를 해야 할 필요도 없는 나이 많은 남자, 하루하루를 무료하게만 보내던 이 외로운 남자는 어느 날 결심한다. 침대를 사진으로, 책상을 양탄자로, 의자를 시계로, 시계는 사진첩으로 부르기로. 이렇게 주위의 모든 사물을 다른 이름으로 바꿔 부르기로 한 이 남자는 한동안 들뜬 마음으로 새로운 사물들의 이름을 외운다. 그리고 점차 시간이 흐르면서 그는 사람들이 쓰는 말을 잊어버리고 주위와 의사소통이 불가능해져 완전히 고립되고 만다. 소통이 단절된 우리의 일상을 우화적으로 풀어내면서, 불쌍하기까지 한 주인공들을 더없이 따뜻한 시선으로 바라봄으로써 세상에서 소외된 사람들에 대한 충만한 이해심을 보여주고 있어서 감동적이다. '진정한 소통' 은 어떻게 이루어질 수 있을지 고민하게 하는 책이다.

『침대 밑 악어』

마리아순 란다 지음 | 책씨 | 2004

은행에 다니는 샐러리맨 JJ는 어느 날 침대 밑에서 악어를 발견한다. 이때부터 그의 삶에서 악몽은 시작된다. 더욱 놀라운 것은 그 악어가 유독 JJ의 눈에만 보인다는 사실이다. 고민 끝에 의사를 찾아간 JJ에게 '악어병'이라는 진단과 함께, 크로커다일 알약이 처방된다. 사실 이 병은 자연적인 삶의 리듬을 저버리고 다른 사람들의 손에 자신의 일을 맡긴 결과 생겨난 것이다. JJ의 고통은 회사 동료 엘레나와 삶을 함께 나누면서 서서히 치유되고, 고독을 끊을 수 있는 관계가 두 사람 사이에 싹트자 악어들은 사라진다. 우리가 다른 사람과 공감을 나누고 소통할 수 있다는 것이 얼마나 소중한지를, 타인의 이야기를 깊이 경청하고 손을 내밀어주는 배려심이 얼마나 아름다운 행위인지를 새삼 느끼게 해주는 책이다.

4장

내 성격에 맞는 독서법을 알려주세요

독·서·쌤·이·알·려·주·마

"무얼 해서 먹고 살지?"

"무얼 해서 먹고살지?"

이런 고민을 한번도 안 해본 사람은 없을 거야.

'잘 산다'는 것의 개념은 각자의 가치관에 따라 다르겠지만, 결국 우리는 모두 잘먹고 잘살고 싶어하잖아, 안 그래?

그런데 잘먹고 잘살기 위해서 가장 먼저 알아야 할 게 있어. 그게 뭘까?

바로 '내가 무엇을 잘하는지'를 아는 거야.

도통 잘 하는 게 없다고? 뭘 잘 하는지 모르겠다고?

그렇다면 이 말을 꼭 들려주고 싶구나.

사람은 누구나 마음속에 자기만의 꽃을 피울 씨앗을 품고 태어난단다.

(어때? 독서쌤 멋있쥐? 이게 다 책에서 얻어들은 거야. ㅎㅎ)

그 씨앗을 '자기다움', '개성', 혹은 '운명'이라고 하지.

하늘에서 내리는 눈송이 하나하나의 결정체가 다 다르듯

우리 안에 심겨져 있는 씨앗도 모두 다르단다.

그렇기 때문에 '나'를 아는 것이 정말 중요하지.

나다운 게 무엇인지, 나만의 개성은 무엇인지에 따라

꿈이 결정되고 진로가 달라지니까 말이야.

그리고 그 진로에 맞는 책읽기가 달라지지.

결국 나를 알아야 책읽기도

제대로 할 수 있다는 말씀!

자, 이제 '나'를 아는 것이 얼마나 중요한지

감이 잡혔지? 알 것도 같고 모를 것도 같은

'나'라는 존재, 그 탐색을 지금부터 떠나볼까?

고고씽~~

성격이 운명을 바꾼다고?

성격(性格)〔성:껵〕

[명사] 1 개인이 가지고 있는 고유의 성질이나 품성. 2 어떤 사물이나 현상의 본질이나 본성. 3 〈심리〉환경에 대하여 특정한 행동 형태를 나타내고, 그것을 유지하고 발전시킨 개인의 독특한 심리적 체계. 각 개인이 가진 남과 다른 자기만의 행동 양식으로, 선천적인 기질과 후천적인 영향에 의하여 형성된다.

운명(運命)〔운:-〕

[명사] 1 인간을 포함한 모든 것을 지배하는 초인간적인 힘. 또는 그것에 의하여 이미 정하여져 있는 목숨이나 처지. ≒명(命)·명운(命運). 2 앞으로의 생사나 존망에 관한 처지. ≒명·명운.

부기 우기, 너들 이런 말 들어본 적 있니? "성격이 행동을 결정짓는다. 행동이 반복되면 습관이 된다. 그리고 습관이 모여 운명을 만든다."

엥? 그 말은 결국 성격이 운명까지 만든다는 거잖아요!

그럼 성격 까칠한 부기의 운명은 어떻게 되는 거지요? ㅋㅋ

그래, 부기가 한 까칠 하긴 하지. 그런데 여기에서 말하는 '성격'은 흔히들 말하는 "저 사람은 참 성격 좋아", "저 사람 성격 참 더러워"라는 식으로 사용하는 것과는 그 의미가 좀 다르단다.

그럼 어떤 성격을 말하는데요?

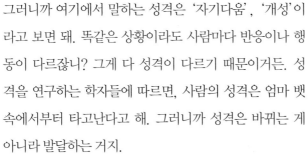

그러니까 여기에서 말하는 성격은 '자기다움', '개성'이라고 보면 돼. 똑같은 상황이라도 사람마다 반응이나 행동이 다르잖니? 그게 다 성격이 다르기 때문이거든. 성격을 연구하는 학자들에 따르면, 사람의 성격은 엄마 뱃속에서부터 타고난다고 해. 그러니까 성격은 바뀌는 게 아니라 발달하는 거지.

헉! 그럼 부기의 성격은 바뀔 가망이 없다는 말씀이세요?

^^;;; 어느 성격이 더 좋고 어느 성격이 더 나쁘다고 말할 수는 없단다. 쉽게 설명하자면, 성격은 '나무'에 비유할 수 있어. 사과나무는 이미 사과나무로 태어났기 때문에 사과나무로 자라야 해. 아무리 용을 써도 사과나무가 포도나무가 될 수는 없지. 다만, 같은 사과나무라도 누가 어떻게 거름을 주고 키우는가에 따라, 또 주변환경이 어

떠한가에 따라 그 운명이 달라질 수는 있겠지. 그렇다고 해도 사과나무가 포도나무가 되는 건 아니잖니? 사과나무보다 포도나무가 더 좋은 것도 물론 아니고.

그러니까 성격은 타고나지만 환경에 영향을 받으면서 발달한다는 거지요? 어쩐지, 우기를 만난 이후로 내 성격이 더 꼬인 것 같다 싶더니…….

-_-;

자자, 티격태격 그만하고, 너희들 각자 자신의 성격에 대해서 생각해본 적 있니?

그닥…….

자신의 성격을 알고 있으면 무엇이 좋을까? 쌤이 깔끔하게 정리해왔다.

1. 정체성이 생긴다.

자신이 무엇을 좋아하는지 어떤 사람인지, 기본적인 것들을 알고 있기 때문에 '나는 나'라는 정체성이 생긴다.

2. 자신에 대한 자부심이 생긴다.

있는 그대로의 자신을 알게 되면 자신을 더욱 긍정하게 되고 자랑스러워하게 된다.

3. 스스로를 돌아볼 수 있게 된다.

일상생활에서 자신의 감정이나 행동을 스스로 관찰하고 돌아보게 된다. '내가 왜 그랬을까?' 돌아보고 그 이유를 생각할 수 있는 안목이 생긴다.

4 다른 사람에 대한 이해의 폭이 넓어진다.

자신의 행동을 돌아보게 되듯, 다른 사람을 이해하는 폭도 넓어진다. 이해되지 않았던 부모님과 친구들의 행동이, 성격을 알게 되면 '아, 달라서 그렇구나' 싶으면서 이해가 된다.

'성격'을 아는 게 이 정도로 중요한 건지 미처 몰랐네요.

음…… 쪼끔 흥미가 생기긴 하네요.

그래. 결국 '나답게 사는 것'의 시작은 바로 자기만의 고유한 성격을 아는 것에서부터 출발하는 거란다. 그럼 이제부터 부기 우기 성격 탐색에 들어가볼까?

성격유형이란 무엇?

성격(性格)〔성:꺽〕

[명사] 1 개인이 가지고 있는 고유의 성질이나 품성. 2 어떤 사물이나 현상의 본질이나 본성. 3 〈심리〉환경에 대하여 특정한 행동 형태를 나타내고, 그것을 유지하고 발전시킨 개인의 독특한 심리적 체계. 각 개인이 가진 남과 다른 자기만의 행동 양식으로, 선천적인 기질과 후천적인 영향에 의하여 형성된다.

유형(類型)〔유:-〕

[명사] 1 성질이나 특징 따위가 공통적인 것끼리 묶은 하나의 틀. 또는 그 틀에 속하는 것. 2 〈철학〉유개념의 하나. 단순한 추상 개념이 아니고 어떤 현상의 공통적 성질을 형상으로 나타내며, 추상적인 보편성과 개별적인 구체성이 통일되어 있는 것을 이른다.

그렇다면 성격에도 유형이 있다는 건가???
뭐야… 질문이야? 혼잣말이야?

그런데 성격을 파악하는 것은 생각만큼 단순하지가 않아. '다혈질이다', '행동이 굼뜨다', '괴팍하다'라는 식으로 단순하게 성격을 설명할 수는 없거든. 예나 지금이나 자기를 인식한다는 것은 결코 쉽지 않지. 때로는 나라는 존재가 아주 콩알처럼 작고 보잘것없이 느껴지기도 하고, 때로는 우주만큼이나 넓고 크게 생각되기도 하잖니?

맞아요. 나 스스로도 도대체 알다가도 모르겠는 게 바로 '나 자신'인 것 같아요.

그래서 고대 철학자 소크라테스는 "너 자신을 알라!"라고 외쳤나봐요.

네가 그런 말도 알아?

나 요즘 책 좀 읽거든. 게임에 빠져 있는 너랑 비교하지 말아줘.

-_-;;;

^^;;; 자자, 얘들아. 본론으로 돌아가서, 많은 심리학자들이 성격에 대한 이론과 분석방법을 내놓았는데, 오늘 쌤이 너희들에게 소개할 이론은 전 세계적으로 가장 널리 쓰이는 성격유형 이론인 MBTI야.

엠 뭐라고요???

^^;; MBTI. 이 이론은 마이어스와 브릭스가 창안한 이론인데, 마이어스가 딸, 브릭스가 엄마, 두 사람은 모녀 사이란다. 그럼 여기서 두 분을 모시고 MBTI에 대해서 간략히 설명을 들어볼까? 참고로, 두 분은 1900년대 인물

MBTI

MBTI(Myers-Briggs Type Indicator)는 심리학자 융의 심리유형론을 근거로 하여 마이어스(Isabel Briggs Myers)와 브릭스(Katharine Cook Briggs)가 보다 쉽고 일상생활에 유용하게 활용할 수 있도록 고안한 자기보고식 성격유형지표야. 개인이 쉽게 응답할 수 있는 자기보고 문항을 통해, 인식하고 판단할 때 각자 선호하는 경향을 찾고, 이러한 선호경향들이 하나하나 또는 여러 개가 합쳐져서 인간의 행동에 어떠한 영향을 미치는가를 파악하여 실생활에 응용할 수 있도록 제작된 심리검사이지.

이기에 부득이하게 저세상에서 어렵게 초빙했단다.

헉, 그럼 귀, 귀신?!!!

(브릭스: 엄마) (마이어스: 딸) 독서쌤, 이렇게 한국 청소년들을 만나는 자리에 우리를 불러줘서 고마워요. 부기, 우기, 안녕?

(동시에) 우리 이름을 어떻게 아셨어요???

오호호~ 귀신이어서 이런 점은 편리하단다. 굳이 물어보지 않아도 되거든.

-_-

엄마, 이 세상에 너무 오래 있을 순 없으니 빨리 본론으로 들어가죠.

오, 그래. 우리가 MBTI를 창안하게 된 것은 '왜 사람들은 똑같은 상황에서 다르게 행동할까?'라는 의문 때문이었단다. 그래서 장장 50년간 사람들의 행동을 관찰했지. 그 관찰 데이터를 바탕으로 만들어진 성격유형 검사지가 바로 MBTI란다.

MBTI는 정말 오랜 시간 많은 사람들을 관찰하면서 얻은 결론이어서 믿을 만하지. 우리는 성격유형을 외향형(E)-내향형(I), 감각형(S)-직관형(N), 사고형(T)-감정형(F), 판단형(J)-인식형(P)으로 분류했어. 사람은 누구나 외향형과 내향형 중 하나, 감각형과 직관형 중 하나, 사고형과 감정형 중 하나, 판단형과 인식형 중 하나에 속하게 되는 거야.

그러니까 각각의 유형을 종합하면 최종적으로 자신의 성격유형이 되는 거란다. 예를 들어 외향형(E)이고 감각형(S)이면서 사고형(T)이자 판단형(J)이 되는 식으로 말이야. 각 유형의 영문 이니셜을 합쳐서, 기호로는 ESTJ로 표시하지.

이렇게 조합을 이루다 보면 모두 16개의 유형이 나오겠지? 16개의 유형이 무엇인지 말해봐. 부기?

네? 어…… 저기 그게…….

됐어. 시간도 없는데 그냥 내가 정리할게. 바로 옆 박스에 정리해두었으니 알아서 참고하도록.

(부기를 바라보며) 얘야, 넘 기분 나빠하지 말렴. 우리 딸이 성격이 좀 급해서. ^^;;;

이 16가지 성격유형은 제각기 독특한 성향을 지니고 있어. 그런데 명심해야 할 게 있어. 사람들의 성격을 16가지로 나눈 것은 사람들을 무조건 16가지 유형의 틀에 가두려는 게 절대 아니야. 그 유형에 가장 가깝다는 것을 인식함으로써 자신을 이해하고 타인을 이해하는 데에 도움을 주기 위한 것이지.

맞아. 쌤도 성격유형 검사를 처음 받았을 때 느꼈던 놀라움을 지금도 잊을 수 없단다. 백여 명의 사람들이 검사를 마친 후 같은 성격유형끼리 한 테이블에 모였지. 서로 인사를 하고 성격에 대해 이야기를 나누는데, 어쩜 그리도

16가지 성격유형

ISTJ 세상의 소금형
ISFJ 임금 뒤편의 권력형
INFJ 예언자형
INTJ 과학자형
ISTP 백과사전형
ISFP 성인군자형
INFP 잔다르크형
INTP 아이디어 뱅크형
ESTP 수완 좋은 활동가형
ESFP 사교형
ENFP 스파크형
ENTP 발명가형
ESTJ 사업가형
ESFJ 친선도모형
ENFJ 언변능숙형
ENTJ 지도자형

서로 비슷한 점이 많은지! "그래요? 그럴 때 나도 그런 마음이 드는데……", "나도 그런 실수를 했는데……" 이러면서 마치 오랜 친구를 만난 듯 반갑더라고. 물론 같은 유형끼리도 살아온 성장환경에 따라 색깔과 분위기가 달랐지만, 전체적으로 공통점이 많았단다.

맞아요. 성격유형은 각자가 고유하게 타고난 개성을 말해요. 부모님이나 주변환경의 영향을 받기는 하지만, 부모로부터 유전되거나 부모가 억지로 만들 수는 없는 것이 바로 성격유형이죠. 각자가 타고나는 것이기 때문이에요. 예컨대, 자신은 평소에 이것저것 늘어놓고 살아도 크게 불편함을 느끼지 않으며 오히려 지나치게 깔끔하게 정리정돈이 되어 있으면 마음이 불편한 사람인데, 깔끔한 부모님 밑에서 어려서부터 정리정돈을 훈련받은 경우가 있을 수 있어요. 이때에는 훈련받은 태도와 타고난 성격을 구분해야 해요. 무엇을 어떻게 할 때 심적으로 편안한지는 자신이 가장 잘 알기 마련이에요. 따라서 성격유형을 탐색할 때에는 '그렇게 해야만 한다'라고 생각하는 것이나 교육받은 것이 아니라, 자연스러운 상태에서 자신이 가장 즐겁고 편안하게 느끼는 쪽을 선택하면 된답니다.

알겠지 부기 우기?

넵!

이렇게 먼 길 와주셔서 친절하게 설명까지 해주시고, 정말 감사합니다. 어, 시간이 벌써? 어서 돌아가셔야겠는

데요!

어머! 어서 서둘러요 엄마!

그래도 인사는 해야지. 얘들아, 안녕. MBTI를 통해서 너희들 성격유형을 알아보고 그에 맞는 독서법을 찾으렴. 안녕~.

만나서 반가웠어요, 마이어스 아줌마, 브릭스 할머니. 안녕히 가세요~.

그렇다면 나는 어떤 성격유형?

자, 그럼 지금부터 본격적으로 성격유형을 체크해볼까? 외향형-내향형, 감각형-직관형, 사고형-감정형, 판단형-인식형, 이렇게 4가지 쌍 중 각각 어느 유형에 해당하는지 알아볼 거야. 준비됐지?

● 성격유형 검사할 때 이것만은 주의해줘!

1. 편안하게 릴렉스~ 혹시 검사 결과, 나쁜 성격, 이상한 성격, 더러운 성격으로 나올까봐 걱정된다고? 성격유형 검사는 너만의 개성과 독특함이 무엇인지 알아보는 검사야. 어느 성격유형이 더 좋고 나쁜지 비교하는 건 무의미해. 그러니까 걱정 뚝!

2. 컨닝 금물! 너만의 개성을 찾으려면 절대 컨닝은 금물. 남의 검사지를 보면 나도 모르게 영향을 받을 수 있으니까 말이야. 물론 내 걸 친구에게 보여줄 필요도 없고.

3. 머리가 아니라 가슴으로 성격유형은 내가 바라는 성격을 찾는 게 아니야. 그러니까 이성적으로 '이래야만 해', '이게 더 좋아 보여' 라는 쪽에 체크해선 안 돼. 나에게 꼭 맞기 때문에 심리적으로 편안하게 느껴지는 쪽을 체크하도록

4. 꼭 전문 상담소에서 이 책에서 알아보는 성격유형 검사는 그야말로 맛보기야. 진짜 제대로 너의 성격유형을 알고 싶다면 MBTI 전문 상담가에게 검사를 받아야 해. 일단 책에 나온 체크리스트로 너의 성격유형을 알아본 후, 나중에 꼭 전문 상담소에서 검사를 받아보렴.

나는 외향형? 내향형?

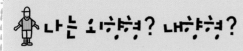

흔히들 말이 많고 활발하면 외향적이라고 하고, 조용하고 말수가 적으면 내향적이라고들 하지? 그래, 맞아. 어떤 사람이 외향형인가 내향형인가는 대체로 잘 드러나는 편이야. 아래의 행동방식 중 자신에게 해당하는 점이 많은 쪽이 어디인지 체크해봐. 나는 외향형일까? 내향형일까?

	✓
● 목소리가 큰 편이고 말이 빠르며 제스처를 많이 사용한다.	☐
● 하고 싶은 말을 참지 않고 즉각 표현하는 편이다.	☐
● 행동을 먼저 하고 나서 그 후에 자신의 행동을 돌아보며 생각한다.	☐
● 늘 친구들과 함께 다니며, 무엇이든 하겠다고 덤비는 경향이 있다.	☐
● 여러 가지 일을 한꺼번에 벌이고 동시에 여러 사람과 대화할 수 있다.	☐
● 다른 사람들이 하는 말에 쉽게 귀가 솔깃해진다.	☐
● 답답할 때 쇼핑을 하거나 돌아다니면 에너지가 생긴다.	☐

⋯▸ 외향형(E)

	✓
● 침착하고 조용하다는 소리를 자주 듣는다.	☐
● 다른 사람의 의견을 먼저 들은 후 자기 표현을 하는 편이다.	☐
● 어떤 일이 가져올 상황을 예측해본 후에 행동에 옮긴다.	☐
● 갑자기 발표를 하라고 하면 무척 당황한다.	☐
● 한 가지 맡은 일에 집중하고, 완벽한 답이 아니면 대답을 하지 않으려고 한다.	☐
● 다른 사람들의 의견보다 자신이 느끼고 생각하는 것을 더 중요하게 생각한다.	☐
● 조용히 혼자 음악을 듣거나 책을 읽으면서 에너지를 충전하는 편이다.	☐

⋯▸ 내향형(I)

➡ 나는 (   )이다.

외향형과 내향형은 심리적으로 흐르는 에너지의 방향성에 따라 구분할 수 있어. 심리적으로 에너지가 바깥의 외부세계로 향하는 편이라면 외향형, 내면의 내부세계로 향하는 편이라면 내향형인 거지. 무슨 말인가 하면, 평소에 네가 자연스럽게 관심이 끌리는 쪽이 어느 곳이냐는 거야. 외부의 사람, 상황, 사물에 더 관심이 간다면 외향형, 내면의 생각, 의미, 깊이에 더 관심이 간다면 내향형이지.

외향형은

- 주로 관심사가 외부세계의 사람이나 사물이야. 한마디로 오지랖이 넓지.
- 그래서 참지 못하고 외부의 자극에 금세 반응하는 편이야.
  '아!' 하면 '어!' 하고 반응이 오는 사람들이지.
- 외부 자극을 찾아나서는 행동지향적 스타일이야.
- 글보다는 말로 표현하기를 좋아해.
- 낯선 사람들과도 쉽게 말문을 열고 어울리다 보니
  사교성이 좋다는 소리를 듣곤 하지.
- 사람들에게 금방 알려지고 여러 가지 일을 이것저것 벌이기도 해.

내향형은

- 외부세계보다 내부세계로 에너지가 향해.
- 그래서 외부의 자극이 내부로 들어오면 즉각 반응하기보다
  자기 안에서 정리를 한 다음 밖으로 표현하지.
- 말로 하기보다 글로 표현하는 걸 더 좋아하는 편이야.
- 많은 사람들을 상대하기보다 일대일이나 소그룹으로 만나는 걸 더 좋아해.
- 자기만의 공간에서 조용히 사색을 하거나 음악을 들으면서 에너지를 충전하지.
- 침착해 보이고 신중해 보여서 믿음을 주며, 시간이 지나야
  사람들에게 알려지는 편이야.

나는 감각형? 직관형?

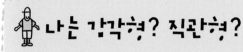

감각형은 감각 있고 센스 있는 사람이고, 직관형은 어딘지 신비스러운 느낌이라고? 그건 완전히 편견이야! 여기에서 말하는 '감각'은 시각, 촉각, 청각, 후각, 미각의 오감으로 인식되는 사실을 더 중시하는 심리 경향을 뜻하는 거야. 반면 '직관'은 감각으로 인식되는 것보다 눈에 보이지 않는 의미를 추구하는 유형이지. 이제 그 의미를 명확히 알겠지? 그럼 한번 체크해볼까? 나는 감각형일까? 직관형일까?

	✓
● 색깔을 고르는 감각이 뛰어나며, 음식의 맛을 잘 보고, 만들기를 좋아한다.	☐
● 다른 사람이 하는 것을 보고 따라 하길 잘 한다.	☐
● 눈썰미가 좋아 한 번 갔던 길도 잘 찾아가는 편이다.	☐
● 실용적인 가치에 더 관심을 가진다.	☐
● 눈에 보이지 않거나 경험하지 않은 추상적인 것은 얼른 이해하기 힘들다.	☐
● 여러 번 해본 일이나 반복적인 일을 할 때 안심이 되고 편하다.	☐
● 겪은 일을 자세하게 설명할 수 있고 세부적인 기억이 오래 간다.	☐

⋯› 감각형(S)

	✓
● 자신의 미래와 꿈에 대해 자주 이야기하고, 가상놀이를 즐긴다.	☐
● 남이 하던 대로 따르기보다 자기만의 방법으로 하기를 좋아한다.	☐
● 엉뚱한 발상을 하거나, 딴 생각에 빠져 물건을 자주 잊어버리곤 한다.	☐
● 세부적인 것들을 무시하고, 복잡하고 의미 있는 일에 관심이 있다.	☐
● 일상의 반복적인 일에 싫증을 잘 낸다.	☐
● 호기심이 많고 새로운 일을 할 때에 신이 난다.	☐
● 어떤 일이나 행동의 원인과 동기를 얼른 알아차린다.	☐

⋯› 직관형(N)

나는 (   )이다.

감각형과 직관형은 외부로부터 정보를 수집할 때 어떤 방법을 선호하는지에 따라 구분할 수 있어. MBTI는 각 개인이 정보를 인식하는 데 있어서 선호하는 방법이 근본적으로 다르다는 걸 전제로 해. 사물, 사람, 사건, 생각들을 인식할 때 오감으로 느껴지는 정보를 더 선호한다면 감각형, 추상적인 느낌이나 예감을 통해 인식되는 정보를 더 선호한다면 직관형인 거지.

감각형은

- 감각(시각, 촉각, 청각, 후각, 미각)을 통해 인식되는 사실을 더 중시해. 그러니까 감각형은 보고, 만지고, 듣고, 냄새 맡고, 맛보기를 통해 얻은 경험을 중요하게 여기는 유형이야.
- 그러다 보니 감각형은 당장 눈앞에 보이는 사실과 닥친 현실에 초점을 맞추지.
- 아직 오지 않은 미래나 가상의 일에 대해서는 관심이 별로 없어. 경험하지 않은 채 이론으로만 설명하는 것은 얼른 수용하지 못하지.
- 눈으로 관찰하는 능력이 발달해서 한 번 보았던 사물이나 사람을 잘 기억해. 기억력이 아주 좋아서 수십 년 전에 있었던 일도 어제 겪은 듯이 생생하게 재생하기도 하지. (감각형 앞에서는 변장도 소용없어. 셜록 홈스처럼 뛰어난 탐정들은 주로 감각형이 아닐까?)
- 미각이 발달하여 맛집을 잘 찾아다니고, 솜씨가 좋아 물건을 잘 고치고 직접 만드는 사람도 많아.
- 일을 할 때에는 이미 정해진 절차와 순서에 따라서 하는 편이야. 그래서 일상적이고 반복적인 일도 지루해하지 않고 비교적 잘 해내지.

직관형은

- 육감에 의해 외부의 정보를 인식하는 편이야. 육감은 그럴 것 같은 예감이나 느낌이라고 할 수 있지. 그래서 경험하지 않았지만 그럴 것이라는 예측을 잘 하거나, 일어날 가능성을 예리하게 포착하기도 해. 보이지 않는 이면의 의미를 잘 읽어내기도 하고.
- 새로운 일에 호기심이 많은 편이야.
- 반면에 일상적이고 반복적인 일에는 쉽게 싫증을 내는 편이지.
- 현재보다는 미래에 초점이 가 있어서 곧잘 현실을 잊어버리고 미래에 대한 꿈을 꾸기도 해. (수업시간에 멍하니 공상에 빠져 있는 학생들은 대부분 직관형이라고 할 수 있지.)
- 말을 할 때에도 비유적이고 암시적인 언어를 자주 사용해.
- 종종 현실에서 벗어난 상상의 세계에 몰입해 있다 보니 사물이나 사건의 구체적인 모습을 잘 기억하지 못할 때가 있어. 그래서 길눈이 어둡다는 소리를 자주 듣는 편이지.

나는 사고형? 감정형?

사고형은 생각이 많고 감정형은 감정적일 거라고? 그건 완전 오해야. 사고형인가 감정형인가를 구분하는 기준은 그 사람이 중요한 의사결정을 내릴 때 판단의 근거를 어디에 두느냐 하는 거야. 실제로는 아닌데 괜히 그런 척하지 말고 솔직하게 있는 그대로 체크해보렴. 나는 사고형일까? 감정형일까?

	✓
● 판단을 할 때 원칙이나 논리에 따르는 경향이 있다.	□
● 공정하고 객관적으로 일을 처리하는 것을 좋아한다.	□
● 주는 만큼 받아야 한다고 생각한다. 받는 만큼 돌려준다.	□
● 친한 사이라도 옳은 것을 따르는 것이 중요하다고 생각한다.	□
● 자기 논리를 지나치게 내세워 고집이 세어 보인다.	□
● 상대방이 울거나 화를 낼 때 어떻게 대응해야 할지 모를 때가 종종 있다.	□
● 위급한 순간이나 힘들 때 더 냉정해지거나 이성적이 된다는 말을 듣는다.	□

…› 사고형(T)

	✓
● 판단을 할 때 감정의 영향을 쉽게 받으며, 얼굴에 감정이 쉽게 드러난다.	□
● 일을 처리할 때에도 그 일과 관련된 다른 사람이 어떤 감정을 느낄지에 예민하다.	□
● 상대방에게 불만이 있을 때 직선적으로 말하지 않고 우회적으로 돌려 말한다.	□
● 좋아하는 친구가 잘못을 했을 때에는 감싸주고 싶어한다.	□
● 다른 사람이 자신을 좋아하는지 싫어하는지에 관심이 많다.	□
● 어려운 처지에 있는 사람을 보면 동정심이 일어나 얼른 도와주고 싶어한다.	□
● 사람들 간의 관계가 깨지지 않도록 늘 조심하는 편이다.	□

…› 감정형(F)

나는 (   )이다.

사고형과 감정형은 판단을 하거나 결정을 내릴 때 어떤 면을 더 선호하고 중시하느냐에 따라 구분할 수 있어. 정보를 인식하는 데 있어서 각 개인이 선호하는 방법이 근본적으로 다르듯이, 판단을 내리는 과정에서도 각 개인은 선호하는 근거가 다르거든. 정보를 판단하고 행동을 결정할 때 논리적인 측면을 중시한다면 사고형, 감정적인 측면을 중시한다면 감정형이야.

사고형은

- 무슨 일을 결정할 때 원칙에 따라 결정하기를 좋아해.
  그래서 옳다고 생각하면 개인적인 인정에 매이기보다
  정해진 규칙에 따르는 걸 선호하지.
- 사고형은 감정에 매여 일에 차질이 생기는 것을 원하지 않아.
  설혹 의견 차이로 심하게 다투었더라도 일단 일은 깔끔하고 합리적으로
  끝맺는 게 맞다고 생각하지.
- 일을 진행할 때에도 공정하고 객관적으로 처리하려고 해.
  친한 친구가 부탁을 해와도 그것이 부당하거나 원칙에 어긋난다고 생각되면
  고민은 하겠지만 대체로 원칙 중심으로 결정을 내리지.
  그러다 보니 '인정이 없다', '차갑다' 라는 소리도 가끔 듣지만 말이야.
- 자신이 믿고 확신하는 논리대로 의견을 주장하기 때문에 토론을 하면
  쉽게 밀리지 않아. 그래서 언뜻 고집이 세어 보이기도 하지.
- 하지만 자신의 생각이 잘못되었다면 인정하고 과감히 상대방의 의견을
  받아들일 줄도 알지.
- 사고형은 다른 사람의 감정을 살피기보다 눈앞에 닥친 일이나
  문제를 해결하는 것에 집중하는 편이야. 그래서 직선적으로 말을 하거나
  따지고 드는 경우가 종종 있다 보니 일은 잘하지만 관계를 맺는 데에는
  서툴 수도 있어.

감정형은

- 일을 처리할 때 그 일을 하고 있는 사람에게 초점을 두고 의사결정을 하지. 옳고 그름에 따라 결정하기보다 그 당시에 느끼는 감정, 즉 좋고 나쁨에 따라 결정하는 편이야.
- 감정형은 인간적인 측면을 중시하며 화목과 조화를 추구하지. 다른 사람의 감정이나 기분에 잘 공감하고 다독거려주기도 잘 해. 친구가 들어주기 어려운 부탁을 했을 때 얼른 거절하지 못하는 것도 자신이 거절했을 때 친구가 느낄 실망감과 좌절감에 마음이 아프기 때문이야.
- 그래서 친구를 사귀거나 관계를 맺을 때에도 정서가 통하는 사람을 좋아해.
- 감정형은 대체로 눈물이 많은 편이지. 위기상황이거나 슬픈 일이 닥쳤을 때 차분하게 생각하기보다 감정이 격해지고, 조그만 충격에도 감정이 순식간에 얼굴에 드러나곤 하지.
- 다시 말해, 감정형에게는 감정의 소통이 중요해. 의견대립으로 심하게 다투고 나서 어떤 합의점에 도달했다고 해도, 자신의 감정이 소통되지 않았다면 다른 일에 쉽게 집중이 안 되는 게 감정형이야.

나는 판단형? 인식형?

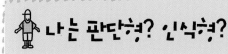

판단형은 판단을 잘 한다는 의미가 아니야. 판단형인지 인식형인지는 평소 어떤 생활 방식을 취하고 있는가와 관계가 깊어. 평소 자신의 일상생활을 돌아봐봐. 실제로 자신이 심적으로 편안하게 느끼면서 자연스럽게 드러나는 성향이 무엇인지를 생각해봐. 나는 판단형일까? 인식형일까?

✓

- 해야 할 일부터 해놓고 다음 일을 하려고 한다. □
- 싫어도 지시에 따라야 질서가 잡힌다고 생각한다. □
- 한번 결정하고 나면 다양한 의견을 들으려고 하지 않는 경향이 있다. □
- 물건들이 제자리에 있어야 편안하다. □
- 무엇을 해야 하고 어떻게 할 것인지 뚜렷하게 정해놓아야 안심이 된다. □
- 꼭 필요한 일이라면 아무리 힘들어도 해야 한다고 생각한다. □
- 약속은 반드시 지켜야 한다고 생각하며, 약속을 어기는 사람을 잘 이해하지 못한다. □

…› 판단형(J)

✓

- 일을 벌이기를 좋아하지만 마무리를 잘 못하는 편이다. □
- 다른 사람이 간섭하거나 잔소리하는 것에 반항심이 잘 일어난다. □
- 변화에 적응을 잘하고 다양한 의견을 수용하며 개방적이다. □
- 충동적으로 일을 결정하는 편이다. □
- 계획한 일이 있지만 필요하다면 중간에 변경해도 문제될 것 없다고 생각한다. □
- 과제물을 계속 미루다가 마감 직전에 급하게 몰아서 하는 편이다. □
- 약속을 지키지 못하면 '그럴 만한 이유가 있겠지' 라고 생각하는 편이다. □

…› 인식형(P)

나는 (   )이다.

판단형과 인식형은 일상생활에서 어떤 태도를 취하는가에 따라 구분할 수 있어. 각 개인마다 선호하는 생활양식이 다른데, 계획적인 것을 선호하는 편이라면 판단형, 즉흥적이고 자율적인 것을 선호한다면 인식형이야.

판단형은

- 일을 할 때 분명한 목적의식을 가지고 일관되게 일을 추진하려는 의지가 강하지. 그래서 무엇을 할 때 신속하게 실행에 옮기는 스타일이야.
- 계획을 수립하고 체계적으로 일을 추진하길 좋아해. 해야 할 일을 미뤄놓고는 쉽게 잠을 이루지 못하지.
- 그렇기에 무슨 일을 계획했다가 중간에 바꾸는 것을 싫어해.
- 집안 정리나 책상 정리를 아주 잘 하는 편이야.
- 명령이나 지시에도 크게 거부감을 느끼지 않고 따르려고 하는 경향이 있어.
- 약속은 꼭 지켜야 하지.

인식형은

- 자율적인 성향이어서, 명령이나 지시에 따르기보다 스스로 알아서 하는 것을 좋아해. 숙제하려고 책상 앞에 앉았는데 그 순간 엄마가 "너 숙제 안 하니?"라고 말하면 갑자기 숙제하기가 싫어지는 스타일이지. 누군가에게 지시나 간섭을 받으면 반항하고 싶어지거든.
- 정해진 길로 다니기보다 목적을 잊어버리고 샛길로 잘 빠지는 편이야.
- 일도 계획적으로 하기보다 충동적으로 저지르는 경향이 있어.
- 계획에 없는 일이 생겨도 크게 당황하지 않고 유연하게 받아들이고 순발력 있게 처리하지.
- 약속을 지키지 않아도 그럴 수 있다고 이해하고 넘어가는 편이야.
- 해야 할 일을 미루다가 마감을 넘기거나 촉박하게 과제를 수행하여 문제가 되기도 하지.

최종적으로 종합해보았을 때 나는

외향형(E) 내향형(I) 중에 ____________

감각형(S) 직관형(N) 중에 ____________

사고형(T) 감정형(F) 중에 ____________

판단형(J) 인식형(P) 중에 ____________

따라서 나는 ________________ 성격유형이다.

나를 알면 진로가 보인다

MBTI 성격유형

MBTI 성격유형을 통해 나를 알고 너를 알면 자기 자신에 대해 그리고 타인에 대해 더 잘 이해할 수 있겠지? 어세스타(한국심리검사연구소)에서 제공한 자료를 바탕으로, MBTI 성격유형에 대해 좀더 들려줄게. 성격유형을 더 구체적으로 알고 싶다면 어세스타에서 자세한 검사를 받아볼 수 있단다. www.assesta.com

성격유형, 어떻게 구분할까?

외향(Extraversion) 외부세계(사람, 사물)에 대하여 에너지를 사용	◀ 에너지의 방향에 따라 ▶	**내향**(Introversion) 내부세계(개념, 아이디어)에 에너지를 사용
감각(Sensing) 오감을 통한 사실이나 사건을 더 잘 인식	◀ 정보 인식에 따라 ▶	**직관**(iNtuition) 사실과 사건 이면의 의미, 관계, 가능성을 더 잘 인식
사고(Thinking) 사고를 통한 논리적 근거를 바탕으로 판단	◀ 판단 근거에 따라 ▶	**감정**(Feeling) 가치를 바탕으로 한 감정을 근거로 판단
판단(Judging) 외부세계에 대하여 빨리 판단 내리고 결정하려 함	◀ 생활양식에 따라 ▶	**인식**(Perception) 정보 자체에 관심이 많고 새로운 변화에 적응적임

16가지 성격유형

ISTJ 세상의 소금형 한번 시작한 일은 끝까지 해내는 사람들	**ISFJ** 임금 뒤편의 권력형 성실하고 온화하며 협조를 잘 하는 사람들	**INFJ** 예언자형 사람에 관한 뛰어난 통찰력을 가지고 있는 사람들	**INTJ** 과학자형 전체를 조합하여 비전을 제시하는 사람들
ISTP 백과사전형 논리적이고 뛰어난 상황적응력을 가지고 있는 사람들	**ISFP** 성인군자형 따뜻한 감성을 가지고 있는 겸손한 사람들	**INFP** 잔다르크형 이상적인 세상을 만들어가는 사람들	**INTP** 아이디어 뱅크형 비평적인 관점을 가진 뛰어난 전략가들

ESTP 수완 좋은 활동가형 친구, 운동, 음식 등 다양함을 선호하는 사람들	**ESFP** 사교형 분위기를 고조시키는 우호적인 사람들	**ENFP** 스파크형 열정적으로 새로운 관계를 만드는 사람들	**ENTP** 발명가형 풍부한 상상력으로 새로운 것에 도전하는 사람들
ESTJ 사업가형 사무적, 실용적, 현실적인 스타일로 일을 처리하는 사람들	**ESFJ** 친선도모형 친절과 현실감을 바탕으로 타인에게 봉사하는 사람들	**ENFJ** 언변능숙형 타인의 성장을 도모하고 협동하는 사람들	**ENTJ** 지도자형 비전을 가지고 사람들을 활력적으로 이끌어가는 사람들

성격유형으로 나를 알고 너를 알기

E 외향형 •외부활동과 적극성 •경험한 다음에 이해 •드러내다: 말로 표현 말하게 해주세요. 활동할 시간을 주세요. 생동감 있게 보조를 맞춰주세요.	**I 내향형** •내부활동과 집중력 •이해한 다음에 경험 •간직하다: 글로 표현 물어보고 들어주세요. 생각할 시간을 주세요. 인내심을 가져주세요.	**S 감각형** •나무를 보려는 경향 •구체적인 실제 경험 •일관성과 가능성 사실 그대로를 제시하세요. 실제 경험을 인용하세요. 실질적인 방법을 제시하세요.	**N 직관형** •숲을 보려는 경향 •전체적인 의미와 패턴 •다양성과 가능성 가능성에 대해 말하세요. 비전과 의미를 말하세요. 혁신적인 방법을 제시하세요.
T 사고형 •맞다/틀리다 •논리적인: 원칙 중시 •객관적인 진실과 정의 논리적인 자세를 취하세요. 객관적인 기준을 제시하세요. 공정하게 대해주세요.	**F 감정형** •좋다/나쁘다 •우호적인: 가치 중시 •조화로운 관계와 인정 협조적인 자세를 취하세요. 주관적인 가치를 제시하세요. 칭찬하고 배려해주세요.	**J 판단형** •조직성과 계획성 •목적을 향한 통제력 •문제해결력이 강함 준비된 자세를 보여주세요. 시간 내 마무리를 해주세요. 계획성을 가져주세요.	**P 인식형** •융통성과 포용성 •변화에 대한 개방성 •상황적응력이 강함 여유 있는 자세를 보여주세요. 융통성을 가져주세요. 결론을 강요하지 마세요.

성격유형에 따라 독서법이 달라요

성격유형(性格類型)〔성: 껴유:-〕

[명사] 〈심리〉 성격을 유사함이나 친근함의 정도를 기준으로 유형화한 것.

독서법(讀書法)〔-써뻡〕

[명사] 책을 읽는 방법. 다독, 속독, 정독 따위가 있다.

그렇다면 성격유형에 맞는 독서법이 따로 있다는 건가???
묘하게 놀림당하는 기분이 드는 건 왜일까?!!

아, 골치 아파. 내 성격유형에 대해 알아보는 것도 꽤 신경 쓰이는 일이군.

그래도 재미있는걸? 나 자신도 몰랐던 나에 대해서 알게 된 기분이야.

그래? 난 그닥 잘 모르겠는데. 도대체 '독서'와 '성격'이 무슨 상관이람.

임마, 쌤이 언제 허튼소리 하는 거 봤냐? 성격에 관해 이다지도 자세히 이야기를 늘어놓은 까닭이 있지. 성격을 연구한 학자들이 말하는 핵심은, "성격에 따라 선택의 기준이나 선호도가 다르다"라는 거야. 성격에 따라 외부의 정보나 타인의 행동을 받아들이는 태도도 다를 뿐 아니라 좋아하는 직업과 좋아하는 일도 달라진다는 말이야. 그러니까 성격은 한 사람의 인생 항로를 결정하는 데에 아주 중요한 요인이 되는 것이지.

그럼, 성격이 책읽기에도 영향을 미친다는 말씀인가요?

그렇지! 성격유형을 연구하는 학자들은 성격유형과 공부법은 서로 관계가 깊다고 말하지. 그러니 성격유형별로 알맞은 독서법을 알아두면 더 효과적으로 공부할 수 있을 거야. 부기 우기도 서점에서 수많은 공부법 책들을 본 적이 있지? '나는 이렇게 공부해서 대학에 들어갔다'와 같은 류의 책들 말이야. 그런 책들의 공통점이 있어. 열심히 했다는 것, 그리고 각자 자기만의 방법대로 했다는 거야. 그러니 그들의 성공담대로 무조건 따라 하려고 하면 오히려 좌절감을 느낄 수도 있지. 그들은 자신에게 맞는 공부법을 발견해서 열심히 한 것인데, 그 사람과 너희는 같은 사람이 아니니까 말이야.

맞아요, 선생님! 저도 얼마 전 서점에서 그런 책을 한 권 사서 읽었거든요. 그런데 따라 하기가 영 쉽지 않더라구요.

(아니, 우기 저 녀석, 언제부터 저렇게 책을 열심히 읽기 시작한 거지???)

그렇기 때문에 자신의 성격에 맞는 독서법을 아는 게 중요한 거야. 그러면 훨씬 더 즐겁고 효율적으로 책을 읽을 수가 있거든. 책 읽는 게 재미있어지면 공부에 흥미가 생기는 건 당연하겠지? 쌤이 특별히 각 성격유형의 대표주자들을 어렵사리 모셨다. '나는 내 성격에 맞게 이렇게 책을 읽었다' 라고 독서 비결을 속시원히 말씀해주실 거니까 귀를 쫑긋 세우고 잘 들으렴. 자, 그럼 이제부터 너희들 각자 성격에 맞는 독서법이 무엇인지 알아볼까?

네!

네? 네…….

마오쩌둥의 한마디

본명 모택동(毛澤東), 애칭은 '마오'
연대 1893년~1976년
직업 혁명가, 정치가
특징 중국인이라면 모르는 사람이 없는, 중국 공산 혁명의 아버지. 1949년 중화인민공화국 정부를 세우고 국가 주석의 자리에 오름.
성격 아버지라도 덤벼야 한다면 덤비는, 화끈한 외향형

내가 바로 중국인민공화국 정부를 세워 현재의 중국 공산 국가 체제를 만든 마오쩌둥 주석이야. 중국인이라면 나를 모르는 사람이 없지.

난 제법 부유한 집안에서 자랐지만, 우리 아버지는 돈밖에 모르는 구두쇠에 자주 매를 드셨어. 그런 아버지에게 반항해서 가출도 여러 번 했지. 하루는 아버지가 많은 사람들 앞에서 부당하게 나를 혼내셨어. 난 아버지에게 욕을 퍼붓고 집을 뛰쳐나갔어. 그런데 아버지가 날 쫓아오시는 거야. 나는 연못가에서 걸음을 멈추고 아버지를 향해 돌아섰어. 그리고 외쳤지.

"더 가까이 오면 물에 빠져 죽을 거예요!"

그러자 아버지가 이렇게 말씀하시더군.

"잘못을 빌면 용서해주겠다."

내가 뭐라고 대답했게?

"아버지가 앞으로 때리지 않겠다고 약속하면 제 잘못을 빌게요."

결국 아버지는 앞으로 때리지 않겠다고 약속을 하셨지. 나는 이 일을 계기로 자신의 권리를 위해서는 반드시 반항이 필요하다는 걸 알게 되었어. 아마 중국 공산 혁명의 씨앗이 가슴에 심겨진 첫 장면이었는지도 몰라. 여차하면 행동으로 옮기는 내가 척 보기에도 외향형임을 눈치챘겠지?

나는 다양한 분야의 책을 두루 즐겼는데, 특히 역사소설을 아주 좋아했어. 청소년 시절에는 소설 읽는 걸 무척이나 좋아해서 당시 유행하던 소설을 달달 외울 정도였지. 소설 속에 등장하는 지주나 귀족 등 지배계급의 잘못은 내 분통을 터뜨리게 만들더군.

본격적으로 공산주의에 발을 디디기 전에, 나는 수많은 책을 섭렵했단다. 도서관 문이 닫힐 때까지 읽고 또 읽었지. 세계 여러 나라의 역사와 지리에 대해 읽으면서 내 진로에 대해 진지하게 고민했어. 그 뒤 중국 지식인으로선 처음으로 공산주의 이론을 중국에 소개한 리다자오를 만나면서 나는 본격적으로 공산주의자가 되어가지.

소설은 물론, 역사책, 수필, 논문에 이르기까지 가리지 않고 두루 읽으며 세상에 대해 고민하고 진로를 개척해간 나에게 책은 인생의 방향을 결정하게 만든 아주 중요한 도구였던 거야.

외향형의 독서 스타일은 이거!

- 다양한 분야의 책을 두루 보는 경향이 있지. 책과도 오지랖 넓게 사귀는 편이랄까.
- 책을 끝까지 읽지 않은 채 또 다른 책을 펼치기도 해.
- 객관적인 정보를 따르는 편이어서 신문이나 잡지에 소개된 책을 구입하거나 주변 사람들이 권하는 책을 읽는 편이지.
- 책을 읽고 이야기 나누기를 좋아해.

외향형 이렇게 읽어봐!

➔ 여럿이 함께 읽어봐.

➔ 중얼중얼 말하며 읽어봐.

외향형은 혼자 조용히 읽기보다 여러 사람과 책에 대해 대화를 나누며 읽는 것이 효과적이야. 우리 외향형은 책을 읽은 후에 다른 사람과 이야기를 나누는 과정에서 책 내용이 기억되고 독서능력이 키워지거든. 그러니까 스터디그룹을 만들어서 매주 정기적으로 만나는 게 좋아. 교과서도 마찬가지야. 스터디그룹을 만들어서 여럿이 함께 공부해보라구.

우리 외향형은 말로 하는 걸 좋아하니까, 책을 읽을 때에도 책을 친구 삼아 중얼중얼 대화하며 읽으면 읽는 재미에 푹 빠질 수 있을 거야. 책 읽으면서 메모하기가 귀찮다면 녹음을 해보는 것도 재밌는 방법이야. 한번 시도해보라고!

외향형 이건 좀 노력해!

➔ 한 가지 분야, 깊게 읽으려고 노력해봐.

외향형은 다양한 책들을 섭렵하며 여러 분야를 넘나드는 걸 좋아한다고 했지? 그런데 그것 못지않게 한 가지 분야를 깊이 읽으려는 노력도 필요하단다. 같은 작가의 책 여러 권 읽기, 한 분야에 대한 책 여러 권 읽기 등을 통해 전문성을 기르려는 노력이 필요해.

내향형, 여러 번 읽으며 사탕 녹이듯 책을 음미해

안철수의 한마디

본명 영희랑 바둑이와 함께 뛰노는, 내 이름은 철수
연대 1962년~
직업 컴퓨터 바이러스 백신 개발로 유명한 안철수연구소 이사회 의장, 카이스트 교수
특징 의사 → 컴퓨터 바이러스 전문가 → 카이스트 교수로 변신에 변신을 거듭. 좋아하는 일에 몰두하다 보니 지금의 자리에 왔다는 것이 그의 고백임.
성격 남 앞에 나서서 말도 잘 못했던 내성적인 내향형

어릴 때 나는 내성적이고 발표력이 부족해서 남 앞에 나서서 말을 잘 못했어. 사람 만나는 것도 별로 좋아하지 않았지. 그래서 더욱 책에 매달렸던 것 같아. 책은 내성적인 나에게 좋은 친구가 되어주었거든. 워낙 책을 좋아하다 보니 한번 책을 손에 잡으면 천둥이 쳐도 모를 정도로 집중력이 대단했지.

자타가 공인하는 책벌레인 나는, 새롭게 무엇을 배울 때면 먼저 서점으로 달려가서 관련 책들을 섭렵한단다. 바둑을 배우기로 결심한 날, 먼저 바둑에 관한 책을 읽기 시작했는데, 무려 50권의 책을 읽고 나서야 기원에 나가서 바둑을 두기 시작했지. 컴퓨터도 마찬가지였어. 먼저 컴퓨터에 관한 책을 사서 읽으면서 모르는 부분이 나오면 빨간 줄을 그어놓았지. 그

리고 또 다른 책을 읽으면서 빨간 줄 쳐놓았던 부분을 이해하는 식으로 공부를 했단다. 이런 식으로, 책을 통해 이론을 충분히 익힌 다음 컴퓨터를 만지기 시작한 거지.

책을 먼저 읽은 후에 실전에 들어가면 미리 마음의 준비를 할 수 있고, 책에서 읽었던 지식과 견주어보면서 실전에서 훈련을 하기 때문에 훨씬 더 잘 배울 수 있단다. 사람에 따라서는 경험을 먼저 한 다음에 머릿속에서 정리를 하기도 하지만, 나는 이론적인 사항을 먼저 머리에 지도처럼 그린 다음에 실전으로 들어가는 스타일이지. 내성적인 꼬마였던 내가 오늘날 영향력이 있는 기업인이자 교수가 되기까지, 책은 나에게 충실한 멘토였단다.

내향형의 독서 스타일은 이거!

- 혼자 조용히 읽는 것을 좋아하지.
- 대체로 자신이 좋아하는 작가, 좋아하는 분야가 정해져 있는 경우가 많아.
- 책에 대한 감상을 글로 쓰는 걸 좋아하는 편이야.

내향형 이렇게 읽어봐!

➔ 혼자 조용히 책 읽는 시간을 만끽해봐.
➔ 읽고 나서 느낌을 먼저 글로 쓰고 그 다음에 말로 전해봐.

내향형은 자기만의 공간에서 혼자 조용히 책을 읽을 때 머리에 쏙쏙 들어오는 사색형이지. 그러니까 일부러라도 자기만의 공간과 시간을 마련하도록 해봐. 가장

마음이 편안한 곳을 정해놓고 그곳에서 책 속으로 푹 빠져드는 거지.
내향형은 책을 읽을 때에도 자기 생각대로 읽는 걸 좋아해. 책을 읽은 후, 자기만의 느낌, 감상, 생각들을 글로 정리해보렴. 일기든 편지든 신문기사든 인터뷰든 형식은 상관없이 자유롭게!
그렇게 감상을 글로 정리했다면, 그걸 다른 사람에게 보여주고 함께 이야기를 나눠보렴. 글을 다른 사람들에게 소개할 때 안심이 되고 자신감이 생기거든. 내향형은 여러 사람들과 떠들썩하게 이야기를 나누는 것보다 친한 사람이랑 둘이서 차분하면서도 깊이 있게 대화하는 게 더 잘 맞아.

내향형 이건 좀 노력해!

- 다른 분야의 책과 연결지어 읽도록 해봐.
- 비평가나 기자 등 책에 대한 다른 사람의 의견에도 귀 기울일 필요가 있어.

내향형은 한 우물을 깊게 파고 들어가는 경향이 있어. 물론 깊이 읽는 것은 매우 중요하지. 하지만 넓게 읽는 것도 필요하단다. 다른 분야의 책과 연결지으며 생각의 폭을 넓혀가는 것도 시도해보렴. 소설을 좋아한다고 소설만 읽는 것보다는, 만약 '홍길동'에 관한 소설을 읽었다면, 그 다음엔 그 시대를 배경으로 한 역사책을 함께 읽는 식으로 넓게 읽기에 도전해보는 거야.
우리 내향형은 객관적인 정보에 귀를 기울이기보다 자신이 읽고 느낀 것을 중요하게 생각하는 경향이 있어. 그래서 어떤 책에 대해 비평가나 기자가 써놓은 글을 쉽게 받아들이지 않는 편이지. 물론 비평가의 말이 반드시 그 책을 제대로 평가한 거라고 말할 수는 없지만, 그래도 책을 이해하는 데 도움이 되는 건 사실이란다. 그러니 '이 사람은 이 책에 대해 왜 이런 평가를 했을까?' 라고 열린 마음으로 생각해보는 습관을 들이렴.

감각형, 머릿속에 생생한 이미지를 떠올리며 읽어보게나

김득신의 한마디

본명 김득신(金得臣), 호는 백곡(栢谷)
연대 1604년~1684년
직업 시인으로 이름을 날림.
특징 머리가 좋지 않아, 남들은 젊은 시절에 합격하는 과거시험을 환갑 가까운 나이에 합격, 백발 휘날리며 벼슬길에 나아감. 칠전팔기 오뚝이 정신을 확실히 보여줌.
성격 읽고 또 읽고 또또 읽고, 나는야 끈기 있는 감각형

"내 것이 될 때까지 읽고 또 읽는다."

나의 독서법을 한마디로 요약하자면 바로 이것이라 할 수 있소. 안녕하시오? 나는 김득신이라고 하오. 부끄럽지만, 조선시대 시인으로 한 이름 날렸소. 뭐라고? 할아버지도 한참 할아버지뻘이니 말을 놓으라고? 어허, 예의를 중시하는 명문가 사대부가 어찌 초면에 하대를 할 수 있겠소.

그럼 좀 거시기하긴 하지만, 나에 대한 소개를 계속 해보겠소. 솔직히 나는 머리가 뛰어나진 않았다오. 더 솔직히 고백하자면, 머리가 많이 떨어지는 쪽이었지. 마흔 즈음에 진사 시험에 합격했으나 곧 그만두고, 육십이 다 되어서야 비로소 문과에 급제하여 벼슬길에 나아갈 수 있었소. 허나 나는 책 읽는

걸 무척이나 좋아했소. 내가 제일 좋아하는 책은 『백이전』이었는데, 나는 이 책을 너무 좋아해서 무려 십만 번 이상 읽었다오. 열 번? 아니라오. 백 번? 아니라오. 천 번도, 만 번도 아니, 아니라오. 한 권의 책을 십만 번 읽었다면, 내가 책읽기를 얼마나 좋아했는지 감이 좀 오시는지?

책읽기를 너무 좋아한 나는, 뜻을 같이 하는 사람들을 모아 '문회계' 라는 일종의 독서계를 만들었다오. 돈을 모아 책을 구입하여 그 책을 돌아가며 읽고 함께 독서 토론을 하는 계였다오. 아주 현실적이고 실용적인 아이디어이지 않소?

나는 다른 사람이 쓴 시나 문장 외우기를 아주 좋아했다오. 그래서 때때로 다른 사람의 시를 내가 지은 걸로 착각하기도 해서 여러 사람들을 웃게 만들기도 했소.

새롭게 창작하기보다 다른 사람들 것을 응용하길 더 좋아하는 점을 보면 나는 감각형에 가깝다고 볼 수 있다오. 나는 이렇게 다른 사람의 시를 반복해서 읽어서 내 것으로 소화시켰소. 그리고 이런 책읽기가 쌓여서, 후에 나만의 개성이 드러나는 훌륭한 시를 남길 수 있었던 거라오.

감각형의 독서 스타일은 이거!

- 실용적인 책에 관심이 많다오.
- 책의 세부적인 내용에 집중하는 편이라오.
- 미리 사전지식이 있는 분야의 책에 더 흥미를 느낀다오.

감각형 이렇게 읽어봐!

➔ 배경지식이나 체험을 먼저 쌓은 뒤에 그 분야의 책읽기로 들어가보시게.

➔ 글을 이미지로 바꿔가며 책을 읽어보도록 하시오.

우리 감각형은 실제 경험한 것을 바탕으로 정보를 해석하는 경향이 있기 때문에, 책 내용에 대한 사전지식이나 사전 경험이 있을 때에 그 책에 더욱 흥미를 느낀다오. '경험한 적이 있다', '알고 있다'는 것이 우리 감각형에게는 아주 중요하기 때문이라오. 그러니 미리 현장에서 체험을 하거나 인터넷을 통해 자료를 먼저 검색해본 후에 책을 읽는 것이 효과적이오.
우리 감각형은 책을 읽을 때에 글을 이미지로 바꿔가며 읽으면 아주 효과만점이라오. 책을 읽으면서 혹은 읽고 나서 자신만의 방법으로 맵을 그리거나 기호로 그려놓도록 하시오. 책 내용을 기억하는 데 큰 도움이 될 것이오.

감각형 이건 좀 노력해!

➔ 평소에 틈틈이 자발적으로 책을 읽으시게.

➔ 외우려고만 하지 말고 의미와 상징을 읽으려고 노력하시게.

감각형은 당장 시험에 나온다고 해야 책을 읽는 경향이 있다오. 근데 그거 아시오? 진짜 공부 잘하는 애들은 평소에 쓸데없는(?) 책들도 많이 읽는다는 사실 말이오. 교과서에 『홍길동전』이 나오면 달랑 그것만 읽을 게 아니라 『전우치전』 『박씨전』 등 다른 영웅소설도 읽어보시게.
또 하나, 감각형은 골치 아픈 걸 싫어해서 눈에 얼른 들어오는 것만 읽고 쉽게 공부하려는 경향이 있다오. 쓱- 읽지 말고 의미와 상징을 찾아내려고 노력해보시게. 참고서도 뒤지고 인터넷 검색도 해보고 선생님께 물어도 보면서 말이오.

직관형, 순간순간 떠오르는 생각들을 책 여백에 메모하렴

정약용의 한마디

본명 정약용(丁若鏞), 호는 다산(茶山)
연대 1762년~1836년
직업 5백여 권에 달하는 책을 저술한 작가이자 학자
특징 책읽기와 책 쓰기가 인생의 전부였던 사람. 18년간의 유배생활을 독서와 저술로 보냄.
성격 책을 그냥 읽지 말고 그 뜻을 이해하는 게 중요하다고 누차 강조한 직관형

나는 정약용 할아버지란다. 나야말로 세상에 널리 알려진 책벌레이지. 할아버지는 18년간이나 유배생활을 했어. 사랑하는 가족과 떨어져, 자동차도 기차도 없던 그 시절, 머나먼 그곳에서 나는 홀로 수많은 책을 읽고 또 직접 썼단다. 할아버지가 쓴 책만 해도 5백여 권에 달해 전 세계적으로도 기네스북에 오를 정도란다.

할아버지는 스스로도 많은 책을 읽었지만, 제자들이나 자녀들에게 독서의 중요성을 강조하며 효과적인 독서법을 알려주는 독서운동가이기도 했어. 가족과 떨어져 홀로 유배지에서 독서법에 관한 편지를 여러 장 써서 보내곤 했지. 다음은 둘째아들 학유에게 보냈던 편지 중 한 대목이란다.

"책을 읽되, 그냥 눈으로 읽기만 하는 것은 하루에 책 1천 권, 글 1백 편을 읽을지라도 오히려 읽지 않은 것과 마찬가지일 게다. 책을 읽을 때에는 항상 한 글자라도 그 올바른 뜻을 분명하게 알지 못하는 곳이 있거든 두루 찾아보고 깊이 연구해서 그 근본 뜻을 밝혀 알아냄으로써 마침내 그 글의 전체 의미를 환하게 알 수 있어야 한다."

할아버지가 늘 강조하던 내용이란다. 눈으로 글자만 읽는 것은 아무 의미가 없어. 책은 다 읽었는데 정작 "어떤 점이 가장 다가왔니?", "이 책의 저자가 하고 싶은 말이 뭐라고 생각하니?"라는 질문에 갑자기 멍해지는 경험을 했다면, 그건 헛되이 책을 읽은 거란다. 명심하렴. 책에 담긴 의미와 가치를 이해하는 것이 가장 중요하다는 것을.

직관형의 독서 스타일은 이거!

- 책에 담긴 의미와 가치를 찾는 걸 좋아하지.
- 세부내용은 건너뛰고 핵심 위주로 책을 읽는 경향이 있어.
- 호기심이 강해 새로운 책에 곧잘 도전하곤 한단다.

직관형 이렇게 읽어봐!

➜ 책의 전체 내용을 훑어보면서 먼저 밑그림을 그려보렴.
➜ 책을 읽으면서 순간순간 떠오르는 아이디어를 놓치지 말고 여백에 적어가며 읽으렴.

직관형들에게 좋아하는 책을 물어보면 『어린 왕자』라고 대답하는 사람들이 많단다. 직관형이 이 책을 좋아하는 이유는 이야기에 담긴 '의미'에 끌리기 때문이지. 『어린 왕자』는 동화처럼 간결하지만 그 속에 관계와 인생에 대한 깊은 은유와 상징을 담고 있기 때문에, 책을 읽으면서 의미와 가치를 찾고자 하는 직관형에게는 매력적으로 느껴지는 거야.

우리 직관형은 큰 원리를 먼저 알고 그 다음에 구체적인 세부사항을 통해 근거를 찾아가는 스타일이기 때문에, 책을 읽기 전에 먼저 전체 내용을 훑어보는 것이 좋단다. 이 책이 무엇에 관한 책인지, 저자의 이력은 어떠한지, 전체 구성이 어떻게 되어 있는지를 차례와 머리말, 소제목들을 훑어보면서 미리 밑그림을 그려보는 거야.

우리 직관형은 다른 사람의 말이나 방식을 그대로 따르기보다는 자기만의 방식을 추구하는 편이야. 그러니 책을 읽으면서 순간순간 떠오르는 아이디어를 그때그때 책 여백에 메모하며 읽도록 하렴. 이런 메모를 통해 저자의 생각과 내 생각을 통합하여 나만의 독특한 아이디어를 만들어낼 수 있단다.

직관형 이건 좀 노력해!

➜ 세부내용을 찬찬히 정리하는 습관을 들이렴.

➜ 다른 사람이 이해할 수 있도록 친절하고 구체적으로 설명해보렴.

직관형은 세부내용은 너무 뻔하다고 무시하는 경향이 있어. 의미 중심으로 글을 읽다 보니 이미 드러나 있는 사실은 중요하게 생각하지 않는 거지. 그러다 보니 시험 볼 때 쉬운 문제인데도 틀리곤 하는 거야. 앞으로는 책을 읽고 나서 반드시 세부내용을 정리하는 습관을 들이렴.

그리고 읽기도 중요하지만 읽은 내용을 전달하는 것도 중요하단다. 이미 다 알기 때문에 굳이 자세히 설명할 필요가 없다고 생각해서 간략하게 핵심만 이야기하지 말고, 책의 내용과 감상을 구체적으로 자세하게 전달하는 훈련을 하렴.

왜
난 안돼?!
독서반 풍경
슥
슥슥
ㅋㄷ
ㅋㄷ
아름다운
표현인걸...?
오...
Z
z
z
z
이런 해석이
적절하지 않을까?
아...
그렇네
흥
궁시렁
궁시렁
뭔가
잘못됐어
나 좀
보실까
왜 이러세요...
한번 따져봅시다!

사고형, 따지고 비판하고 해결점을 찾으며 읽어라

한용운의 한마디

본명 한유천(韓裕天), 호는 만해(萬海)
연대 1879년~1944년
직업 독립운동가, 시인, 승려
특징 일제 치하에서 불교의 현실 참여와 조선 독립을 위해 평생을 바친 강직& 꼿꼿의 아이콘. 1919년 3·1운동 때 민족 대표 33인의 한 사람으로 독립선언서에 서명하여 3년 형을 선고받고 복역함.
성격 누가 뭐라 해도 굽히지 않는, 주관이 뚜렷한 사고형

나는 한용운 스님이라고 한다. 만나서 반갑구나. 평생 강직한 성품에 꼿꼿한 지조와 기개로 불교의 대중화와 조선 독립을 위해 한평생을 바쳤지. 나는 옳고 그름에 대한 잣대가 분명한, 전형적인 사고형이라고 할 수 있다. 내 나이 일곱 살 때였다. 나는 책을 읽다가 책에 시커멓게 먹칠을 하기 시작했어. 훈장 선생님께서 깜짝 놀라시며 야단을 치셨지. 나는 담담하게 이렇게 대답했다.

"이건 괜한 먹칠이 아니라 마음에 들지 않는 주를 지우고 있는 것입니다."

'주'란 책의 어려운 부분을 쉽게 이해할 수 있도록 뜻풀이를 해놓은 것이다. 비록 일곱 살 꼬마였지만 나는 책에 있는

그 뜻풀이가 마음에 들지 않아 지워버렸던 거다.

나는 열네 살에 결혼을 했다. 딱 너희 나이 때구나. 결혼한 이후로도 나는 끊임없이 독서에 열중했다. 당시 내가 읽은 책은 대부분이 유교에 관한 책이었지. 그런데 내 나이 열아홉 살 때, 일제에 반대하고 대한독립을 주장하는 동학농민군과 의병을 조선 정부가 무참히 토벌하는 것을 보고 너무나 실망을 했다. 게다가 의병 진압 과정에서 아버지와 형을 잃자 나는 번민을 거듭하다가 절로 들어가 스님이 되었다.

절에 들어간 후 나는 수많은 불교 서적을 읽으며 불교의 세계에 몰입하지. 그러다 눈이 번쩍 뜨이는 책을 발견하게 된다. 청나라 사람이 쓴 『영환지략』이라는 책이었지. 서양 과학기술의 우수성과 서양의 지리와 역사를 소개해놓은 책이었다. 나는 이 책을 통해 조선 밖에 얼마나 넓은 세계가 있는지, 민주주의와 자본주의가 무엇인지에 대해 알게 되었다. 아마 그런 새로운 인식이 내가 평생을 조선 독립운동에 바치는 데 중요한 영향을 미쳤을 것이다. 나에게 책은 내가 가야 할 길을 알려주고 그 길에 대한 확신을 심어준 둘도 없는 스승이었다.

사고형의 독서 스타일은 이거!

- 전달하고자 하는 주장 및 목적이 명확하고 이를 뒷받침하는 근거가 분명하게 제시된 책을 좋아한다.
- 객관적으로 진실인 것, 논리적인 흐름을 가진 책을 신뢰한다.
- 책을 읽으면서 '왜?' 라는 질문을 자주 던진다.

사고형 이렇게 읽어봐!

➜ 사건의 원인과 결과를 찾고, 해결방안을 찾으며 읽어라.
➜ 저자와 게임하듯, 머릿속으로 계속 따지며 읽어라.
➜ '왜?' 라는 질문을 던지고 그 답을 찾아가며 읽어라.

사고형은 상황을 객관적인 시각으로 냉정하게 바라보며 비판하고 토론하길 좋아한다. 그래서 책을 읽을 때에도 저자가 도대체 무슨 말을 하고 싶은 것인지 빨리 파악하려고 하지. 그래야 저자의 생각을 비판하고 토론할 준비를 할 수 있으니까. 그러니 우리 사고형에게는 책을 읽으면서 '왜?' 라는 질문을 던지고 저자와는 다른 의견을 찾고자 하는 독서법이 어울린다. 저자의 생각을 무조건 수용하는 것이 아니라 좀 삐딱하게 보는 관점도 필요하니까. 마치 저자와 게임하듯, 머릿속으로 계속 따져가며 책을 읽는 방법이 사고형에게는 효과적이다.

사고형 이건 좀 노력해!

➜ 공감하며 읽는 법을 훈련하도록 하라.

나도 전형적인 사고형이긴 하다만, 그래도 모든 책이 분석의 대상이 될 수는 없다. 우리 사고형에게는 공감하며 책을 읽는 태도가 필요하다. 어떤 사실이 맞는지 안 맞는지, 옳은지 그른지를 따지기 위해서만 책을 읽는 건 아니니까. 책을 통해서 인간의 오묘하고 복잡한 심리를 이해하고자 노력하도록 하라. 책 속 등장인물의 행동을 객관적인 시각에서 비판하지만 말고, 그럴 수밖에 없었던 처지를 이해하고 공감하며 사람의 감정을 수용하고 인정하는 자세를 배우도록 해보라.
또 한 가지, 사고형은 비판적으로 책을 읽다가 가끔 자가당착에 빠지는 수가 있다. 다 안다, 빤하다는 식으로 성급히 판단하여 책의 내용을 깊이 있게 읽지 못하고 편협한 사고로 흐를 가능성이 있다는 것이다. 그러니 조금 더 열린 마음으로 저자의 생각에 귀를 기울이는 태도가 필요하다.

감정형, 인물에 공감하면서 갈등을 풀어보세요

오프라 윈프리의 한마디

본명 오프라 윈프리(Oprah Gail Winfrey)
연대 1954년~
직업 방송인
특징 오늘날 미국에서 가장 영향력 있는 여성 중 한 명. 흑인 빈민가에서 태어나 불우한 십대를 보낸 그녀가 지금처럼 성공하기까지의 인생 스토리는 수많은 사람에게 감명을 줌.
성격 토크쇼에 나온 게스트의 감정을 깊게 공감해주는, 눈물 많은 감정형

저는 미국 텔레비전 프로그램 〈오프라 윈프리 쇼〉의 진행자 오프라 윈프리예요. 만나서 정말 반가워요. 제가 직접 쓴 책을 포함하여 나 자신에 관한 책만 해도 수십 권에 달할 정도로 오늘날 미국에서 영향력 있는 여성이라고들 하지요. 호호, 조금 부끄럽군요. 제가 지독한 책벌레라는 것은 아주 유명한 이야기예요. 〈오프라 윈프리 쇼〉에서 제가 소개한 책은 단번에 베스트셀러가 되곤 한답니다.

흑인 빈민가에서 태어나 어두운 십대를 보낸 제가 살아갈 희망을 얻은 것은 바로 책을 통해서였어요. 흑인 여성이 고난을 극복하는 과정을 그린 소설을 읽고 저 또한 희망을 품게 된 그때가 아직도 생생히 기억나네요. 저는 토크쇼에 나온 게스

트의 감정에 깊이 공감하며 속마음을 잘 이끌어낸다는 칭찬을 자주 듣곤 하는데, 이렇게 제가 방송인으로 성공할 수 있었던 비결도 바로 책읽기라고 말하고 싶어요. 책을 통해서 인간에 대한 깊은 이해와 통찰력을 길렀던 덕분이지요. 저는 늘 이렇게 말하곤 한답니다.

"책은 내 인생의 가능성을 보여주었다. 책은 세상에 나와 똑같은 사람들이 많이 있음을 알게 해주었고, 선망하는 사람들을 올려다보는 것만이 아니라 그 자리에 내가 오를 수도 있다는 사실을 보여주었다. 책읽기가 희망을 주었다. 내게 그것은 열린 문이었다."

감정형의 독서 스타일은 이거!

- 책을 읽을 때 인물들 간의 관계에 관심이 많고, 등장인물의 감정에 공감하여 웃고 울며 읽어요.
- 사건의 결과보다는 등장인물이 사건을 일으키게 된 동기와 심정에 초점을 두지요.
- 추상적인 이론이나 설명 위주의 책은 그리 좋아하지 않아요.

감정형 이렇게 읽어봐!

➜ 문학작품을 통해 인간에 대한 깊은 이해와 통찰력을 기르세요.

➜ 처음부터 설명 위주의 딱딱한 책을 읽지 말고, 이야기 형식으로 된 책을 읽으면서 흥미를 이어가도록 하세요.

우리 감정형은 등장인물의 감정에 공감하며 책을 읽지요. 그러니 문학작품을 읽으며 인간에 대한 깊은 이해와 통찰력을 기르는 것이 좋아요. 문학작품은 감정형이 가지고 있는 인간 중심의 배려와 친절의 정신을 잘 키워주지요.
반면 감정형은 정서가 배제된 책을 읽으면 딱딱하고 메마른 느낌을 갖게 돼요. 그래서 추상적인 이론이나 설명 위주의 책을 그리 좋아하지 않지요. 우리 감정형이 역사책이나 과학책을 잘 읽지 않는 것도 그런 이유 때문이에요. 감정형은 처음부터 설명 위주의 역사책이나 과학책을 읽지 말고, 역사소설이나 과학소설 등 이야기 형식으로 된 책을 읽으며 역사와 과학 분야의 흥미를 이어가는 것이 좋답니다.

감정형 이건 좀 노력해!

➜ 책의 내용을 따지고 비판하는 분석능력을 키우도록 노력하세요.
➜ 작품 속 인물을 개인적 차원이 아닌 사회체제 안에서 바라보는 시각을 훈련하세요.

우리 감정형에게는 사고형이 가지고 있는 분석능력이 필요하답니다. 작품의 인물에 깊이 공감한다는 것은 인물의 처지나 심정을 이해한다는 말인데, 그렇다고 무조건 작품 속 인물을 개인적인 상황만으로 해석할 수는 없기 때문이에요.
'홍길동'을 예로 들어볼까요? 개인적인 처지로 보면 홍길동은 대단히 불쌍하죠. 천민 어머니에게 태어난 서자이기에 떳떳하게 아버지를 아버지라, 형들을 형이라 부를 수 없었고 집안에서도 찬밥 신세였으니까요. 더구나 형들의 계략으로 목숨의 위협까지 받았으니, 참으로 딱하지요.
하지만 그럼에도 홍길동은 당시 고생하는 민중의 삶에 비하면 호강하는 처지라고 볼 수 있어요. 어찌 됐든 양반의 자식이니 배곯을 일 없고 글도 배울 수 있었잖아요. 홍길동은 백성을 위한다는 의적의 이름으로 세상을 떠들썩하게 만든 후에 자신은 입신양명하고 율도국의 왕이 되지요. 그렇다면 과연 홍길동은 백성들을 사랑하는 의적일까요? 그저 불쌍하기만 한 것일까요?
이렇듯 작품 속의 인물은 복잡한 사회체제 안에서 바라보아야 해요. 단순히 인물의 행동이나 심정에 공감하는 것만으로는 인물을 제대로 파악하기 힘들답니다. 우리 감정형은 인물의 처지나 심리에 깊이 공감하되, 그 행동을 다각적인 방면에서 조명하고 비판하려는 노력이 필요해요. 그리고 비판의 근거를 세우기 위해 역사적 상황이나 배경지식을 활용할 수 있어야 해요. 감정형이 문학뿐 아니라 다양한 책들을 두루 읽어야 하는 이유가 여기에 있어요. 이야기 형식으로 쓰인 다양한 분야의 책을 골고루 읽도록 하세요.

허균의 한마디

본명 허균(許筠), 호는 교산(蛟山)
연대 1569년~1618년
직업 문인, 학자, 정치가
특징 조선시대 사회제도의 모순을 비판한 걸작 『홍길동전』의 저자. 광해군 때 역적으로 몰려 처형되는 비극적인 최후를 맞이함. 허균이 처형되던 그 해, 『조선왕조실록』에는 그의 이름이 185건이나 등장할 정도로 허균을 둘러싸고 조정의 수많은 신하들이 연일 격론을 벌였다니, 그의 유명세가 어느 정도였는지 짐작할 수 있음.
성격 분류하고 정리하길 좋아하는, 깔끔 명쾌 판단형

나는 허균이라고 해. 『홍길동전』을 모르는 사람은 없겠지? 내가 바로 『홍길동전』을 지은 사람이야. 나는 명문가에서 태어나 수많은 책을 읽었단다. 우리 집에는 4천 권이 넘는 책이 있었어. 그런데 나는 책을 그냥 읽지 않고 좋은 구절을 발견하면 하나하나 전부 적어두었지. 그렇게 적어둔 구절들을 분류하여 훗날 책으로까지 엮었단다. 그 책이 『한정록』인데, 중국의 고전에서 주제에 맞는 시 구절을 뽑아 엮은 것이란다. 좋은 글만 모아서 엮은 일종의 컴필레이션 시집이라고 할 수 있지. 이렇게 책을 읽고 내용을 분류하고 정리하는 걸 좋아하는 모습은 판단형의 독서법을 잘 보여주는 거란다.

판단형의 독서 스타일은 이거!

- 읽어야 할 책 목록을 정해서 차근차근 읽어가길 좋아해.
- 책을 읽기 전에 이 책을 왜 읽어야 하는지 목적을 분명히 알고 싶어해.
- 정보가 일목요연하게 짜인 책을 좋아하지.
- 좀 재미없는 책도 인내심을 가지고 읽는 편이야.

판단형 이렇게 읽어봐!

➔ 이 책을 읽는 목적과 필요성을 분명하게 하렴.

➔ 먼저 책의 전체 뼈대와 구조를 파악하고 난 후에 책을 읽으렴.

우리 판단형은 항상 '해야 한다'는 의무감에 관심과 에너지가 향해 있지. 그래서 책을 읽기 전에 이 책을 통해 무엇을 알아야 하는지, 이 책을 왜 읽어야 하는지 목적을 분명히 하면 그만큼 독서에 열중하게 되지. 집중해서 책을 읽으니 그 결과도 당연히 좋겠지?

이런 특성 때문에 우리 판단형은 책을 읽을 때 책의 뼈대에 관심이 많아. 책의 전체 구성방식을 파악한 후, 그것을 그대로 베끼지 말고 도표, 그래프, 그림 등을 활용하여 자기만의 방식으로 재구성하는 연습을 해보도록 하렴.

판단형 이건 좀 노력해!

➔ 개방적인 자세로 책을 읽을 필요가 있단다.

➔ 필요해서가 아닌 즐기기 위한 책읽기도 시도해보렴.

우리 판단형은 책을 읽어야 하는 목적이 독서의 강력한 동기가 되기 때문에, 목적에 맞지 않는 불필요한 정보들은 무시하는 경향이 있어. 선생님이 읽으라고 한 책이나 숙제 이외의 책들은 읽을 필요가 없다고 생각하는 거지.

그러니 개방적인 자세로 책을 읽기 위해 노력할 필요가 있단다. 당장 필요하지 않더라도 책 자체를 즐기는 여유를 가지도록 해보렴. 책에서 정답을 얻지 못해도 괜찮아. 모든 책을 반드시 끝까지 읽어야 한다는 강박관념을 가질 필요도 없어. 때로는 정답이 없음을 즐기는 독서를 해보렴.

인식형, 다양한 정보들을 연결시키고 통합하라

최한기의 한마디

본명 최한기(崔漢綺), 호는 혜강(惠崗)
연대 1803년~1877년
직업 조선 후기의 실학자
특징 조선시대 최고의 책 수집가, 장서가
성격 다양한 책을 연결하여 새로운 생각을 이끌어내는, 열린 마음의 인식형

나는 최한기라는 사람이오. 조선 말기의 실학자이자 조선시대 최고의 책 수집가라오. 나는 물려받은 재산의 대부분을 책을 구입하는 데에 썼소. 중국에서 나온 새로운 책들, 서양의 과학책 등 당시로서는 엄청나게 비싼 책들도 망설임 없이 사들였다오. 철학, 사회학, 물리학, 의학, 지리학, 천문학 등 분야를 가리지 않고 책을 사서 모으고 닥치는 대로 읽어서 '만물박사'로 통했다오. 서양 근대 물리학을 조선에 처음으로 소개한 사람도 바로 나라오.

나는 서양의 과학책들을 읽기만 한 게 아니라 나름대로 논리를 세워 비판하고 내 생각을 펼치기도 했다오. 뉴턴의 만유인력의 법칙이 우주의 운동을 잘 설명하고 있긴 하지만 그 원인을 설명하진 못하고 있다고 비판하면서, 만유인력의 원인을 기의 상호작용이라고 주장하기도 했소.

이런 책읽기 덕분에 나는 천문·지리·농학·의학·수학 등 학문 전반에 박학하여 많은 책도 썼는데, 무려 천여 권에 달한다오. 아쉽게도 지금까지 전해지는 책은 약 백여 권 정도라오. 개방적인 자세로 다양한 분야의 책을 읽고 그것들을 서로 연결하여 새로운 생각을 이끌어낼 줄 알았다는 점에서 나는 인식형의 독서법을 잘 보여주고 있다고 할 수 있소.

인식형의 독서 스타일은 이거!

- 자율적으로 자기가 읽고 싶은 책을 스스로 선택하여 읽기를 좋아한다오.
- 대체로 한 권의 책을 끝까지 읽지 않고 다른 책으로 넘어가는 편이라오.

인식형 이렇게 읽어봐!

➜ 읽고 싶은 책을 스스로 골라보시오.
➜ 흥미를 지속시킬 수 있는 자기만의 독서법을 개발하시오.

우리 인식형의 선천적인 특성은 자율성이라오. 그래서 정해진 시간에 정해놓은 책을 읽는 것 자체에 거부감을 느낀다오. 그러므로 만약 읽어야 할 분야가 정해져 있더라도, 그 분야에 해당하는 책은 스스로 선택하는 것이 좋다오.
인식형은 읽고 싶을 때는 밤을 새워 읽지만, 본인이 읽기 싫으면 과제라고 해도 거들떠보지도 않으려 한다오. 그래서 우리 인식형에게는 흥미를 지속시킬 수 있는 자기만의 독서법이 필요하다오. 흥미가 있는 분야의 책은 몽땅 읽어치우는 폭발적인 열성이 우리에겐 있기 때문이오. 인식형은 공부도 놀이처럼 할 줄 아는 기질적 특성이 있으니, 어떻게 하면 즐겁게 읽을지 스스로 궁리해보도록 하시오.

우리 인식형의 장점은 한 가지 정답만을 추구하지 않는다는 점이라오. 우리는 한 가지 주제에 대해 여러 책들을 읽으면서 다양한 관점을 살펴보고 열린 사고를 하는 개방적이고 유연한 독자들이라오. 인식형의 이런 유연한 태도는 독서 스타일에도 영향을 미쳐서, 보통 한 권의 책을 끝까지 읽지 않고 다른 책으로 넘어갈 가능성이 높다오. 충동적으로 책을 보는 경향이 있기 때문이오. 하지만 이런 충동성과 자율성도 긍정적인 측면이 있다오. 마치 나뭇잎의 잎맥이 사방으로 뻗어 있지만 나름대로 질서를 지니고 있듯이, 이 책 저 책 넘나들면서 나름대로 지식들이 서로 연결되기 때문이라오. 그리고 이렇게 각각의 지식들이 나름의 연결고리를 만들다 보면 어느새 독창적인 아이디어가 솟아날 수 있다오. 그래서 대부분의 예술가들은 인식형에 속한다오.
그러므로 우리 인식형은 우선 마음이 움직이는 대로 독서를 하면서, 자신이 무엇에 관심과 흥미가 있는지 탐험을 해봐야 하오. 꽉 짜인 틀 안에서 사고하기보다는 생각이 머릿속에서 자유롭게 흘러가도록 할 필요가 있소. 그렇게 책들을 자유롭게 탐험하는 과정에서 자신이 열정을 바쳐 탐구할 만한 분야를 찾게 될 것이오.

인식형 이건 좀 노력해!

➜ 일단 독해력을 기르는 데 힘을 쓰시오.
➜ 한 권을 끝까지 읽어내는 집중력을 훈련하시오.

우리 인식형은 기본적으로 독해력을 길러야 하오. 여기저기 넘나들며 읽는 우리의 스타일을 살리려면 가벼운 책부터 난이도가 높은 무거운 책까지 모두 소화할 수 있는 독해력이 바탕이 되어야 하기 때문이오. 그러니까 설혹 내키지 않더라도 과제로 주어지는 책들을 절대 무시해서는 안 되오. 교과서 공부나 수행평가 과제인 필독서들을 성실하게 읽도록 노력하시오. 이것들이 쌓여야 독해력이 길러지고, 그래야만 우리 인식형의 스타일대로 내 마음껏 책을 읽을 수 있다는 걸 명심하시오.
독해력을 기르기 위해서 또 하나, 분석적으로 깊이 있게 책 읽는 법을 배우도록 하시오. 읽으면서 중요한 문장에 밑줄 긋기, 메모하기, 낯선 낱말 찾아서 정리하며 어휘력 쌓기 등의 방법을 꾸준히 적용하도록 하시오. 점점 까다로운 책도 읽을 수 있게 되면서 독해력에 자신감이 부쩍 생길 것이오. 이렇게 꼼꼼하게 읽다 보면 한 권을 끝까지 읽어내는 집중력은 덤으로 얻게 될 것이오.

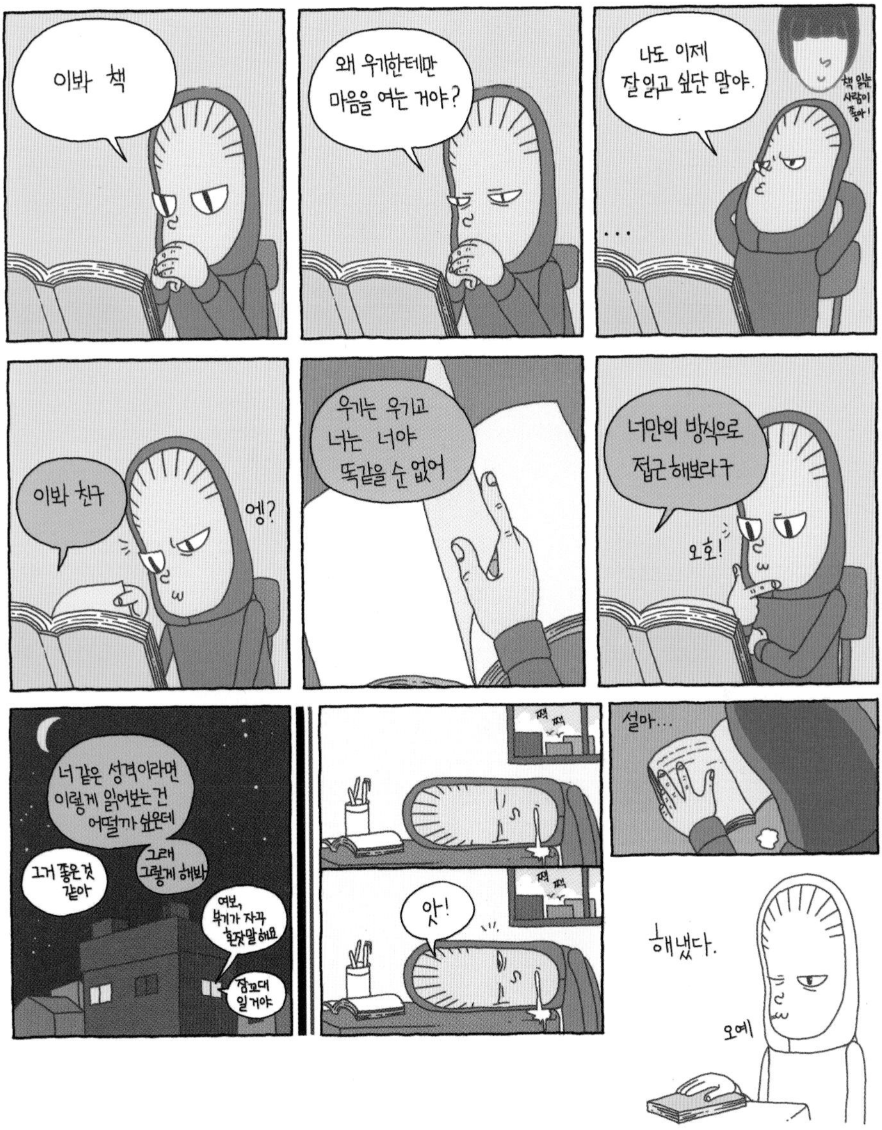
이봐 책
왜 우기한테만 마음을 여는 거야?
나도 이제 잘 읽고 싶단 말야.
책 읽는 사람이 좋아!
...
이봐 친구
엥?
우기는 우기고 너는 너야 똑같을 순 없어
너만의 방식으로 접근해보라구
오호!
너 같은 성격이라면 이렇게 읽어보는 건 어떨까 싶은데
그래 그렇게 해봐
그거 좋은 것 같아
여보, 부기가 자꾸 혼잣말 해요
잠꼬대 일 거야
짹 짹
짹 짹
앗!
설마...
해냈다.
오예

공부도 성격에 맞게

성격유형별 공부법

학자들은 연구를 통해 MBTI 성격유형 중에서도 특히 학습법에서 확연한 특징을 드러내는 성격유형을 따로 정리하였다. 다음 4가지 성격유형 중 자신에게 맞는 유형을 찾아서 맞춤 공부법을 시도해보자. 성격에 따라 공부하면 성적도 오른다, 팍팍!

감각·판단형(SJ): 복습 중심!

체계적이고 반복적으로 공부하라

특징 **숙제는 필히 엄수, 노트 정리는 달인의 경지, 준비물은 완벽하게.**
잘 짜인 수업 방식을 좋아하며, 선생님이 가르쳐준 내용을 절대적으로 따른다. 세부사항을 잘 기억하고, 단답형이나 선택형 문제에 강하다.

맞춤 공부법 **복습 중심으로! 질문 던지기!**

- 복습 중심으로 공부할 것.
- 체계적으로 정리하고, 단계별로 공부할 것.
- 무조건 과제를 하지 말고 주어진 과제가 어떤 의미가 있는지 먼저 생각해볼 것.
- 저자의 신념, 가치관, 주제의식이 무엇인지, 등장인물의 가치관과 행동의 동기는 무엇인지 질문을 던지고 답을 생각해볼 것.
- 세부적인 사항을 종합하여 전체적인 결론을 내리는 연습을 할 것.
- 여러 사건이나 주제의 공통점과 패턴을 찾는 연습을 할 것.
- 다양한 관점에서 주제를 탐색하는 질문을 던질 것.
  예〉 주인공의 관점에서, 반대편의 관점에서, 조연의 관점에서 등등 각 인물의 관점에 따라 생각하기.
  또는 저자의 관점에서, 저자와 반대의 관점에서 등등 다양한 입장에서 생각하기.

감각·인식형(SP): 체험 중심! 스터디그룹으로!

직접 체험하고 함께 공부하라

특징 **방에서 혼자 공부하는 건 질색. 사람들과 어울리는 걸 좋아하므로 공부도 스터디그룹을 적극 활용.**
한 곳에 오래 붙어 있길 힘들어하므로 다양한 체험학습을 하는 것이 좋다. 주로 예체능 방면에 재능이 있어서 손재주가 남다르고, 자연이나 동물에도 관심이 많기 때문에 그 방면으로 흥미를 불러일으키는 학습을 하는 게 효과적이다.

맞춤 공부법 **공부도 놀이처럼! 스터디그룹 활용!**

- 비유적, 상징적 표현보다는 구체적이고 정확한 표현을 더 잘 이해하므로, 구체적인 예를 많이 찾으면 이해가 빠름.
- 큰 제목을 먼저 읽어본 다음 세부적인 것으로 들어가는 방향으로 공부하는 것이 좋음.
- 영상, 그림, 잡지 등 다양한 시청각자료를 먼저 보고 난 후 책을 읽을 것.
- 몸을 움직여서 배우는 기회를 자주 가질 것.
- 자유로운 분위기의 공간에서 공부하는 것이 학습 효과가 높음.
- 배운 내용을 이야기하듯, 연설하듯, 연극하듯, 말로 다시 표현하면 효과 만점.
- 짧은 집중력을 감안하여 시간을 쪼개서 쓸 것.
- 과제가 너무 까다롭거나 양이 많으면 아예 포기해버리기 쉬우므로, 공부량을 적당히 조절하는 것이 좋음.

직관 · 감정형(NF): 예습 중심!

호기심을 자극하라

특징 **상상력 풍부, 연상작용 활발, 호기심 천국.**
좋아하는 과목과 싫어하는 과목의 성적 차이가 많이 나고, 수업 중에 딴생각을 잘 한다. 이는 모두 상상력 풍부한 호기심 천국이기 때문. 호기심이 아주 많아 새로운 것을 배우는 걸 좋아한다.

맞춤 공부법 **예습으로 호기심 자극하기!**

- 예습이 더 효과적인데, 예습을 할 때에는 흥미를 돋우는 선에서 그칠 것.
- 문학작품을 자주 읽을 것. 의미를 느끼도록 하는 문학작품은 학습 의욕을 솟도록 하는 효과가 있음.
- 다른 사람을 가르치거나 돕기 위한 학습을 하면 학습 동기가 더욱 고취됨.
- 따뜻한 정서적 교류가 흐르는 분위기에서 학습 효과가 높아지므로, 단짝이나 친숙한 소그룹과 함께 공부할 것.
- 틀에 매이지 않고 자기표현이 자유로운 분위기가 학습 효과를 높임.
- 조직화, 체계화가 약하므로 세부적인 사항들을 메모하면서 체계적으로 정리하는 습관을 들일 것.
- 수업내용을 녹화하여 다시 들으면 생각을 정리하는 데 도움이 되므로, 인터넷 강의 등 동영상 강의를 활용하여 반복 학습을 할 것.

직관 · 사고형(NT): 원인 따지기! 스스로 공부하기!

분석적으로 공부하라

특징 **깊이 파고들고 연구하는 것을 좋아함.**
새로운 공식을 적용해보는 걸 즐기며, 과학이나 물리 같은 추상적인 원리와 이론을 재미있어 한다. 학교 숙제도 자기가 하고 싶은 것은 독창적인 아이디어를 내서 전력투구하기 때문에 가끔 선생님을 놀라게 한다. 반면 자신의 호기심을 자극하는 내용이 아니면 누가 참견하거나 조언하는 것도 귀찮아하고 싫어한다. 그래서 열심히 공부하지 않는 원인을 살펴보면 그 과목의 공부 자체가 시시하게 느껴지기 때문인 경우도 많다. 그러다 보니 좋아하는 과목과 싫어하는 과목 간의 성적 차이가 아주 심할 수도 있다. 지적으로 유능해지는 것을 중요하게 여기며 독립적으로 계획을 세워 스스로 성취해나갈 수 있는 유형으로, 마음먹은 것은 끝까지 해낸다.

맞춤 공부법 **지적 호기심 자극하기!**

- 다양한 책과 자료를 읽으면서 지적 호기심을 자극하면 학습 의욕이 솟아남.
- 관심이 가는 한 가지 분야나 주제를 깊이 있게 탐구할 것.
- 달달 외우는 암기 과목보다는 새로운 원리를 입증하거나 논리적으로 자기 주장을 펴는 것을 좋아하므로 논설문 쓰기를 활용하면 학습 효과가 배가됨.
- 토론의 상대를 찾아 학습 내용을 정기적으로 대화로 나누면 효과 만점.
- 가르치는 입장에서 과제나 시험을 준비하면 효율성이 높아짐.
- 가끔은 경쟁적인 분위기에서 공부에 대한 동기와 의욕을 촉진시킬 것.
- 소설, 시, 연극 등을 자주 접하고 느낀 점을 대화로 나누면서 정서적인 교감을 쌓도록 할 것.
- 좋아하지 않은 과목에 대한 흥미를 불러일으킬 수 있는 책, 자료를 찾아볼 것.

네 멋대로 읽어라

네

[대명사] '너'에 주격 조사 '가' 나 보격 조사 '가'가 붙을 때의 형태.

멋대로 〔먿때-〕

[부사] 아무렇게나 하고 싶은 대로. 또는 제 마음대로.

읽다 〔익따〕

활용 〔읽어, 읽으니, 읽고[일꼬], 읽는[잉-], 읽지[익찌]〕

[동사] 1 글을 보고 그 음대로 소리 내어 말로써 나타내다. 2 글을 보고 거기에 담긴 뜻을 헤아려 알다. 3 경전 따위를 소리 내어 외다. 4 {작가의 이름을 목적어로 하여} 작가의 작품을 보다. 5 (비유적으로) 그림이나 소리 따위가 전하는 내용이나 뜻을 헤아려 알다. 6 글자의 음대로 말할 줄 아는 능력을 가지다. 7 어떤 대상이 갖는 성격을 이해하다. 8 어떤 상황이나 사태가 갖는 특징을 이해하다. 9 사람의 표정이나 행위 따위를 보고 뜻이나 마음을 알아차리다. 10 바둑이나 장기에서, 수를 생각하거나 상대편의 수를 헤아려 짐작하다. 11 컴퓨터의 프로그램이 디스크 따위에 든 정보를 가져와 그 내용을 파악하다.

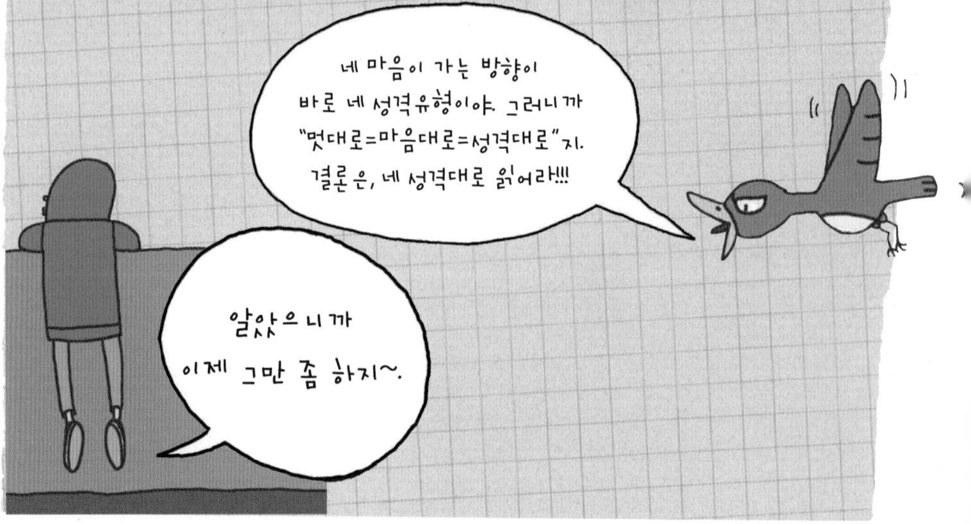

부기의 일기

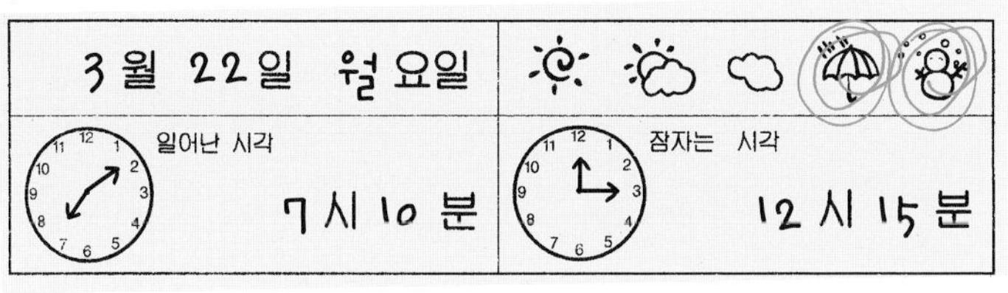

오늘은 독서쌤이랑 우기랑 함께 내 성격유형도 알아보고 그에 맞는 독서법도 알아보았다. 나에 대해서 알아가는 것도 쉽지만은 않았다. 평소 두뇌를 게임할 때만 썼더니(게임할 때는 뇌가 활동하는 게 아니라 정지해 있다는 충격적인 이야기를 들은 후 그나마 게임마저 자제하고 있었더니) 뇌가 퇴화한 걸까? 나에 대해 곰곰이 생각하는 것도 결코 만만한 일은 아니었다.

그런데 우기는 무척 재미있어 하는 것 같았다. 독서쌤과의 대화 중에 느낀 건데, 우기 그 녀석 언제부터인지 책도 꽤 읽기 시작한 것 같다. 어쩐지 나는 기분이 약간 우울해졌다.

내 성격유형을 알아본 후, 각 성격유형의 대표자들을 만났다. 이름만 들었던 유명한 인물들도 각자의 성격유형이 있고, 자기 성격유형에 맞는 독서법을 했다는 것이 무척 흥미로웠다. 책읽기를 통해 혁명에 눈을 뜬, 화끈한 성격의 모택동 아저씨, 수줍은 성격이지만 책을 통해 많은 것을 접하는 안철수 아저씨, 똑똑하진 않지만 끈기 있게 책을 읽어 인간승리를 이루신 김득신 할아버지, 책의 의미를 중요시하는 정약용 할아버지, 성격은 꼬장꼬장하지만 다양한 분야의 책을 읽고 쓰신 한용운 스님, 책을 통해 인생을 배웠다는 오프라 윈프리 아줌마, 읽은 책을 똑 부러지게 정리하는 정리의 달인 허균 할아버지, 동에 번쩍 서에 번쩍 책과 책을 연결하는 최한기 할아버지…….

오늘은 왠지 무척 많은 일을 한 것 같다. 나에 대해서도 많이 알게 되었고, 우기 녀석에 대해서도 많이 알게 되었다. (그 음흉한 녀석, 나도 책을 읽어야 할 것 같은 왠지 모를 자극을 받았다.) 그리고 많은 분들을 만났다. 어쩐지 그분들이 친근하게 느껴졌다. 그리고 아주 조금, 이런 마음이 들었다.

'나도 내 성격유형에 맞게 내 식대로 책을 읽어볼까?'

더불어 이런 상상도 하게 되었다.

'오늘 만난 여덟 분과 실제로 만나서 함께 책을 읽는다면 꽤 재미있겠는걸!'

아, 졸립다. 이제 꿈나라로 갈 시간이다.

나 먹을 건 어디 가고...
온통 책벌레뿐이구만!
야외수업
이다!
소풍인 줄
아냐!
선생님 건
없어?
음
쩝
쩝

이 책을 추천해!

① 외향형이 읽으면 좋아할 책

『아빠, 찰리가 그러는데요』1, 2 우르즐라 하우케 엮음 | 해나무 | 2002

호기심 많은 여덟 살 아들과 그저 그런 시시한 아저씨가 되어버린 아빠가 대화를 나누다! 진정한 가족애, 이웃 사랑, 참된 민주주의, 인권 등 다양한 문제들을 유머 있는 대화를 통해 들여다보게 한다. 다른 사람들과 이야기 나누길 좋아하는 외향형에게 강추!

② 내향형이 읽으면 좋아할 책

『생각을 모으는 사람』 모니카 페트 지음 | 안토니 보라틴스키 그림 | 풀빛 | 2001

생각을 모으는 아저씨가 세상의 온갖 생각들을 모은다. 아저씨가 모은 그 모든 생각들은 어떻게 될까? 생각을 정리하고 의미 있게 창조하여 즐기는 과정을 아름다운 그림과 함께 상징적으로 묘사했다. 신중하고 깊게 생각하길 좋아하는 내향형에게 강추!

③ 감각형이 읽으면 좋아할 책

『지식ⓔ』 시리즈 EBS 지식채널ⓔ 지음 | 북하우스 | 2007

5분 동안 펼쳐지는 강렬한 메시지와 영상으로 시청자들에게 깊은 인상을 남긴 EBS 프로그램 〈지식채널ⓔ〉가 책으로 탄생했다. 자연, 과학, 사회, 인물 등 여러 분야의 다양한 지식들이 이미지와 함께 간결하게 전달되면서 깊은 울림을 준다. 복잡한 내용보다는 간단하고 실제적인 내용을 좋아하는 감각형에게 강추!

④ 직관형이 읽으면 좋아할 책

『스키너의 심리상자 열기』 로렌 슬레이터 지음 | 에코의서재 | 2005

인간 심리와 본성에 관한 대담한 발견을 해낸 20세기 천재 학자들의 심리 실험 이야기. 심리학 역사에서 가장 혁신적이고 논쟁적인 10가지 실험이 펼쳐진다. 지적 호기심이 많은 직관형에게 강추!

5. 사고형이 읽으면 좋아할 책

『당나귀는 당나귀답게』 아지즈 네신 지음 | 푸른숲 | 2005

역설과 반전, 패러디와 풍자가 어우러진 독특한 스타일의 14편의 우화. 인간 사회의 부패와 부조리, 악습과 폐단을 예리하게 포착한 저자의 철학을 읽어내는 재미가 쏠쏠하다. 옳고 그름을 따지길 좋아하고 논리적으로 분석하길 즐기는 사고형에게 강추!

6. 감정형이 읽으면 좋아할 책

『나무소녀』 벤 마이켈슨 지음 | 양철북 | 2006

과테말라 내전의 소용돌이 속에서 희망의 끈을 놓지 않고 모진 시련을 꿋꿋하게 헤쳐나가는 마야 소녀의 실화를 바탕으로 쓴 소설. 사랑하는 가족과 이웃이 군인들에게 죽임을 당하는 장면을 목격한 가브리엘라가 죄책감과 두려움을 딛고 자신의 정체성을 찾아가는 과정이 감동적이다. 사람 사이의 관계를 중요하게 여기고 보편적인 공동선을 추구하길 좋아하는 감정형에게 강추!

7. 판단형이 읽으면 좋아할 책

『성공하는 10대들의 7가지 습관』 숀 코비 지음 | 김영사 | 2005

십대 후반 청소년을 위한 자기계발서. 십대에 세워야 할 원칙과 그것을 습관으로 만드는 방법을 소개한다. 목표를 수립하고 꾸준히 실천하는 걸 좋아하는 판단형에게 강추!

8. 인식형이 읽으면 좋아할 책

『세 바퀴로 가는 과학자전거』 강양구 지음 | 뿌리와이파리 | 2006

과학은 사회, 그리고 기술이라는 바퀴와 함께 굴러갈 때 제 역할을 할 수 있음을 말한다. 하나의 사건이 일어난 배후에 자본과 권력이 얽혀 있음을 설명하고 대안을 찾을 수 있는 방법을 제시한다. 다양한 관점에서 지식을 연결시켜 생각하길 좋아하는 인식형에게 강추!

5장

책으로 탐색해보는 나는 문과형? 이과형?

책·에·게·직·접·묻·다

"내가 문과형인지 이과형인지 알고 싶다면?"

우리도 고등학교 들어가면 문과 이과 정해야 하잖아. 부기 넌 문과? 이과?

무조건 너랑 다른 과.

^^;; 문과냐 이과냐에 따라

대학 입시 때 학과 선택에 영향을 미치고,

학과 선택에 따라 장래 직업 선택까지도 결정될 수 있어.

그러니까 문과 이과 결정은 그렇게 단순하게 생각할 문제가 절대 아니란다.

허걱!

진짜 신중하게 생각해야겠네요. 그런데 내가 문과형인지 이과형인지 어떻게 알 수 있어요?

과연 나는 문과형일까 이과형일까? 그것도 책을 통해 알아볼 수 있지롱~

해리 포터 VS 아이팟

먼저 문과형과 이과형의 대표주자를 만나볼까?
문과형으로 성공하려면 비결은 무엇일까?
이과형만의 성공 비밀은 어떤 것일까?
문과형과 이과형, 둘 사이에 통하는 비밀이 있다는데?
조앤 롤링과 스티브 잡스가 유형별 성공 노하우를 알려준대!

조앤 안녕하세요? 『해리 포터』 시리즈를 쓴 조앤 롤링입니다. 2000년 이후 한국에서 가장 많이 팔린 책이 『해리 포터』 시리즈라고 들었어요. 제 책을 사랑해주신 한국의 독자들에게 감사의 인사를 드립니다. 오늘은 아주 특별한 분과 가상대화를 하게 되었군요. 애플사의 회장님이신 스티브 잡스 씨, 반갑습니다.

스티브 안녕하세요? '아이팟'과 '아이폰', '아이 패드'로 여러분에게 많은 사랑을 받고 있는 스티브 잡스입니다. IT 강국인 한국의 청소년들을 만나게 되어 반갑고, 세계적인 작가 조앤 씨를 만나게 되어 정말 기쁩니다. 그런데 오늘 우리가 나누어야 할 이야기의 주제가 무엇인가요?

조앤 네, 제가 메일을 받기로는 "자기 직업에서 성공하려면 어떻게 해야 하는가?"이네요. 한데, 여기에 이렇게 덧붙여 있어요. "한국에서는 고등학교에 들어가면 문과와 이과 중 하나를 선택해야 합니다. 문과는 언어, 문학, 인문학, 사회과학 분야를 말하고, 이과는 자연과학, 공학, 의학 계열을 말합니다. 고등학교 때 문과 이과 중 어느 쪽을 선택하는가에 따라 대학에서 무엇을 전공할 것인지 정해지기 때문에 아주 중요합니다. 두 분은 각각 문과와 이과 분야에서 뛰어난 분들이시니, 자신이 선택한 분야에서 어떻게 성공할 수 있는지 두 분의 조언을 듣고 싶습니다."

스티브 그러니까 조앤 씨는 문과 대표인물이고, 저는 이과 대표인물로 선정되었군요. 요즘은 전 세계적으로 통합학문 시대로 가는 분위기인데, 한국은 아직도 문과와 이과로 나누어 교육과정이 짜여 있다니, 조금 당황스럽긴 하군요. 어찌됐든 우리의 대화가 한국 청소년들에게 도움이 되었으면 좋겠네요. 무슨 이야기부터 해볼까요?

조앤 제 이야기를 하자면, 저는 어려서부터 이야기를 아주 좋아했어요. 저희 어머니가 책을 무척 좋아하셔서 아마도 저는 엄마 뱃속에서부터 이야기를 들었을 거예요. 그렇게 이야기를 들으며 자라다 보니 어느새 저도 이야기꾼이 되었나봐요. 아파서 누워 있는 동생에게 제가 직접 이야기를 지어서 들려주었던 기억이 나요. 그때가 네 살 때였죠. 그리고 여섯 살 때 처음으로 동화를 썼는데 '토끼' 라는 제목이었어요. 물론 완전 모방작이었지요. 그런데 어머니는 그걸 읽으시고 "아주 잘 썼다. 굉장해! 정말 재미있구나!" 하시며 크게 칭찬을 해주셨어요. 그때 제가 그랬답니다. "엄마! 그럼 이걸 책으로 출판해주세요!" 그때부터 이미 저는 마음속으로 책을 출판할 꿈을 꾸었던 거예요.

스티브 저는 모든 장난감이 '기계'였

어요. 기계라고 하면 뭐든지 호기심이 생기고 눈길이 갔으니까요. 전기 소켓이며 라디오, 텔레비전 등을 분해하다가 고장 낸 적이 한두 번이 아니었죠. 제가 일곱 살 때였어요. 어느 날 아버지가 헌 냉장고를 집으로 가져오시더니 나에게 마음껏 분해해보라고 하셨어요. 정말 기뻤지요. 나중에는 동네 사람들이 제게 고장 난 기계를 가져와서 고쳐달라고 할 정도가 되었답니다.

조앤 어릴 때부터 우리 둘 다 자기가 좋아하는 것, 재미있어 하는 일에 푹 빠졌었군요. 저는 '책', 스티브 씨는 '기계'. 맞아요! 자기 직업에서 성공하려면 무엇보다도 자기가 좋아하는 일에 빠져야 돼요! 저는 틈만 나면 동화를 쓰고 무언가를 창작했거든요.

스티브 맞아요! 저는 한 번 기계를 붙들면 그 기계에 대해 완전히 알 때까지 자리에서 일어나지 않았어요. 열세 살 때 휴렛팩커드 사에 견학을 갔다가 컴퓨터에 빠져들기 시작했지요. 그때부터 저만의 컴퓨터를 만들 꿈을 꾸었어요. 제가 휴렛팩커드의 회장님에게 직접 전화를 걸어 부품을 달라고 했더니 회장님이 여섯 달 동안 아르바이트 자리를 주셨어요. 초등학교 6학년한테 말이지요.

조앤 정말 스티브 씨는 어려서부터 호기심과 용기가 대단했네요. 하지만 컴퓨터를 만들고 싶다는 생각만으로 컴퓨터가 실제로 만들어지지는 않잖아요. 완제품을 만들어내기까지 엄청난 집중력과 끈기가 필요했겠지요? 저 같은 경우도 『해리 포터』 1권부터 7권까지 구상에서 완성까지 무려 7년의 시간이 걸렸어요.

스티브 그렇죠. 생각만으로는 아무것도 이룰 수 없죠. 그 생각을 현실로 만들어내는 데에는 남들이 뭐라 하든 부딪혀 보는 도전정신과 용기, 그리고 목표를 이룰 때까지 멈추지 않는 집중력과 끈기가 필요하지요.

조앤 거기에 한 가지 덧붙이자면, 저는 스티브 씨가 남과 다른 생각을 했기 때문에 오늘의 성공을 거머쥐었다고 생각해요. 1970년대에 '컴퓨터' 라고 하면 모두들 회사에서 업무용으로 쓰는 것만 생각했지 집에서 개인용 컴퓨터를 사용하는 것은 상상도 하지 못했잖아요?

스티브 그렇죠. 그때 저는 '개인용 컴퓨터' 라는 새로운 아이디어를 생각했고, 그것을 현실화하기 위해 개발에 몰두했죠. 흔히들 이과생은 수학을 잘하고 논리적이면 된다고 생각들 하는데, 오히려 모든 공학도, 즉 이과생에게 가장 필요한 자세는 바로 남과 다르게 사고할 줄 알아야 한다는 점입니다. 그리고 그런 생각을 생각만으로 끝내지 않고 도전해보는 도전정신이 무엇보다 필요합니다. 그런데 도전에는 용기와 확신이 따라야 해요. 실패를 두려워하지 않아야 하죠. 제가 개인용 컴퓨터를 만들어서 수많은 회사를 방문하며 투자자를 찾았지만 매번 거절당한 것 알고 계시죠? 하지만 저는 포기하지 않았습니다. 그리고 결국 뜻을 이루었지요. 애플 사에서 쫓겨나다시피 했을 때에도 저는 좌절하지 않았어요. 오히려 새로운 곳에 눈을 돌렸지요. 픽사를 만들었고 처음으로 컴퓨터를 이용해서 애니메이션을 만드는 데 성공했죠. '남과 다르게 생각하기', '기존의 질서와 다른 사고를 하기'가 얼마나 중요한지를 입증한 것이지요.

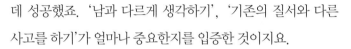

조앤 그럼요! 저 역시 처음 책을 출판하려고 했을 때 정말 쉽지 않았어요. 사실 소설을 쓰면서도 '내가 쓴 소설이 대중에게 과연 사랑받을 수 있을까', '이쯤에서 그만둘까' 등등 온갖 부정적인 생각이 들 때도 많았어요. 그때마다 여동생이 용기를 주었죠. 스스로에 대한 확신이 없었다면『해리 포터』를 끝까지 완성할 수 없었을 거예요. 아, 그러고 보니 스티브 씨가 2005년 스탠퍼드대학 졸업식에 초청되어 연설한 내용도 자신의 마음을 따라갈 수 있는 자신감을 가지고 자신이 무엇을 좋아하는지를 반드시 찾아내라는 거였죠.

Stay hungry, Stay foolish!

스티브 잡스는 자신이 개발한 제품을 설명하는 프레젠테이션을 기가 막히게 잘하는 걸로도 유명해. 기발한 아이디어와 유려한 연설로 청중을 쥐락펴락하지. 특히 2005년 스탠퍼드대학교 졸업식 축사는 정말 감동적인 연설이었어. 짧고 간결하지만 스티브 잡스의 인생과 철학이 고스란히 전달되었지. 스티브 잡스는 "Stay hungry, Stay foolish!" 라는 말로 축사를 마무리했는데 이 말은 유행어가 될 정도로 강렬한 인상을 남겼어. 축사 전문과 동영상을 인터넷에서 쉽게 찾을 수 있으니 꼭 한번 읽어보도록 해.

스티브 믿음과 열정이 가장 중요하죠. 동시에 공학도는 치밀하고 정교한 자질도 있어야 해요. 꼼꼼하게 설계도를 설계해야 하고, 하루종일 기계에 매달려서 작업을 해야 하기 때문에 끈기 없이는 어렵지요. 저는 최고 경영자가 된 지금도 제품의 컨셉 단계에서부터 최종 공정까지 모든 과정을 체크합니다. 제품의 로고, 패키지 디자인, 프레젠테이션 등 세심한 부분까지 꼼꼼하게 살필 줄 알아야 진정한 엔지니어라고 할 수 있어요. 그런데 조앤 씨의 소설도 엔지니어 못지않게 치밀하고 정교하던데요!

조앤 제 소설은 그 분량만큼이나 수많은 등장인물이 등장하죠. 저는 등장인물의 이름을 지을 때에 그동안 읽었던 수많은 책들과 주변 인물들, 가게 간판, 전화번호부, 심지어 범죄 인명부까지 뒤졌어요. 스티브 씨가 기계의 부품 하나를 고를 때에도 신중한 것처럼, 저 역시 소설 속 인물의 이미지를 어떻게 창조해낼 것인지 고민에 고민을 거듭하죠. 마법세계에 대해 묘사할 때에도 수많은 마술책들을 읽으며 구상을 했고요. 호그와트 마법학교의 규칙들은 모두 저의 상상을 통해 탄생한 것들이지만 그 밑바탕은 이런 자료 조사와 독서를 통해 치밀하게 계산된 것이랍니다.

스티브 저도 호그와트 마법학교를 묘사한 대목을 읽으면서 마치 건축설계자가 그린 멋진 건축물을 보는 것 같다는 생각이 들었어요. 마법에 관한 여러 규칙들, 퀴디치에 관한 설명, 약제의 효능들은 마치 게임 소프트웨어처럼 정밀하게 짜여 있다는 느낌을 받았어요. 자유로운 상상력 속에 대단히 조직적인 사고체계가 담겨 있다는 생각이 들어요.

조앤 이제 정리를 해볼까요? 이과형인 스티브 씨가 성공할 수 있었던 비결은

첫째, 자신이 호기심을 가지고 좋아하는 분야에 몰입하라. 자신이 가장 잘할 수 있는 분야를 찾아내어 그 일에 몰입하라.

둘째, 남과 다른 생각을 하라. 기존의 질서와 철저히 다른 사고를 하라.

셋째, 도전정신을 가져라. 남이 가지 않는 길을 가려면 실패를 두려워하지 않는 도전정신이 필요하다.

넷째, 치밀함, 정교함, 꼼꼼함은 필수이다. 엔지니어는 치밀함을 바탕으로 자신의 기술력을 과시하는 것이다.

스티브 씨, 제가 잘 정리했나요?

스티브 네. 훌륭하네요. 이번엔 제가 문과형인 조앤 씨가 성공할 수 있었던 비결을 정리해볼까요?

첫째, 자신이 재미있어 하는 일에 몰입하고 자주 실행에 옮겨보라. 조앤처럼 책을 좋아한다면 책을 읽고 나서 다른 사람에게 들려주거나 이야기를 짓는 식으로 응용하고 적용하라.

둘째, 독서를 바탕으로 마음껏 상상하고 그것을 이야기로 지어보라. 머릿속으로 그려본 것들을 언어로 표현하면 멋진 소설이 된다.

셋째, 두려워하지 말고 자신감을 가져라. 내가 좋아서 하는 일이라면 그 결과물을 다른 사람들도 좋아할 거라는 믿음을 가지라.

넷째, 자신의 배경지식과 주변의 정보를 최대한 활용하여 정교하게 구성하라. 주변에 널려 있는 수많은 정보들을 재구성하여 자기만의 창작물을 만들라.

조앤 이렇게 정리를 하고 보니, 문과형이나 이과형이나 공통점이 많군요. 결국 실패를 두려워하지 말고 계속 실행해보는 것, 결과물을 완성하기까지 열정과 끈기와 집중력이 필요하다는 것이네요. 노력 없이 작품이 나오지는 않지요. 하지만 가장 중요한 것은 역시 꿈을 꾸는 것이라고 생각해요. 우리가 미래에 대해 꿈을 꾸지 않았다면 오늘의 저나 스티브 씨가 존재하지 않았겠지요.

스티브 마지막으로 한 가지, 한국의 청소년들에게 꼭 해주고 싶은 말이 있답니다. 자신의 생각을 사람들에게 표현할 줄 아는 능력을 키우라는 것입니다. 이과형이든 문과형이든 자신의 기술과 아이디어를 누군가에게 소개할 때에 그것을 설득력 있게 설명할 수 있는 표현력이 매우 중요합니다. 그리고 다양한 조직 안에서 다른 사람과 좋은 관계를 맺는 능력도 아주 중요합니다. 이런 능력은 하루아침에 형성되는 것이 아니므로 청소년 시기에 많은 경험과 책을 통해 꾸준히 기르시길 빕니다. 인간과 사회를 바라보는 가치관, 상상력, 분석력, 조직력, 설득력과 같은 중요한 사고능력은 책을 많이 읽음으로써 길러지니까요. 그러니 문과든 이과든 결국은 책을 통해야 성공의 자질을 기를 수 있답니다. 자, 그럼 모두들 파이팅!

문과냐 이과냐 그것이 문제로다

"저는 문과, 이과 중 어느 쪽이 맞을까요?"
"이과를 가려면 꼭
수학을 잘해야 하나요?"
"나중에 취직 잘 되려면 문과 이과 중
어디가 더 낫나요?"

문과냐? 이과냐?
어디로 갈 것이냐?
대강 결정? 큰코다침!
성적에 따라? NO!
꿈을 좇아서? YES!

알쏭달쏭 갈팡질팡, 고등학교 1학년 2학기가 되면 둘 중 하나를 반드시 선택해야 하는 갈림길. 문과냐? 이과냐? 그것이 문제로다.

그냥 내키는 대로 선택하는 건 **절. 대. 금. 물.**

문과와 이과 둘 중 어디를 선택하느냐에 따라 대학 입시에서 전공 선택이 갈리지. 그리고 대학에서의 전공은 장래의 직업 선택과 연결될 가능성이 매우 높고.

아직까지 한국의 현실이 이러하니, 고등학교 1학년 때 결정하는 문과 이과 선택은 앞으로 살아갈 방향을 정하는 것이라고 해도 과언이 아니야.

이렇게 중요한 문과 이과 선택. 그렇다면 어떻게 해야 후회 없는 선택을 할 수 있을까? 다음 세 명의 선배들 이야기에 귀를 기울여봐!

한번 믿어봐!!!

문과인지
이과인지
콕 집어 알려달라고?
어쩐지 믿음이 안 간다…

성적 맞춰 선택했다가…… 나성적

이름 나성적 (21세)
학교 이과대학 수학과 2학년
특징 고등학교 때 수학 성적 괜찮은 것 하나 믿고 이과 선택. 자연스럽게 대학 전공도 수학과를 선택했다가 현재 땅을 치며 후회하고 있음. 고딩 수학과 대학 수학은 완전히 달라부러~ 내 성적 돌리도~

인생의 어느 시점으로 돌아가고 싶으냐고 묻는다면, 난 주저 없이 고딩 1학년 때라고 대답하지. 그때 문과 이과를 그렇게 쉽게 선택하는 게 아니었는데……. 문과 이과가 어떻게 다른지, 나한테 어느 쪽이 더 맞는지, 생각해본 적도 없고 누가 가르쳐준 적도 없는데 갑자기 문과와 이과 둘 중 하나를 선택하라는 거야. 흔히들 말하잖아. 국어 성적이 좋으면 문과, 수학 성적이 좋으면 이과 가라고. 내가 그때까지 수학 성적이 괜찮았거든. 그래서 그냥 이과를 선택했지. 그리고 자연스럽게 대학도 이공계 중 수학과에 오게 됐고.

근데 웬걸! 고딩 때 수학과 대학 수학은 완전 딴판이야. 고딩 땐 수학공식 달달 외워서 풀면 얼추 성적이 나왔는데, 지금은 그 공식이 도출되는 과정을 논하래. 외우는 게 아니라 증명을 하라는데, 아주 미치고 팔짝 뛸 노릇이야. 명색이 대딩인데도 수업시간마다 문제풀이 걸릴까봐 벌벌 떠는 굴욕이라니…… 아무래도 난 수학과가 맞지 않는 것 같아. ㅜ.ㅜ 이봐 후배들, 성적만으로 문과 이과 선택하는 거, 신중히 생각하라고!

엄마가 여자는 자고로 선생님 되는 게 최고라며 문과 가라고 해서…… 고취업

이름 고취업(20세)

학교 생님대학 교육학과 1학년

특징 별 생각도 없고, 꿈도 없고, 내가 뭘 하고 싶은지, 뭘 잘 하는지도 모르겠고…… 그래서 아무 생각 없이 엄마가 시키는 대로 했다가 뒤늦게 "내 인생 돌리도!"를 외치고 있는 마마걸.

성적도 고만고만, 딱히 잘하는 것도, 그렇다고 딱히 못하는 것도 없이, 무난하게 살아온 내 인생. 그런데 고딩 1학년, 순진무구하기만 하던(솔직히 말하자면 생각 없이 멍 때리고 있던) 나에게 선택의 순간이 온 거야. 문과를 갈 것이냐 이과를 갈 것이냐. 갈피를 못 잡고 우왕좌왕하는 나에게 계시처럼 내려온 어머니의 말씀. "여자는 자고로 선생님 되는 게 최고다. 그러니까 문과로 가!" 네, 어마마마. 옛말에도 있잖아. 엄마 말 잘 듣는 사람치고 잘못된 사람 없다고. 난 문과에 가서 그럭저럭 적응했고 대학 입시 때도 교육학과를 선택했지.

그런데 요즘 들어 이런저런 생각이 많아졌어. 학과 동기들을 보면, 어릴 때부터 선생님 되는 게 꿈이었던 친구들이 대부분이거든. 자신의 꿈을 좇아 대학에 온 친구들과 이야기를 하다 보면 '내 꿈은 뭘까?', '난 정말 선생님이 되고 싶은 걸까?' 별별 생각이 다 들어. 이미 대학까지 들어와서 뒤늦은 후회라고? 아니, 지금부터라도 내가 진짜 원하는 게 무엇일까

진지하게 고민해보려고 해.

후배들아, 문과냐 이과냐 선택하기 전에 먼저 네 꿈이 무엇인지, 너는 무엇이 되고 싶은지, 네가 원하는 삶은 어떤 것인지를 진지하게 생각해봐. 옛말이 틀린 것도 있더라고. 엄마 말 듣는 것보다 더 중요한 건 네 마음의 소리를 듣는 거야.

의사 되면 돈 많이 벌고 잘 먹고 잘살 것 같아서…… 마성공

이름 마성공(23세)
학교 세상대학 의과대 본과 2학년
특징 '돈 많이 벌어 잘 먹고 잘살자!' 라는 인생관을 가지고 있음. 공부를 웬만큼 한 덕에 의대에 입학은 했는데, 막상 의과대학 공부가 너무 힘들고 어렵고 적성에 맞지 않아 쩔쩔매고 있음.

어릴 때부터 나는 의사가 되고 싶었어. 하얀 가운을 입고 아픈 사람들을 치료해주는 모습이 멋있어 보였거든. 게다가 돈도 많이 벌잖아. 의사들이 나오는 드라마를 보면서 내 마음은 더욱 확고해졌지. 문과 이과를 선택할 때에도 나는 전혀 망설임이 없었어. 의사가 되기 위해서는 이과를 선택하는 게 당연했기 때문에. 게다가 내가 공부도 꽤 잘했거든.

남들이 부러워하는 의대에 합격해서 당당히 의대생이 된 나. 하지만 지난 4년을 돌아보면…… 정말 눈물이 앞을 가려.

끝도 없이 쏟아지는 공부 공부 공부. 고딩은 비교도 안 될 만큼 공부할 양이 엄청나더군. 게다가 해부실! 정말이지 공포 그 자체야. 지금은 구토가 올라오는 건 많이 나아졌지만 말이야. 억지로 억지로 버티고 있긴 하지만, 요즘 나는 이런 생각이 들어.

'꼭 돈을 많이 벌어야만 성공인 걸까?'

'내가 진짜 원하는 성공은 어쩌면 다른 게 아닐까?'

'진정한 성공'은 사람마다 다를 수 있다는 걸 뒤늦게 깨달은 거야.

이봐, 후배들. 어른들이 말하는 성공적인 직업을 염두에 두고 문과 이과를 선택하려고 하니? 그렇다면 다시 한번 스스로에게 물어봐. '세상이 말하는 성공'과 '내가 생각하는 성공'이 같은지 말이야. 아, 과연 내가 행복하고 즐겁고 가치 있게 여기는 진짜 성공은 무엇일까? (그나저나 다음 시간 또 시험인데, 아직 반도 못 봤어. ㅜ.ㅡ)

알쏭달쏭 갈팡질팡 문과냐 이과냐 퀴즈!

후회 없는 문과 이과 선택법

자, 이토록 중요한 문과 이과 선택.
과연 나는 문과 이과 선택법에 대해 얼마나 알고 있을까?
후회 없는 문과 이과 선택을 고민하기 전에
먼저 당신의 상식을 체크해보자.
알쏭달쏭 갈팡질팡 문과냐 이과냐 퀴즈!

알쏭달쏭 OX 퀴즈

1. 그래도 수학을 잘하면 이과, 국어를 잘하면 문과를 가는 게 맞다. (　　)
2. 문과 이과를 선택할 때 중요하게 고려해야 할 점은 '성적'이다. (　　)
3. '직업'을 먼저 생각하고 그에 맞춰 문과 이과를 선택하는 게 좋다. (　　)
4. 문과 이과를 선택할 때 가장 먼저 고려해야 할 점은 '꿈'이다. (　　)

알쏭달쏭 OX 퀴즈 정답

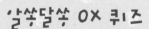

1. × 그렇게 얘기해도 못 알아듣겠니? 고딩 때 배우는 수학·국어와, 대학에서 배우는 수학·국어는 그 차원이 완전히 다르다는 걸. '수학 성적 → 이과, 국어 성적 → 문과'라는 단순 패턴으로 선택했다가 큰코다쳐! 나성적 선배의 절절한 하소연을 다시 한번 마음에 새기도록!
2. × 1번과 마찬가지야. 성적 따라 이과 문과 선택했다가 정작 대학 들어가서 적성 안 맞는다며 죽상하고 다니는 사람들 부지기수야. 나성적 선배와 마성공 선배의 처절한 외침을 다시 한번 읽어볼 것!
3. △ 반은 맞고 반은 틀려. 그 직업이 진정한 너의 꿈이라면, 직업에 맞춰 문과 이과를 선택하는 게 맞아. 그렇지 않고 단지 돈 잘 버는 직업, 안정적인 직업, 잘나가는 직업에 맞춰서 문과 이과

~~후회막심 문과 이과 선택법~~

수학을 잘하냐 국어를 잘하냐
성적에 따라 문과 이과 결정

⇩

문과 이과에 따라 대학 전공 결정

⇩

전공에 따라 미래 직업 결정

"어? 이 길이 아닌가벼!!!"

후회 없는 문과 이과 선택법

나는 미래에 무엇을 하고 싶은가
꿈 결정

⇩

꿈에 따라 원하는 직업 결정

⇩

그 직업과 관련된 대학 전공 학과 탐색

⇩

그 학과에 따라 문과 이과 결정

⇩

입시에 필요한 성적 체크

⇩

공부계획 수립

"아자! 내 꿈을 향한 열공 의지가 샘솟는구나!"

를 선택했다가는 나중에 크게 후회할 수도 있어. 아무리 돈을 많이 벌어도, 아무리 안정적이어도, 아무리 잘나간다고 남들이 인정해줘도, 막상 너 자신은 그 일이 재미없고 의미 없고 그래서 매일매일 회사 가는 게 지옥행 급행열차를 타러 가는 기분이라면? 마성공 선배가 피눈물 흘리며 후회하는 거 듣고도 몰라?

4. ○ 그래! 이제 감이 오냐? 문과 이과를 선택할 때 가장 먼저 고려해야 할 점은 네가 미래에 실현하고 싶은 꿈이 무엇이냐 하는 점이야. '어떤 일을 하고 싶은가?', '어떤 일을 할 때 즐겁고 행복한가?'를 먼저 생각해. 그 다음 네 꿈에 맞는 분야가 문과인지 이과인지를 생각하는 것, 이것이 바로 후회 없는 문과 이과 선택법이라는 사실, 가슴에 꼭꼭 새겨!

난 문과형일까? 이과형일까?

문과와 이과, 어떻게 선택해야 할지에 대해 지금까지 알아봤어.
왜 독서쌤이 문과 이과 선택에 앞서서 더 중요한 건
'너 자신'을 아는 거라고 말했는지, 이제 그 깊은 뜻을 알겠지?
진로 선택에서 가장 중요한 건 너에게 맞는 길을 찾는 거야.

그러니까 너에게 어떤 길이 맞는지를 먼저 알고 나서
문과든 이과든 선택해야 하는 거지.
그렇다면 과연 너는 문과형일까?
이과형일까?
본격적으로 탐색해볼까?

자, 그럼 이제부터 부기와 우기가 과연 문과형인지 이과형인지 본격적으로 알아볼까?

어떻게요?

우리 옆집의 고딩 형은 점집에 가서 물어봤대. 그 도사님이 형한테 "사주팔자를 보니 너는 이공계에 가서 성공하는 사주야. 그러니까 이과 가!" 그러더래.

그래서 이과 갔대?

그 말을 믿어야 할지 말아야 할지 오히려 더 고민된다고 하더라고.

참 안타깝게도, 자신의 미래가 궁금하고 진로에 대해 상담은 하고 싶은데 어떻게 해야 할지 몰라 헤매는 아이들을 선생님도 많이 봐왔단다. 너희들은 쌤을 만난 걸 행운으로 생각해야 해. 알았냐? 부기 우기?

-_-;

대학생들을 대상으로 현재 재학 중인 학과에 만족하는지 설문조사를 실시했는데, 무려 30퍼센트 이상의 학생들이 자신이 선택한 학과에 만족하지 않는다고 대답했어. 만족하지 않는 가장 큰 이유가 뭐였는지 아니?

선생님이 마음에 안 들어서?

예쁜 여자애들이 없어서?

^^;; "내 적성에 안 맞는다"라는 게 가장 큰 이유였어. 이 조사에서 우리는 중요한 사실을 하나 알 수 있지.

???

진로를 생각할 때 제일 먼저 고려해야 하는 건 바로 '적성'이라는 거야! '나는 어떤 일을 할 때 즐겁고 행복한가?', '나는 무엇에 재미를 느끼는가?' 이걸 먼저 알아야 한다는 거지. 자, 그럼 이제부터 각자 자신의 적성이 무엇인지 알아볼까? 적성을 알면 문과형인지 이과형인지는 자연스럽게 답이 나오니까 말이야. 준비됐냐? 부기? 우기?

넵!

여기서, 깜짝 추천!

그러니까 결론은, 문과 이과를 정하려면 성적보다 먼저 고려해야 할 것이 바로 '내가 미래에 가장 실현하고 싶은 꿈이 무엇인가?'라는 것이다. 구체적으로 말하면, '어떤 직업을 가지고 싶은가?', '어떤 일을 하고 싶은가?'를 먼저 생각하라는 말이다. 그런데 세상에 어떤 직업이 있는지, 그리고 그 직업은 어떤 일을 하는지 알아야 그 일을 내가 하고 싶은지 아닌지도 결정할 것 아닌가. 목마른 사람이 우물을 파는 법이다. 내 인생이니 적극성을 발휘해보자. 조금만 찾아보면 다양한 직업에 대한 정보를 얻을 수 있는 곳이 아주 많다.

어세스타(한국심리검사연구소) www.assesta.com
온라인으로 진로탐색검사를 할 수 있고, 전문가에게 상담도 받을 수 있다.

워크넷 www.work.go.kr
온라인으로 직업심리검사를 받아볼 수 있다. 직업탐색 코너가 있어서 직업정보를 검색할 수 있다.

커리어넷 www.careernet.re.kr
직업에 대한 다양한 정보는 물론 직업에 대한 동영상 자료도 볼 수 있다. 연령대별로 진로탐색검사를 온라인으로 받고 상담할 수 있다.

한국직업정보시스템 know.work.go.kr
흥미, 지식, 업무수행능력을 선택하면 자신에게 맞는 직업을 탐색해볼 수 있도록 되어 있다. 현장에서 일하고 있는 직업인들을 대상으로 실시한 설문조사를 바탕으로 해당 직업에 필요한 능력과 적성도 알려준다.

주의사항 단, 진로상담소나 홈페이지를 이용할 때에도 어디까지나 그것은 조언일 뿐 최종 선택은 자신이 해야 한다는 것을 명심할 것. 상담은 상담일 뿐, 오해하지 말자!

Yes or No!

나는 문과? 너는 이과?

문과형인지 이과형인지 알아보는 것은 너에게 맞는 진로를 탐색하는 데 도움을 주기 위해서야. 이 점을 명심하면서, 나는 과연 문과형일지 이과형일지 체크해볼까? 자기 마음의 소리를 따라가봐.

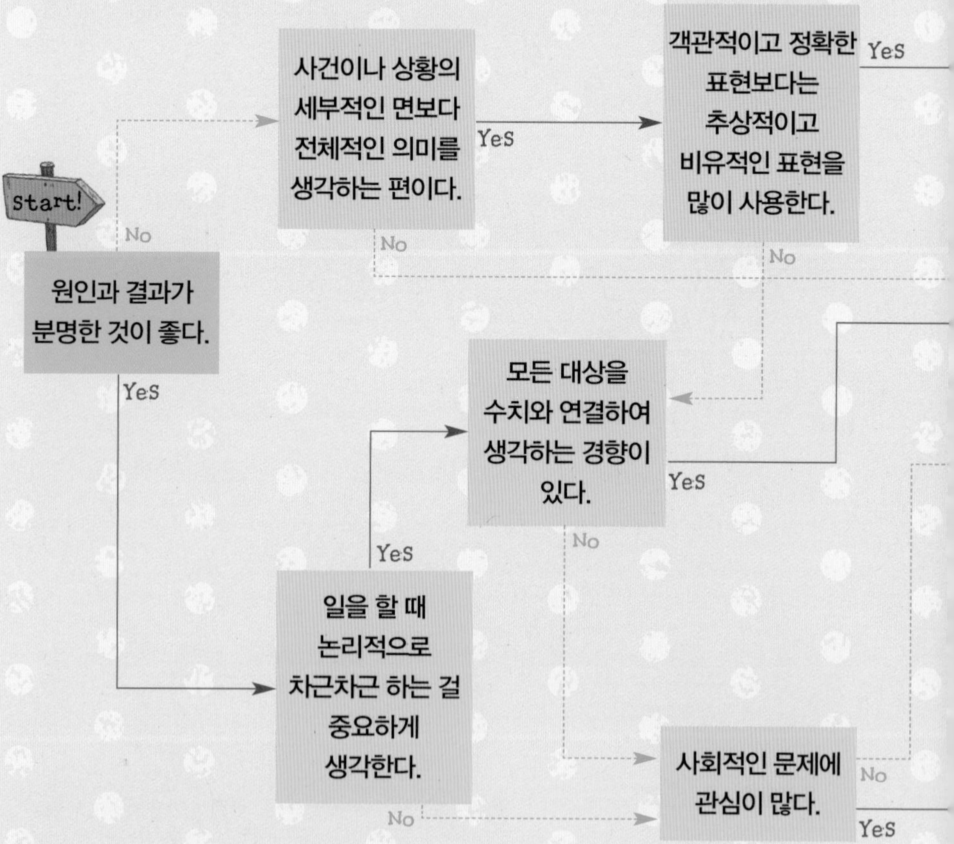
Start!
원인과 결과가 분명한 것이 좋다.
Yes
No
사건이나 상황의 세부적인 면보다 전체적인 의미를 생각하는 편이다.
Yes
No
객관적이고 정확한 표현보다는 추상적이고 비유적인 표현을 많이 사용한다.
Yes
No
모든 대상을 수치와 연결하여 생각하는 경향이 있다.
Yes
No
일을 할 때 논리적으로 차근차근 하는 걸 중요하게 생각한다.
Yes
No
사회적인 문제에 관심이 많다.
No
Yes

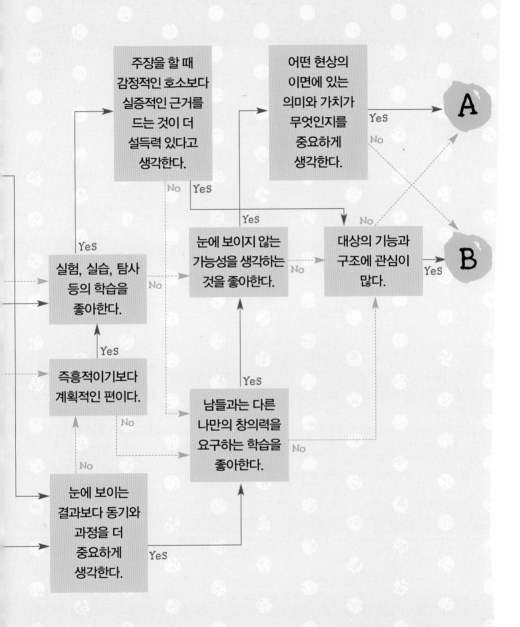

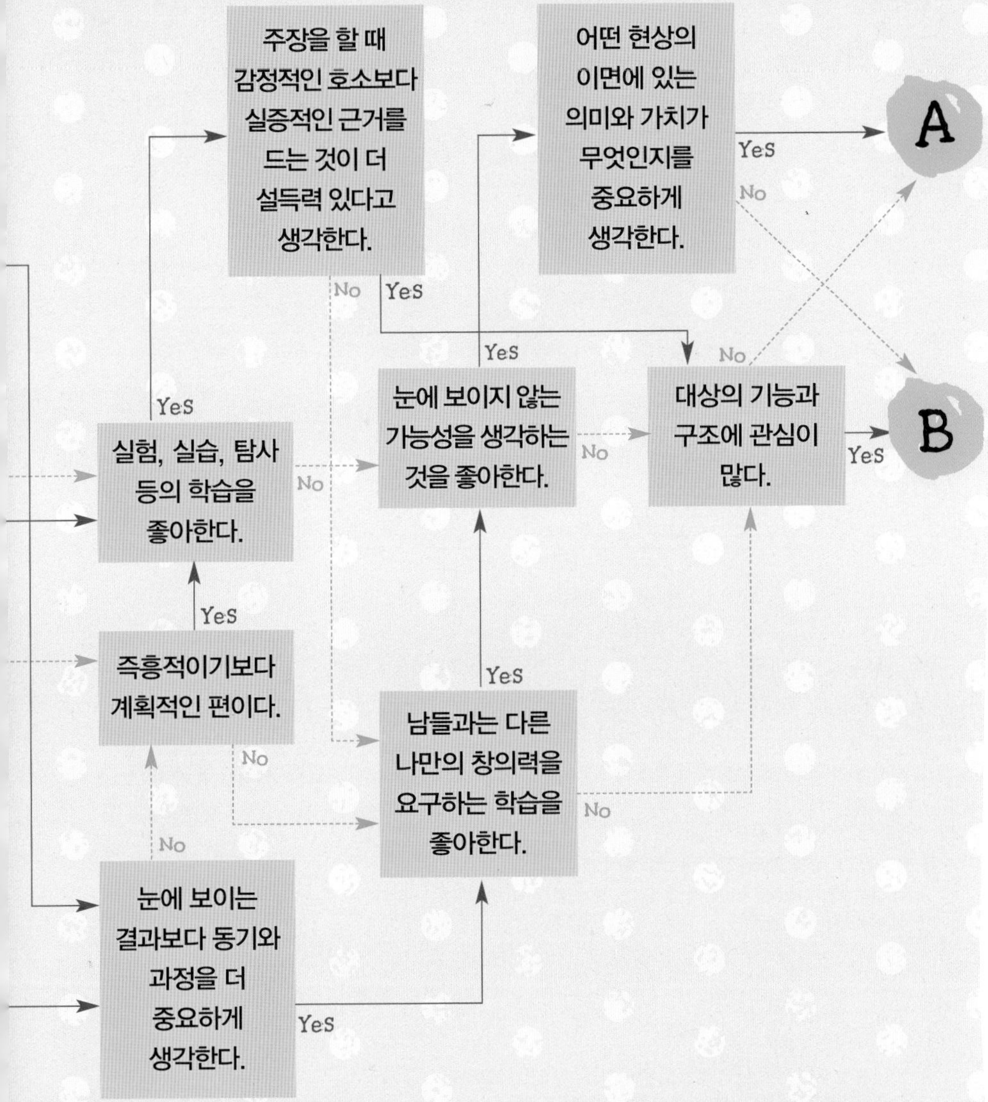
주장을 할 때 감정적인 호소보다 실증적인 근거를 드는 것이 더 설득력 있다고 생각한다.
어떤 현상의 이면에 있는 의미와 가치가 무엇인지를 중요하게 생각한다.
A
B
Yes
No
눈에 보이지 않는 가능성을 생각하는 것을 좋아한다.
대상의 기능과 구조에 관심이 많다.
실험, 실습, 탐사 등의 학습을 좋아한다.
즉흥적이기보다 계획적인 편이다.
남들과는 다른 나만의 창의력을 요구하는 학습을 좋아한다.
눈에 보이는 결과보다 동기와 과정을 더 중요하게 생각한다.

이제는 알겠다!

A는 문과형, B는 이과형

잃어버렸던 **형**을 찾았습니다!

WANTED
난 문과형
부기야 기뻐해라!
15년간 몰랐던 너의 형을 드디어 찾았다!
어서 마음잡고 제정신 돌아오기 바란다!

★ 자료 수집, 조사, 사색을 통해 객관적, 합리적, 논리적인 이론을 정립하는 학문인 문과가 더 어울리는 문과형.

★ 생긴 것답지 않게 풍부한 경험과 감성을 추구함.

★ 부분이나 세부보다는 전체와 연관지어 종합적으로 해석하려고 함. (우기 말로는 어리바리하고 불성실한 성격으로 부분과 세부를 꼼꼼하게 챙기지 않고 뛰엄뛰엄 보는 것이라고 하지만, 부기 본인은 나무가 아니라 숲을 보는 것이라며 강하게 반발함.)

★ 어떤 사실이나 현상을 볼 때, 그 이면에 담긴 내면의 동기, 의미, 가치가 무엇인지를 더 중요하게 생각함.

★ 창의력을 요하는 학습을 좋아함. '남과 다르게', '기존의 방법과는 다르게'가 모토임. 평소 부기가 독서쌤 말에 딴지를 많이 거는 것은 성격이 까칠하기 때문이 아니라 다르고 새로운 걸 추구하는 문과형이기 때문(이라는 것이 부기 본인의 주장임).

★ 자신에게 주어진 사회적 역할을 중요하게 여기고 사회적 문제를 해결하는 데에 관심이 많음. (부기가 독서반 차기 부장을 노리고 있다는 우기의 증언이 있었음.)

★ 문과는 인간과 사회에 대한 본질과 의미를 밝히는 학문이기 때문에 각 개인의 가치관이나 다양한 철학적 개념에 대해 적극적으로 해석하려는 노력이 필요함.

WANTED
난 이과형
우기야 웬일이냐!
15년간 잃어버렸던 너의 형을 찾았다!
본인이 미남형이라는 착각은
이제 그만 버려라!

★ 실험기구, 기계, 생물 등을 매개로 조작, 응용, 실험을 통해 새로운 발견이나 발명을 추구하는 학문인 이과가 더 어울리는 이과형.

★ (속을 알 수 없는 평소의 표정과는 달리,) 모호하고 추상적인 것보다는 원인과 결과가 분명하게 드러나는 것을 좋아함.

★ (독서쌤의 설명을 차근차근 따라오는 모습에서 알 수 있듯이,) 일을 할 때 논리적이고 분석적으로 하는 것을 중요하게 생각함.

★ 모든 대상을 수치와 연관지어 판단하려는 경향이 있음. (빌린 돈을 은근슬쩍 눙치려는 부기의 시도도 우기의 정확한 숫자관념으로 인해 매번 좌절됨.)

★ 정확하고 객관적인 표현을 즐겨 씀. (간혹 부기에게 직설적이라고 핀잔을 듣기도 하지만, 자신의 솔직담백한 직언 덕에 그나마 부기가 이만큼 사람 된 거라고 우기 스스로는 굳게 믿고 있음.)

★ 대상이 가지고 있는 구조와 기능에 관심이 많음. (눈을 뜬 건지 감은 건지 모를 정도로 작은 눈이지만 입체적 구조를 의외로 잘 파악함.)

★ 실험, 실습, 탐사 등의 학습을 선호함. (독서쌤이 추천하는 독서법이나 책도 본인이 직접 적용해보고 나서야 그 효과를 인정하는 철저한 면이 있어서, 독서쌤도 우기 앞에서는 은근히 긴장한다는 소문이 있음.)

★ 이과는 사물에 대한 본질과 법칙을 파헤쳐 새로운 걸 창출하는 학문이기 때문에 법칙이 도출될 때까지 실험과 실습을 거듭하는 끈기가 필요함.

부기야 우기야, 미남형이 아니어도 용서하마. 영재형이 아니어도 받아들이마.
부기는 부기답게 우기는 우기답게 살아다오!
생긴 대로, 성격유형대로, 나답게 나답게 나답게!!!

그럼 나는 어떤 계열?

내가 문과형인지 이과형인지 이제 파악이 됐지?
그렇다면 좀더 구체적으로 알아볼까?
문과형 이과형 중에서도 세부적으로
어떤 계열이 나에게 맞는지 체크해보는 거야.
체크리스트에 표시한 항목이 많을수록
그 계열이 나에게 어울린다는 뜻이야.

✓

- 매일 뉴스를 본다.
- 수수께끼, 낱말 퀴즈, 말놀이 등을 즐긴다.
- 자신의 생각을 말이나 글로 표현하는 데에 어려움을 느끼지 않는다.
- 평소 책읽기를 즐긴다.
- 외국어 배우는 것을 좋아한다.
- 그 나라의 문화와 역사에 호기심이 많은 편이다.
- 사회적 쟁점에 대해 토론하기를 즐긴다.
- 가끔 혼자만의 사색과 탐구의 시간을 즐기는 편이다.
- 주위 사람들로부터 비판적이라는 소리를 자주 듣는다.
- 내 자신의 정체성에 대해 고민하기도 한다.

⇨ 인문 계열

✓

- 사회문제에 관심이 많고, 시사 프로그램을 자주 본다.
- 사람들 간의 의견대립이 생길 때 해결을 하려고 나서는 편이다.
- 평소 사업이나 경제에 관심이 많은 편이다.
- 수학이나 논리학 공부를 좋아하는 편이다.
- 자기 주장이 강하고, 다른 사람 의견에 따르기보다 의견을 이끄는 편이다.
- 일이 돌아가는 상황과 동기에 대한 판단과 이해가 빠른 편이다.
- 다른 사람이 하는 말이나 강의의 핵심을 잘 파악한다.
- 집중력과 암기력이 높은 편이다.
- 더 나은 사회를 위해 개인이 실천에 나서야 한다고 생각한다.
- 자원봉사자로 일하거나 어려움에 처한 사람을 도와준 적이 있다.

⇨ 사회 계열

✓

- 자신의 생각이나 정보를 다른 사람들에게 잘 이해시킬 수 있다.
- 새로운 것을 배우려는 열망이 강하다.
- 어린아이나 청소년을 돌보는 것을 좋아하고, 그들이 자신을 잘 따른다.
- 평소 이해심이 많고 다정다감하다는 소리를 듣는 편이다.
- 어려운 처지에 놓인 사람들을 도와주려는 마음이 강하다.
- 필요할 경우 내 주장을 펼치며 강하게 설득할 수 있다.
- 사람들을 편견 없이 편하게 대하는 편이다.
- 다른 사람들의 마음을 집중시키는 힘이 있다고 생각한다.
- 다른 사람의 입장에서 생각하는 것이 자연스럽게 이루어진다.
- 사랑을 통해 사람을 변화시킬 수 있다고 믿는다.

➪ **교육 계열**

✓

- 멋진 집, 다리, 건축물을 보면 눈길이 가고 건물의 내부구조에 관심이 많다.
- 평면도를 보면서 입체적 모습을 상상하거나, 반대로 입체 구조물을 보면서 펼쳐진 평면도를 상상할 수 있다.
- 지도나 약도를 잘 그리는 편이다.
- 다리, 도로, 건물, 공장 등을 설계, 건설, 관리하는 일에 호기심이 생긴다.
- 자동차, 컴퓨터, 기계 등에 관심이 많고, 그 원리가 궁금하여 직접 분해해본 적이 있다.
- 실험실에서 연구하고 자료들을 분석하여 결과를 종합하는 것을 좋아한다.
- 평소 세심하고 차분하며 꼼꼼하고 정확하다는 소리를 자주 듣는 편이다.
- 통계나 수치를 계산하는 능력이 뛰어나다는 소리를 자주 듣는다.
- 새로운 기계나 첨단 과학 분야에 호기심이 많은 편이다.
- 과학 과목을 좋아하며, 인간을 포함하여 생명체에 관심이 있다.

➪ **공학 계열**

✓

- 지구의 미래에 대해 상상하기를 좋아하고 나노, 반도체, 복제 등 생명과학에 관심이 많다.
- 생물, 지질, 화학, 물리 등의 과학 과목을 좋아한다.
- 식물 재배, 동물 기르기 등을 좋아하고 직접 해본 적이 많다.
- 날씨, 화학반응, 성장과정 등 주위의 자연현상을 관찰하길 좋아한다.
- 음식의 성분, 조리, 발효, 영양 등이 건강에 미치는 영향에 관심이 많다.
- 수학을 아주 좋아하고 잘하는 편이다.
- 오랜 시간 동안 세심하게 관찰하는 끈기가 있으며, 관찰한 것을 꼼꼼히 기록하고 분석하는 것을 좋아한다.
- 소프트웨어 사용법, 수치 계산, 수치 적분, 프로그램 작성 및 제작 등을 능숙하게 잘할 자신이 있다.
- 지구 환경과 생태계 문제에 관심이 많고 문제해결에 대한 의지가 강하다.
- 주거 환경이나 소비 형태, 섬유 소재, 패션 등에 관심이 많은 편이다.

자연 계열

✓

- 위험한 상황에서도 당황하지 않고 침착하게 대응하는 편이다.
- 손을 사용하는 것이 정교하고, 꼼꼼하며 세심한 성격이다.
- 생물, 화학, 통계학 등 자연과학에 관심이 많다.
- 끈기가 있고 기초 체력이 튼튼하며 집중력이 좋은 편이다.
- 사람들에게 친절하며, 약자를 잘 배려하고 보살피는 것을 좋아한다.
- 문제의 원인과 결과를 찾아내어 진단하기를 잘한다.
- 여러 사람과 협력해서 작업하기를 좋아한다.
- 어떤 사건, 현상, 문제점을 분석해내는 능력이 뛰어나다고 생각한다.
- 컴퓨터, 의료기계, 전자 장비 등의 구조에 흥미가 있고 사용에 무리가 없다.
- 다른 사람의 이야기를 잘 들어주며, 성격이 차분한 편이다.

의약 계열

✓

- 독창적이고 미적 감각이 있다는 소리를 자주 듣는 편이다.
- 사물의 이미지나 자신의 생각을 시각화하여 표현하는 것을 좋아하고 잘한다.
- 유행에 민감하고 눈썰미가 좋다는 소리를 자주 듣는다.
- 자신만의 개성이 뚜렷하다고 생각한다.
- 음악에 대한 리듬감각을 타고났다고 생각한다.
- 몸으로 표현하는 것을 좋아하고, 운동을 아주 좋아한다.
- 새로운 것을 만들어내려는 욕구가 강하다.
- 작품을 만드는 데 열중할 수 있는 끈기와 열정, 성실함이 있다.
- 사물이나 사람의 인상적인 면을 얼른 집어내어 표현할 줄 안다.
- 문학, 영화, 광고, 만화, 심리학, 문화인류학 등 다양한 문화에 관심이 있다.

예체능 계열

위의 항목을 종합해보았을 때 나는 (   )계열이다.

자! 진로상담을 시작해보자
이제 너희들도 진로에 대해 고민할 시기란다
네
...
간단하게 시작! 국어가 좋니 과학이 좋니?
국어는... 싫어요
과학 싫어요
오-! 그렇다면
서로 바꾸면 딱 좋겠구나!
과학도 싫어요
국어는 더 싫어요
이 자식들이...
책에서 해답을 찾아보자!
여기서요?
시끄럽다!

다섯 고개로 알아보는 일곱 계열

자, 이제 네가 문과형인지 이과형인지, 그 중에서도 어떤 계열이 맞는지 잘 알게 되었을 거야. 이쯤 되니, 각 계열에 대한 질문이 마구 생긴다고? 좋아! 인문, 사회, 교육, 자연, 공학, 의약, 예체능! 일곱 계열에 대한 궁금증, 속 시원히 답해주마.

인문 계열 ➡ 문과 모든 학문의 기초가 된다

키워드는 호기심, 꾸준한 독서, 사색, 탐구정신

첫 번째 고개 인문학은 뭘 공부하는 거죠?

인문학은 쉽게 말해 인간과 사회에 대해 연구하는 학문이야. '인간이란 어떤 존재인가?' 라는 질문에 대한 해답을 찾아감으로써 사회문제를 해결하는 것을 목적으로 하지.

두 번째 고개 인문 계열에는 어떤 학과가 있죠?

다양한 언어 관련 학과, 문학 관련 학과, 역사학, 심리학, 철학, 민속학, 종교학 등이 있어.

세 번째 고개 학과 이름을 들어보니, 인문 계열은 외국어를 잘하거나 국어나 사회 성적이 좋아야 할 것 같은데요?

그건 아니야. 단순히 언어 능력이나 국어 성적이 좋다고 인문 계열에 잘 맞는다고 볼 수는 없어. 언어에는 그 나라의 역사, 정치, 경제, 문화가 모두 함축되어 있기 때문에 인문 계열은 그 나라의 정치, 경제, 사회, 역사, 문화 등 다양한 분야의 배경지식이 필요하지. 따라서 사회 전반에 대한 폭넓은 호기심이 더 중요하단다.

네 번째 고개 인문 계열에 필요한 책읽기는 뭐가 있을까요?

이렇게 말하면 욱 할지도 모르겠지만, 인문 계열은 다양한 분야의 꾸준한 독서가 필요해. 문학작품은 기본이고, 사회, 문화, 역사, 정치, 경제 등 다양한 분야의 책을 폭넓게 읽어야 하지. 무엇보다 책읽기를 좋아해야겠지.

다섯 번째 고개 정말 욱 하네요. 그렇다면 인문 계열은 어떤 책부터 시작하면 좋을지 알려주세요.

재미있는 소설부터 시작해봐. 단, 등장인물의 심리, 주제의식, 바탕이 되는 가치관 등을 파악하는 훈련을 하면서 읽도록 하렴.

- 역사적 사건을 다룬 소설로 시작하고 싶다면?
  - 『내 사랑, 사북』(사계절), 『처절한 정원』(문학세계사)
- 역사에 자신이 없어서 아주 쉬운 책으로 시작하고 싶다면?
  - 『한국사 편지』1-5(책과함께어린이),
    『교양있는 우리아이를 위한 세계역사 이야기』1-5(꼬마이실)
- 철학적 사고를 형성하고 싶다면?
  - 『머릿속을 헤엄치는 생각 물고기』(꿈소담이), 『도덕을 위한 철학 통조림』(주니어김영사)

사회 계열 ➡ 문과 건강한 공동체를 만든다

키워드는 지식에 대한 탐구, 분석, 리더십

첫 번째 고개 **사회 계열은 사회에 대해서 공부하는 건가요?**

맞아. 사회 계열은 사회현상의 원인을 분석하고 그에 대한 해결책을 연구하는 학문이야. 사회에 대한 지식을 통해 건강한 공동체를 만드는 데 학문의 목적이 있지.

두 번째 고개 **어떤 학과들이 있는데요?**

경영학, 경제학, 법학, 사회학, 사회복지학, 언론학, 정치외교학, 행정학 등 사회과학 분야의 학과들이지.

세 번째 고개 **같은 사회 계열이라고 해도 각 학과의 성격이 상당히 다른 것 같아요. 사회 계열에 기본적으로 필요한 게 뭐죠?**

무엇보다 사회현상이나 사건에 관심이 있어야 해. 그 관심이 주로 경제 쪽이라면 경영학이나 경제학을, 법이라면 법학을, 사회에 대한 관심이라면 사회학이나 정치외교학, 행정학을, 봉사와 복지에 대한 관심이라면 사회복지학을 전공하는 게 좋겠지.

네 번째 고개 **그 외에 더 필요한 건요?**

사회현상을 분석하고 원인과 해결책을 찾아야 하니까 분석력이 필요해. 그리고 지식에 대한 탐구심, 한마디로 공부하는 것에 재미를 느끼고 좋아해야 하지. 마지막으로, 해결책을 제시하고 그것을 실행하기 위해서는 구성원들을 설득할 수 있는 리더십이 필요하단다.

다섯 번째 고개 분석력, 탐구심, 리더십을 책을 통해 기를 수 있나요?

물론이지! 정치의 개념을 쉽게 설명해주는 정치동화에서부터 사회현상을 전문가가 쉽게 분석한 책들을 읽다 보면 분석하는 힘이 차츰차츰 자랄 거야.

- 쉽게 읽을 수 있는 정치소설 ▶ 『펄루, 세상을 바꾸다』(주니어김영사)
- 경제개념을 쉽게 알려주는 책 ▶ 『청소년을 위한 경제의 역사』(비룡소)
- 미디어에 대한 분석력을 키워주는 책 ▶ 『대중문화의 겉과 속』1-3(인물과사상사)
- 진정한 리더십이 무엇인지 알려주는 책 ▶ 『작은 실천이 세상을 바꾼다』(문학사상사)

교육 계열 ▶ 문과/이과 교육을 통해 인간과 사회를 변화시킨다

키워드는 따뜻한 마음, 사랑, 인내, 지식에 대한 열정

첫 번째 고개 선생님이 되고 싶으면 교육 계열 가는 거 맞죠?

그래. 유아, 초등, 중등학교 교사를 양성하는 전공, 그러니까 교육공학, 교육행정, 교육상담 등을 포함한 교육학과와 특수교육학과가 교육 계열에 속해.

두 번째 고개 교육공학, 교육행정, 교육상담은 학과 이름부터 생소하네요. 그 학과에서는 뭘 배우죠?

교육공학은 교육 효과를 높이기 위한 교육 프로그램을 개발하는 학문이야. 첨단 테크놀로지, 심리학, 경영학, 커뮤니케이션 이론 등 교육과 관련된 다양한 이론적 지식을 도입하여 교육의 효과를 극대화시키는 방법을 연구하지. 교육행정은 교육과 관련된 행정적 업무에 관한 학문이야. 교육부나 교육청 등에서 공무원으로 활동할 수 있겠지. 교육상담은 바람직한 교육을 위해 학생이나 학부모에게 전문적인 조언과 지도를

할 수 있는 이론과 활동을 연구하는 학문이야.

세 번째 고개 **선생님은 학생들에게 지식을 잘 가르쳐야 하니까 말을 잘하는 게 중요하겠죠?**

선생님이 웅변가는 아니잖니? 가장 중요한 건 학생들에 대한 사랑이야. 교육자는 학생들 한 명 한 명이 자기 개성을 발휘하면서 사회에 도움이 되는 건강한 시민으로 성장하는 데 필요한 각 분야의 지식을 전달하는 직업이야. 지식을 효과적으로 전달하려면 무엇보다 학생들 개개인에 대한 애정이 바탕이 되어야 하지.

네 번째 고개 **학생들을 사랑하는데 수업은 엄청나게 지루한 선생님이라면 그건 좀 문제 있는 거잖아요. '사랑'만 있으면 되나요?**

사랑이 가장 중요하지만 물론 그게 다는 아니지. 다음으로 필요한 건 지식에 대한 열정이야. 아이들을 가르치려면 선생님 스스로가 끊임없이 공부를 해야 해. 그러니까 선생님 본인이 공부에 대한 열정이 있어야 하지. 또 하나는 인내야. 그 지식을 아이들에게 잘 이해시키려면 인내가 필요하단다. 올바른 교육을 통해 사람이 변화할 수 있다는 신념을 지키려면 무엇보다 학생을 믿고 기다려줄 수 있어야 하지. 하루아침에 변화를 바랄 수는 없으니까 말이야.

다섯 번째 고개 **교육자가 되고 싶은 사람에게는 어떤 책을 추천하고 싶으세요?**

교육자에게 가장 중요한 것은 사람에 대한 깊은 신뢰와 애정이야. 인간 심리에 대한 이해를 바탕으로, 나누고 배려하는 자질을 갖추고 있는지 책을 통해 살펴보렴.

- 교직생활의 경험을 바탕으로 쓴 따뜻한 소설 ▶ 『나는 선생님이 좋아요』(양철북)
- 교육이란 무엇인가를 느끼게 해주는 책 ▶ 『창가의 토토』(프로메테우스)
- 한 인간의 삶을 결정짓기도 하는 교육자의 힘을 보여주는 책 ▶ 『내 안의 빛나는 1%를 믿어준 사람』(푸른숲)

자연 계열 ➡ 이과 자연계의 법칙을 밝힌다

키워드는 의문, 진리탐구, 논리적 사고, 침착성, 인내심

첫 번째 고개 자연 계열은 뭘 배우죠?

자연 계열은 자연계의 법칙을 알아내고 이해하는 학문이야. 수학, 물리학, 화학, 생물학, 생명공학, 천문학 등 이름만 들어도 자연계의 근본을 탐구하는 학문이라는 느낌이 오지? 그 외에도 농림수산, 환경, 생활과학 등의 학과도 자연 계열에 해당되지.

두 번째 고개 생활과학은 뭘 배워요?

생활과학은 주거환경이나 소비자 성향, 의류, 섬유, 식품 영양 등 생활 전반에 걸쳐 연구하는 학문이야. 삶의 질을 향상시키는 데 관심이 있는 학생이라면 도전해볼 만한 전공이지.

세 번째 고개 자연 계열에서 가장 필요한 능력은 뭐예요?

첫째, 호기심. 현상과 사물에 대해 '왜 저럴까?' 라고 의문을 품을 수 있는 호기심이 필요해. 둘째, 인내심. 호기심에 대한 답을 찾기 위해서는 끈기 있는 관찰과 무수한 실험을 거쳐야 하기 때문에 결과가 나오기까지 인내할 수 있는 인내심이 중요하지. 셋째, 논리적인 사고력. 법칙을 알아내기 위해서는 원인-과정-결과를 분석적으로 쪼개서 생각하는 논리적인 사고력이 필수야.

네 번째 고개 호기심, 인내심, 논리적인 사고력을 기르기 위해서는 어떻게 책을 읽어야 하나요?

책을 통해 호기심을 기르려면, 일단 서점에 가는 걸 취미로 삼으렴. 서점에서 어슬렁거리면서 온갖 책들의 표지를 구경하다 보면 자연히 호기심이 발동해서 책을 펼치게 될 거야. 책을 통해 인내심을 기르는 방법은 뭐냐고? 책의 레벨을 차근차근 높여가는 거야. 레벨을 높여가는 과정 속에서 자신도 모르게 집중하는 힘이 생긴단다. 독서토론반에 들어가서 괴롭더라도 열심히 숙제를 하는 것도 괜찮은 방법이야. 책을 통해 논리적 사고력을 기르고 싶다고? 책을 읽고, 갈등요소와 토론거리를 찾아내는 훈련을 꾸준히 해봐. 친구들과 직접 토론을 한다면 더욱 좋겠지.

다섯 번째 고개 자연 계열에게 도움이 될 책을 추천해주세요.

- 과학에 호기심을 일으키는 책
  - 『꼬물꼬물 과학 이야기』(뜨인돌어린이), 『과학공화국 법정』 시리즈(자음과모음)
- 과학에 대한 재미를 느끼게 해주는 공상과학소설
  - 『64의 비밀』(바람의아이들), 『복제 인간 사냥꾼』(아이세움)
- 과학의 지식을 넓혀주고 과학의 가치를 깨닫게 해주는 책
  - 『개미제국의 발견』(사이언스북스), 『하리하라의 생물학 카페』(궁리)

공학 계열 이과 삶을 더 편리하게 만든다

키워드는 호기심, 도전, 수학, 관찰, 정확성

첫 번째 고개 공학 계열은 무엇을 배우나요?

공학은 일상생활을 비롯해 산업에 활용되는 기술을 개발하는 학문이야. 기계나 장치를 이용해 실제적으로 무언가를 생산하기 위해 연구하지. 그래서 공학을 응용과학이라고 부르기도 해.

두 번째 고개 그럼, 공학 계열에는 무슨 학과가 있나요?

공학 계열은 분야가 아주 다양하고 폭넓어. 구체적인 학과 소개는 검색을 하거나 선생님께 여쭤보면 좋겠지?

- 건축/토목, 도시/교통·운송: 건축설비공학, 건축학, 조경학, 토목공학, 도시공학, 지상교통공학, 항공학, 해양공학
- 기계, 금속: 기계공학, 금속공학, 자동차공학
- 전기, 전자: 전기공학, 전자공학, 제어계측공학
- 정밀, 에너지: 광학공학, 에너지공학
- 소재, 재료: 반도체세라믹공학, 섬유공학, 신소재공학, 재료공학

- 컴퓨터, 통신: 전산학, 컴퓨터공학, 응용소프트웨어공학, 정보통신공학
- 화학공학: 화학공학, 기전공학, 응용공학, 교양공학
- 산업공학

세 번째 고개 공학 계열은 수학과 과학만 잘하면 될 것 같은데요?

흔히들 그렇게 생각하는데, 절대 네버 네버! 공학 계열은 수학과 과학적 기초 지식은 기본이고, 예술적 재능이나 미적 감각까지 필요하다는 사실! 거기에 환경과 에너지, 편리성 등 주변 상황에 미치는 영향력도 생각해야 하기 때문에 폭넓은 관점과 사고력이 필요하단다.

네 번째 고개 네?!! 공학 계열은 엔지니어를 양성하는 학문 아닌가요? 그런데 뭐 그렇게 알아야 할 게 많아요?

예를 들어, 휴대전화 개발자라면 단지 기술적인 부분만 알아서는 부족해. 대중의 감수성을 읽어낼 줄 알아야 그에 맞는 프로그램을 개발할 수 있겠지? 온라인게임 기획자라면 게임 유저들의 흥미를 끌어당길 수 있는 스토리 전략을 꾸밀 수 있어야 해. 이렇게 정보기술 분야는 점점 다방면을 융합하는 경향이 뚜렷해지고 있어. 따라서 앞으로 기술자가 되려면, 새로운 시대 흐름을 재빠르게 읽어내고 가치를 창출해내는 능력이 있어야 성공할 수 있단다. 단지 기술적인 부분만 알고 있어서는 안 된다는 거야.

다섯 번째 고개 아, '진정한 공학', '진정한 엔지니어'란 사람의 심리, 사회의 변화를 고려하는 기술을 개발해야 한다는 거군요. 그렇다면 롤모델이 될 만한 엔지니어들에 대한 책을 추천해주세요.

요즘 들어 참신한 아이디어를 겸비한 사원을 뽑는 공학 계열 회사들이 많아지고 있다는 사실을 명심하렴. 평소에 풍부한 독서로 상상력과 사고력을 키우도록 해.

- **현장에서 공학도로서 꿈을 펼치고 있는 사람들 이야기**
  ▶ 『10년 후, 나를 디자인한다』(동아사이언스)
- **안철수 이야기** ▶ 『행복바이러스 안철수』(리젬)
- **스티브 잡스 이야기** ▶ 『스티브 잡스』(살림) 『스티브 잡스 이야기』(명진출판)

의약 계열 ➡ 이과 생명을 다룬다

키워드는 따뜻한 마음, 지혜, 판단력, 인내심, 책임감

첫 번째 고개 **의사 되려면 의약 계열에 가야 하죠?**

그래. 의사뿐만 아니라, 약사, 간호사, 보건 분야에서 일하고 싶다면 의약 계열을 전공해야 해.

두 번째 고개 **의약 계열은 일단 성적이 제일 중요한 요소일 것 같아요.**

의약 계열은 경쟁이 치열하고 성적이 높은 학생들이 선호하는 계열이어서 성적이 중요한 것은 사실이야. 하지만 생명을 다루는 분야이고 수많은 환자들을 대해야 하기 때문에 인성과 태도가 매우 중요한 분야란다.

세 번째 고개 **인성과 태도라고 하면, 구체적으로 무엇을 말하는 거죠?**

아픈 사람들을 대하는 학문이니, 무엇보다 따뜻한 마음과 배려심이 바탕이 되어야 해. 생명을 다루는 학문의 특성상 매사 세심하고 꼼꼼해야 하지. 또 병의 원인을 정확하게 판단하여 최적의 처방을 해야 하니 체계적인 사고력과 냉철한 판단력도 필요해. 방대한 양의 지식을 암기하고 이해해야 하니 집중력과 끈기, 탐구심은 기본이야. 환자뿐만 아니라 의사, 간호사, 행정담당자, 의약품 및 의약기기 전문가 등 협력해야 할 사람들이 많으니 의사소통 능력과 친화력 또한 매우 중요하지. 스트레스 관리 및 자기 관리를 잘 할 줄 알아야 하고.

네 번째 고개 **의약 계열은 공부도 잘하고 인품도 훌륭하고 능력도 뛰어나야 한다는 말이네요! 너무 하잖아요!!!**

맞아. 쉬운 분야는 아니지. 하지만 어느 분야든 나름의 애환이 있단다. 장애물을 한 발 한 발 넘으려는 의지를 다질 정도로 그 꿈이 간절하다면, 결국 장애물마저 꿈을 이루는 원동력이 되어주지. 다음의 책을 읽으면서 더 열심히 꿈을 꿀 수 있는 용기를 얻어 보렴.

➡ **『큰의사 노먼 베쑨』**(이룸) ▶ 2차대전 당시 스페인, 중국 등 전장을 누비며 수많은 부상병의 목숨을 구했던 의사 노먼 베쑨. 수술 도중 메스에 베인 손가락이 세균에 감염되어 패혈증

으로 삶을 마칠 때까지 의술을 나눈 의사 노먼 베쑨의 인류에 대한 깊은 연민과 사랑이 감동적이다.

- 『닥터 노구찌』 시리즈(학산문화사) ▶ 실화를 바탕으로 만든 만화. 가난 때문에 밑바닥 생활을 하면서도 의사의 꿈을 잃지 않던 노구찌는 포기하지 않고 노력에 노력을 하여 결국 의사가 되지만 현실에 안주하지 않고 아프리카 오지로 떠난다. 사회적으로 높은 지위를 원하기보다 의사로서 환자를 가장 먼저 생각하는 숭고한 직업의식이 존경스럽다.
- 『국경 없는 의사회』(파라북스) ▶ 전쟁과 가뭄, 기아로 허덕이는 사람들을 만난 의사의 하루하루를 담은 일기. "우리는 기적이 아닌 사랑을 믿는다"라는 신념을 가지고 세상의 상처를 어루만지는 의사들의 열정과 헌신이 놀랍다.

다섯 번째 고개 일단은 성적을 끌어올려야 할 것 같은데, 어떻게 해야 할까요?

2장 98~99쪽 흥미–책–진로를 연결시키는 방법 중에서 '5단계 진로계획 짜기'를 참고해서 구체적인 공부계획을 세워보렴. 네가 흥미를 느끼는 진로를 목표로 세웠으니, 공부해야 할 이유가 분명해져서 의욕이 팍팍 솟아오를 거야.

예체능 계열 ➲ 문과/이과 세상을 아름답게 만든다

키워드는 창의성, 감성, 재능, 열정, 끈기

첫 번째 고개 예체능 계열에는 어떤 학과들이 있나요?

회화·조형·디자인 등 미술 관련 학과, 작곡·성악·다양한 악기 연주 등 음악 관련 학과, 무용 및 체육 관련 학과, 연극·영화 등 방송 관련 학과 등이 있어.

두 번째 고개 예체능 계열은 아무래도 타고난 소질이 중요할 것 같아요.

흔히들 예체능 계열은 소질만 있으면 될 거라고 생각하는데, 천만의 말씀! 예를 들어 '디자인 학과'를 볼까? 요즘 모든 디자인 작업들은 컴퓨터로 하니까 관련 프로그램을 능숙하게 다룰 줄 알아야 하는 것은 기본이지. 생활의 편리성을 고려해야 하니까 공학적인 지식이 바탕이 되어야 해. 조형감각, 색채감각은 기본이고, 트렌드와 소비자 성

향을 늘 연구하는 탐구정신, 그것을 자기 나름으로 디자인화하는 창의력은 필수지. 여기에 밤을 새워서라도 작품을 완성해낼 수 있는 끈기가 필요해.

세 번째 고개 그렇다면 예체능 계열도 책을 많이 읽어야 하나요?

화가, 디자이너, 음악가, 무용가, 영화 분야에서 일하는 사람들을 직접 만나서 대화를 해보면 이구동성으로 하는 말이 "책을 많이 읽어라"야. 발레리나 강수진도 인터뷰에서 강조하는 말이 "무대에서 나만의 색깔을 내기 위해, 어떤 역을 맡았을 때 스텝 연습 전에 그 작품에 관한 책을 먼저 본다"라는 거였어. 미국의 경우 미대에서 학생들에게 철학, 예술, 역사, 과학 분야를 망라한 엄청나게 많은 책을 읽히지. 그리고 서로 토론하면서 책의 내용을 전공과 연결지어 해석할 수 있어야만 제대로 점수를 받을 수 있지. 그러니 아무리 그림을 잘 그린다고 해도 웬만한 독서력이 없으면 수업을 따라가기가 힘들 정도라는 거야. 예체능 계열에서 왜 이렇게 책읽기가 중요할까? 예체능 계열은 특히나 상상력과 독창력이 중요한데, 그게 어느 날 갑자기 하늘에서 뚝 떨어지는 게 아니기 때문이야. 지금까지 누누이 강조했듯이, 상상력과 독창력은 다양한 책읽기를 통해서 길러지는 거란다.

네 번째 고개 예술가를 꿈꾸는 학생들이 읽으면 좋은 책을 추천해주세요.

- **『그림으로 만난 세계의 미술가들』 시리즈**(아이세움) ▶ 한국편과 외국편으로 나뉘어 있다. 유명한 화가들의 일대기를 소개하되, 천재성이나 일화 중심이 아닌 그들의 작품을 감상하는 방법을 중심으로 소개하고 있어서 예술작품을 보는 눈을 키워주는 책이다. 작가의 생애, 사회배경 등 다양한 맥락에서 작품을 살펴보면서 작품에 담긴 의미를 알아내도록 한다.
- **『역경을 이겨낸 위대한 음악가』**(꼬마이실) ▶ 주변의 편견과 현실적인 어려움 등 수많은 역경과 고난을 이기고 아름다운 음악을 만들어낸 여성 음악가 10인의 이야기. 부모가 아이에게 이야기를 들려주듯 친근한 말투로 여성 음악가들의 남다른 어린 시절부터 음악가로서 환희의 순간까지 들려주고 있다.

다섯 번째 고개 체육 관련 학과를 지망하는 학생들은 왜 책을 읽어야 하죠?

박지성 선수가 인터뷰하는 장면을 텔레비전에서 본 적이 있지. 기자가 "만약 대학의 체육학과에서 축구 연습을 덜 하는 대신 의무적으로 책 읽는 시간을 갖게 하는 것에 대해 어떻게 생각하느냐?"라고 질문을 했어. 박지성 선수가 뭐라고 대답했게? "당연히 그렇게 해야 한다고 생각합니다. 유럽에서 선수 생활을 하면서 실감하는 것이 바로 책을 읽는 것이 매우 중요하다는 것입니다"라는 게 박지성 선수의 대답이었어.
체육학과는 몸으로만 뛰면 될 거라는 생각은 매우 편협한 생각이야. 요즘은 생각하는 스포츠, 교양을 갖춘 선수를 필요로 하거든. 사고력이 뛰어난 선수가 한 수 높은 플레이를 펼칠 수 있는 법이지. 뿐만 아니라 스포츠는 건강과 관련이 있어서 건강 관련 직업으로 나갈 가능성도 높아. 코치나 체육교사가 되어 선수를 양성하는 직업을 갖든, 생활건강 · 재활 · 미용 등의 분야로 진출하든 교양과 사고력을 갖추는 건 아주 중요하단다.

- **『정상에 오른 뛰어난 운동선수』**(꼬마이실) ▶ 세계적으로 이름을 빛낸 열 명의 여자 스포츠 선수들의 삶을 소개하고 그들의 꿈을 들려준다. 편견과 부상, 질병, 가난, 소외감을 극복하고 강한 승부욕으로 투지를 불태운 선수들의 삶을 통해 운동선수로서의 자세뿐만 아니라, 용기와 희망, 남을 사랑하는 넓은 마음을 배울 수 있다.
- **『멈추지 않는 도전』**(랜덤하우스) ▶ 박지성 선수의 자전 에세이. 유난히 부끄러움을 많이 탔던 어린 시절 축구가 그에게 미친 영향에서부터 영국 프리미어리그 맨체스터 유나이티드 팀에서 꿈을 이루기 위한 숨은 노력까지, 꿈을 향한 그의 열정과 노력이 감동과 자극을 준다.
- **『김연아의 7분 드라마』**(중앙출판사) ▶ 세계 피겨 역사를 다시 세우며 전 국민의 사랑을 받고 있는 김연아 선수. 쇼트프로그램 2분 50초와 프리프로그램 4분 10초, 총 7분 동안 자신의 모든 기량을 100% 선보이기 위해 무대 뒤에서 이루어지는 철저한 훈련과 자기 자신과의 싸움 등 피겨 퀸으로 우뚝 서기까지의 삶의 이야기를 들려준다.

문과형,

책 이렇게 읽자!

문과형이라고 문학이나 인문책만 읽으라는 얘긴 절대 아니야.
누누이 강조했듯이, 책읽기도 편식 없이 골고루 읽는 게 가장 좋아.
하지만 문과형의 성향에 맞는 독서법, 문과형의 재능을 키워주는
독서법이 분명 있긴 하단다.
지금부터 문과형에게 맞는 책읽기
방법을 알려줄게.

책 읽는 법 좀
가르쳐줘
으이구!
일단 책을
펼치기라도 해봐!

얼 쇼리스의 한마디

본명 얼 쇼리스(Earl Shorris)
직업 미국의 언론인, 사회비평가
특징 우리나라에도 도입돼 점차 확산되고 있는 '희망의 수업' 창시자. 희망의 수업을 통해 좋은 책을 읽는 것이 얼마나 강력하게 인생을 바꾸는지를 실천적으로 보여주고 있음.

나는 얼 쇼리스라고 해. 전 세계에 '희망의 수업'을 퍼뜨린 장본인이지. 너도 인문학에 관심 있는 문과형이라고? 그렇다면 인문학이 얼마나 멋진 학문인지 내 얘기를 들어보렴.

내가 거리의 청소년, 노숙자, 난민, 에이즈에 걸린 싱글맘 등을 학생으로 모아놓고 인문학 강의를 시작한 것은 1995년 가을이야. 우연한 기회에 교도소를 방문하게 된 나는 한 여죄수와 이야기를 나누게 됐지. "사람들이 왜 가난할까요?"라고 내가 묻자 그녀는 이렇게 대답했어. "시내 중심가 사람들이 누리고 있는 정신적 삶이 우리에겐 없기 때문이죠." 가난한 사람들은 중산층 사람들이 흔히 접할 수 있는 연주회, 공연, 박물관, 강연과 같은 '인문학'을 접하는 것 자체가 원천적으로 힘들고, 그렇기 때문에 깊이 있게 사고하는 법, 현명하게 판단하는 법을 몰라 가난한 생활을 벗어날 수 없다는 거였어. 그때 나는 가난한 이들에게 인문학이 필요함을 절실히 깨달

클레멘트 코스

클레멘트 코스는 가난한 사람들에게도 인문학 교육이 필요함을 깨달은 얼 쇼리스가 만든, 정규 대학 수준의 인문학을 가르치는 수업이야. 최고 수준의 교수진들이, 딱딱하고 어려운 강의를 피하기 위해 소크라테스식 대화법을 이용해 토론 위주로 수업을 진행하지. 클레멘트 코스는 인문학 교육을 통해 빈민들이 스스로 자신의 삶을 성찰하도록 도움으로써, 단지 '하루 먹을 물고기' 가 아닌 '고기 낚는 법' 을 가르치는 것이지.

게 되었단다.

나는 학교 올 차비도 없는 그들에게 교통비를 나눠주면서 철학, 예술, 논리, 시, 역사를 가르치는 인문학 강좌를 시작했지. 나의 이런 시도를 비웃는 사람도 많았어. 고등학교도 제대로 마치지 못한 사회의 문제아들이 플라톤의 '동굴의 비유' 를 토론하고, 소포클레스의 『안티고네』를 읽고, 블레이크의 시를 낭송한다는 게 의심스러웠던 거지. 먹고살기도 어려운데 웬 인문학? 직업교육이라면 모를까 고전교육이라니?

하지만 내 생각은 달랐어. 내가 생각하기에, 가난한 사람들에게 그저 재활교육이나 직업교육만 시켜주면 된다는 생각이야말로 어설픈 동정심에 불과해. 가난한 사람들에게 왜 자신들이 가난한지 의문을 품게 하고 자신의 존재 의미와 가치를 통찰하게 함으로써 가난의 수렁에서 벗어날 수 있게 하는 것이 진정한 교육이라고 나는 생각했어. 나는 말했지.

"여러분은 이제껏 속아왔어요. 부자들은 인문학을 배웁니다. 인문학은 세상과 잘 지내기 위해서, 제대로 생각할 수 있기 위해서, 외부의 '무력적인 힘' 이 여러분에게 영향을 끼칠 때 심사숙고해서 대처해나가는 방법을 배우기 위해서 반드시 해야 할 공부입니다."

결과는 성공적이었어. 참여자 31명 중 17명이 끝까지 강의에 참여했고, 이 17명은 모두 대학에 진학하거나 취직에 성공했지. 무엇보다 중요한 건, 이들이 삶을 대하는 태도가 긍정적으로 바뀌고 언어표현 능력도 눈에 띄게 좋아졌다는 거야.

언뜻 봐서는 황당해 보이는 나의 시도는 10년 만에 전 세계로 퍼져나갔단다. 한국에서도 몇 년 전부터 노숙자와 빈민, 교도소 재소자들을 대상으로 인문학 강의를 하고 있다고 하더군.

인문학이 우리 삶에서 얼마나 중요한 지적 자산인지 조금은 감이 오지? 인문학은 성찰하는 힘을 기르는 공부야. 자신이 누구이며, 세상은 어떻게 움직이는지, 무엇이 옳은지를 판단하는 힘을 기르는 공부. 인간 존재의 본질과 가치를 생각하는 학문. 사회와 인간의 관계를 생각하고 인간 삶의 질을 높이는 방안을 모색하는 학문…….

어때, 인문학은 정말 멋진 학문이지? 문과형들이여, 인문학을 통해 인간과 세상에 대한 더 높은 꿈을 꾸길 바라! 자, 그럼 지금부터 문과형에게 효과적인 독서법을 살펴볼까?

문학작품과 친해지길 바라

문과형이라면 가장 먼저 문학작품과 친해질 필요가 있어. 문학은 인간에 대한 이해의 폭을 넓혀주고 대인관계에 필요한 공감력을 키우는 데 도움이 되거든. 경영, 경제, 정치, 언론, 교육 등 사회과학 분야에 관심이 있다면 원만한 대인관계 능력을 키우는 것이 아주 중요하단다. 문학작품을 통해 인간에 대한 이해심을 키우도록 하렴.

쉬운 책부터 공략해

'역사란 무엇인가?', '철학이란 무엇인가?', '심리학이란 무엇인가?'라는 주제를 다룬 책을 읽으면서 인문학 전반에 관한 기본 교양을 기르도록 해.

그런데 그런 책들은 어렵고 딱딱하다고? 그럼 쉬운 책부터 시작하면 되지. 만화로 된 책도 좋고 초등학생용 책도 좋아. 초딩책읽기가 창피하다고? 남들 눈치 볼 거 없어. 술술 책장 넘길 수 있는 쉬운 책에서 시작하는 거야.

추천 도서 ▶ **『이상한 아저씨, 소크라테스를 만나다』**(채우리)
『생각하며 읽는 과학 교양』(작은거름)
『행복한 사회공동체 학교』(휴먼어린이)
『과학공화국 법정』 시리즈(자음과모음)

고전을 새롭게 해석해봐

고전을 읽으라고 하면 골치 아픈 표정부터 지을지 모르겠군. 하지만 그건 네가 아직 고전의 재미를 맛보지 못해서 그런 거야. 고전도 책일 뿐이니 전혀 위축될 필요 없어. 오히려 고전을 대할 때에 '도대체 왜 이 책이 지금까지 인류 역사에 남아 있는지 알아내고야 말겠어!' 라는 오기(?)를 가지고 덤벼봐.

질문을 던져 던져

인문학의 시작은 바로 질문이야. 인문학은 인간이 누구인지, 왜 그렇게 느끼는지, 좋은 사회와 좋은 정치란 무엇인지 등 '왜?' 라는 질문을 던지고 그에 대한 답을 찾아가는 과정이라고 할 수 있어. 그러니까 문과형은 책을 읽을 때 질문을 던지는 습관을 들이도록 하렴. 책을 읽으면서 여백에 낙서처럼 질문을 적어보는 것도 좋은 방법이야.

굴비 엮듯 엮어 엮어

'굴비 엮기' 란 지금 읽고 있는 책과 다른 책들을 관련지어 생각하는 거야. 이 책에서 작가가 던지고 있는 문제의식은 무엇인지, 그 문제의식을 가지게 된 원인은 무엇인지, 그러면 해결방법은 어떤 것들이 있을지를 생각하며 읽는 거지. 질문에 대한 답을 찾기 위해서 어떤 책을 더 읽어야 할지도 찾아보고. 이렇게 책을 서로 연결해서 읽다 보면 인문학적 교양과 사고력을 자연스럽게 키우게 된단다. 굴비 엮듯 책을 엮어서 읽는 방법 세 가지를 알려줄게.

❶ (네가 읽은) 그 책의 시대배경을 더 깊이 알 수 있는 책 찾아서 읽기.

❷ 그 책과 동일한 주제의식을 가진 책 읽고 비교해보기.

❸ 그 책과 차별화되는 다른 주제의식을 가진 책 읽고 비교해보기.

나만의 '썰'을 풀어

인문학이나 사회과학은 어떤 사건이나 사회현상을 분석하여 원인을 파악한 뒤, 자기만의 논리로 해결책을 제시해야 해. 법학을 공부하여 판·검사나 변호사가 되어도, 사건의 자료를 수집하고 기존의 판

례를 분석한 것을 토대로 자신만의 논리가 담긴 판결문을 써야 해. 신문방송학을 공부해서 기자가 되어도 마찬가지야. 같은 사건을 취재해도 사건을 바라보는 기자의 시각에 따라 기사가 달라지지. 기업에 취직해서 보고서를 제출할 때에도 자기만의 해결책이 담긴 기획안을 작성해야 해. 그러니까 문과형이라면 어느 분야가 됐든 '자기만의 시각'을 길러야 하지.

자기 관점을 기르기 위해서는, 책을 읽고 나서 그 내용을 자기만의 언어로 재구성하는 훈련이 필요하단다. 즉, 책을 읽고 난 뒤 나만의 '썰'을 푸는 거야. 나만의 썰을 푸는 두 가지 방법을 소개할게.

❶ 내 식대로 바꿔서 써보기

스스로 저자가 되어 책 내용 패러디 해보기, 책 소개하는 광고 만들기, 책 소개하는 이벤트 기획하기 등 내 식대로 책 내용을 바꿔 써도 좋고 그 책을 활용해서 글을 써도 좋아.

❷ 내 식대로 바꿔서 말하기

책 내용을 사람들에게 강의한다고 생각하고 혼자서 쇼를 해보는 거야. 거울 앞에서 표정 연습을 곁들인다면 더욱 좋아. 단, 민망한 상황이 발생할 수 있으므로 방문을 잠갔는지 미리 확인할 것! 자신감이 붙었다면, 친구들과 가족들 앞에서 '내 식대로 책 내용 재현하기'에 도전해보는 것도 좋아!

문과형 이렇게 읽자
쉬운 책부터
나, 쉽게 보지 마!
요건 쉬워 보인다
고전을 읽자
노인을 공경 해야 한…
THE BOOK FATHER
콜록 콜록
질문을 던져라!
간다~
자… 잠깐!
썰을 풀어라!
A@ㅈ△ㅇㅗ
ㅇㄱ≈%?ㅇㅋ!₩
나만의 언어로~
한강이 마치… 도토리묵 같아
그건 억지야

문과형 책읽기, 더 구체적인 방법을 알려주마!

문과형 맞춤 독서법

문과형은 '썰'을 잘 풀어야 한다고 했지? 그러려면 자기만의 논리와 설득력이 있어야 해. 그렇다면 논리적인 사고와 남을 설득하는 힘은 어디에서 나올까? 일단 첫째, 아는 게 많아야 하고, 둘째, 아는 걸 소화시켜서 자기 말로 정리할 수 있어야 하고, 셋째, 내 입장만이 아닌 상대방의 관점에서도 문제를 바라볼 줄 알아야 해. 이 세 가지는 책읽기를 통해 자연스럽게 키울 수 있지. 논리성과 설득력을 키우기 위한 문과형 책읽기, 그 방법을 알려줄게.

문학작품 인물을 이해하는 세 가지 질문

① 인물이 지금 빠져 있는 문제가 뭐지?

등장인물에게 현재 닥친 문제가 무엇인지 알아야 해. 그래야 인물의 행동과 생각에 공감할 수 있거든. 그렇다면 어떻게 해야 인물의 문제를 잘 파악할 수 있을까? 인물의 성장과정, 집안사정, 다른 인물과의 관계, 갈등의 원인을 하나씩 따져보렴. 이렇게 인물의 처지를 살피면서 문학책을 읽으면 사람을 더 깊이 이해할 수 있는 시각을 갖게 된단다.

② 인물의 심리가 어떻게 변하고 있지?

우리 삶이 항상 변화를 겪듯 문학 속의 인물도 마찬가지야. 등장인물은 여러 사건을 겪으면서 심리적으로 상처를 받기도 하고 더 강해지기도 하지. 따라서 사건을 겪기 전과 겪은 후의 인물의 심리 변화를 찾아보고, 그렇게 변화된 까닭을 추적해보도록 하렴. 등장인물의 심리 변화는 작품의 주제를 이해하는 열쇠가 되기도 하거든.

③ 인물이 어떤 가치관을 가지고 있지?

인물이 어떤 행동을 하거나 결정을 내리는 데에는 다 이유가 있어. 그 인물이 삶에 대해 어떤 가치관을 가지고 있는지를 알면 인물이 왜 그런 행동을 했는지 동기를 이해할 수 있게 되지. 등장인물이 가지고 있는 역사의식, 종교관, 국가와 사회에 대한 생각, 인간을 바라보는 관점, 선악의 개념 등을 찾아보고, 과연 그런 가치관이 올바른 것인지 비판해보도록 하렴.

인문과학책 쉬운 인문과학책을 찾는 세 가지 방법

1 가장 빠른 방법은 독서전문가 선생님에게 물어보는 거야

독서전문가들은 학생들의 수준에 맞는 책을 알고 있거든. 주위에 상담해줄 만한 선생님이 안 계신다고? 교과 선생님을 붙들고 물어보렴. 목마른 사람이 우물을 판다잖아.

2 분야별로 가장 많이 팔린 책들을 찾아서 읽어봐

검색 사이트나 인터넷 서점에 들어가서 '청소년 도서목록'을 찾아보렴. 그리고 자기 학년보다 낮은 수준의 책들을 골라봐. 만약 중2라면 일단 초등 고학년용~중1 수준의 필독서를 고르는 거야. 그렇게 사회, 역사, 경제, 정치 분야의 책을 10권 정도 뽑은 다음에, 그 목록을 들고 도서관이나 서점에 가는 거야. 그리고 서점 구석에 퍼질러 앉아 목록에 있는 책들을 들춰보면서 너의 흥미를 끄는 책을 고르면 돼. 인터넷 서점은 각 분야별 베스트셀러의 순위를 매주 업데이트하기 때문에 많이 팔리는 최신간을 한눈에 파악할 수 있어.

3 교과서에 나온 글의 원전을 찾아서 읽어봐

교과서는 각 분야의 전문가들과 현장 교육 경험이 풍부한 선생님들이 만들지. 그래서 교과서는 평균 수준을 나타낸다고 할 수 있어. 그러니까 일단 교과서에 실린 글의 원전을 찾아보렴. 교과서 맨 뒤쪽에 보면 원전이 소개되어 있단다. 자기 학년보다 더 낮은 학년의 교과서에 실린 원전을 찾아서 읽는 것도 쉬운 책을 찾는 좋은 방법이야.

이과형,
책 이렇게 읽자!

흔히들 이과형은 분석적이고 객관적인 사고가 중요할 거라고 생각하는데, 사실 이과형에게 그것만큼이나 중요한 자질이 바로 '과학적 상상력'이야. 객관적인 논리를 바탕으로 하되, 눈에 보이지 않는 법칙과 이론을 발견하는 건 '과학적 상상력'에서 비롯되기 때문이지.
그래서 이과형에게 폭넓은 책읽기는 필수적이라는 말씀!

노기자의 한마디

연구팀 서울대 교육학과 오헌석 교수팀
연구 주제 우리나라 대표적인 과학자 31명의 공통점을 분석
연구 결과 조사 대상 과학자 70% 이상이 책을 많이 읽는 가정에서 성장했다는 사실을 밝혀냄.

전국의 청소년 여러분,
안녕하십니까? 노기자입니다.
노기자

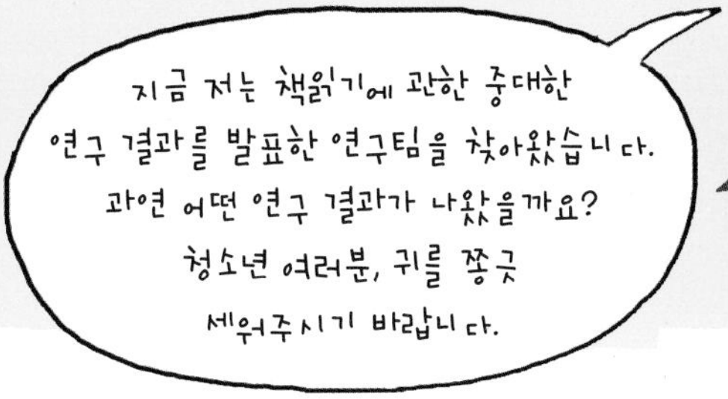

지금 저는 책읽기에 관한 중대한
연구 결과를 발표한 연구팀을 찾아왔습니다.
과연 어떤 연구 결과가 나왔을까요?
청소년 여러분, 귀를 쫑긋
세워주시기 바랍니다.

안녕하십니까, 국민 여러분, 아니 청소년 독자 여러분. 지난 2007년 서울대 교육학과 오헌석 교수팀이 발표한 이색적인 연구 결과를 말씀드리겠습니다. 오헌석 교수팀은 국내 대표 과학자 31명의 공통점을 분석했습니다. 분석 결과, 그들의 공통점은 무엇이었을까요? 바로 책을 많이 읽었다는 사실이었습니다. 조사 대상 과학자 70% 이상이 책을 많이 읽는 가정에서 성장했다고 합니다.

생명공학, 수학, 물리학, 화학, 지구과학 분야의 이들 과학자들은, 특히 중학교 시절에 열심히 공부하기 시작했다고 답했다고 합니다. 이들 과학자들이 자신의 강점을 파악하여 과학자의 꿈을 구체적으로 꾸게 된 시기, 그래서 주도적으로 공

부를 파고들게 된 시기가 바로 중학교 시기였다는 것은 주목할 만한 대목입니다.

그런데 과학자들이 중학교 시절에 즐겨 읽었던 책은 과학이나 수학 관련 책만이 아니라고 하여 더욱 눈길을 끌었습니다. 이들은 문학, 예술을 비롯하여 다양한 분야의 책을 두루 즐겼다고 합니다. 이러한 결과는 이과 학생들은 문과에 비해 책을 많이 읽지 않아도 될 거라는 편견에 일침을 가하는 것입니다. 이과든 문과든 풍부한 독서는 꿈을 이루는 데 아주 중요한 밑거름이 된다는 것이 정말 확실한 것 같습니다.

그렇다면 이과형에게 추천하는 독서법은 무엇일까요? 지금부터 살펴보도록 하겠습니다.

샅샅이 훑어라

호기심 많은 철수는 이것저것 집적대다 흐지부지 끝내버리는 데 반해, 역시 호기심 많은 영수는 유명한 과학자가 되는, 이 차이점이 뭐겠습니까? 바로 호기심이 창의적인 발견으로 이어지느냐 단순 호기심으로 끝나버리느냐의 차이인 것입니다.

그렇다면 호기심을 창의적인 발견으로 발전시키려면 어떻게 해야 하겠습니까? 무엇보다 분석력을 길러야 합니다. 끈질기게 관찰하고 꼼꼼하게 분석한 끝에 위대한 발견이 이루어지는 법이니까요.

그렇다면 분석력을 키우려면 어떻게 해야 하겠습니까? 책을 읽으면서 나만의 백과사전을 만드는 방법을 강력 추천합니다. 먼저, 책을 읽을 때 궁금하거나 모르는 게 나오면 일단 수첩에 전부 적습니다. 그 다음, 책을 끝까지 다 읽고 나서 그 수첩을 펼칩니다. 그리고 방금 읽은 책에서 수첩에 적어놓은 질문들에 대한 답을 찾아봅니다. 만약 그 책에서 답을 못 찾겠다면 어떻게 해야 하겠습니까? 백과사전도 뒤지고 잡지도 읽고 선생님께 여쭤보고 혹은 저자에게 이메일을 보내도 좋습니다.

이렇게 답을 구해서 정리해놓으면 그 자체가 나만의 백과사전이 되겠지요? 답을 구하는 과정에서 명탐정 셜록 홈스 못지않은 분석력이 생겨날 겁니다.

사고의 흐름을 사고하라

이게 무슨 얘기냐고요? 저자의 머릿속에서 펼쳐지고 있는 생각의 흐름에 대해서 생각해보란 말입니다.

자연과학, 공학, 의학 등 이과 공부는 '발견하는 과정'이 중요합니다. 우리가 오늘날 '사실'이라고 굳게 믿고 있는 수학적 공식이나 과학적 사실은, 일단 누군가가 '그럴 것이다' 혹은 '그렇지 않을까?' 라고 가설을 세운 데서 탄생한 겁니다. 먼저 가설을 세우고, 그것이 맞는지 아닌지 무수한 실험을 통해 '검증' 을 하는 것이지요. 그리고 시간이 흘러도 별다른 예외가 나타나지 않으면, 그 이론은 하나의 '사실'이나 '법칙' 으로 굳어지는 것입니다.

그러니 하나의 가설이 어떤 원리와 과정을 거쳐서 그런 결과로 나오게 되는지를 잘 파악하는 것이 이과형에게는 매우 중요하다는 말씀입니다.

그렇다면 그런 '과정 자체'에 대한 사고력을 키우기 위해서는 어떻게 해야 할까요? 먼저, 책을 읽기 전에 목차를 살펴봅니다. 목차는 저자의 머릿속 생각의 흐름을 잘 보여주는 지도와 같습니다. 그 다음, 각 장의 제목을 쭉 읽으면서 제목 간의 연결고리를 생각해봅니다. '왜 1장 다음에 2장의 제목이 붙었을까?', '나라면 3장을 먼저 앞에 내세웠을 텐데 왜 저자는 그러지 않았을까?' 이런 식으로 말입니다. 목차의 제목을 연결해서 스토리를 만들어보는 방법도 추천합니다.

이렇게 하다 보면 자연스럽게 저자의 머릿속 생각의 흐름을 사고하는 고차원적 사고력이 개발됩니다. 청소년 여러분, 기억해두시기 바랍니다. 사고하는 방법이 곧 과학하는 방법이라는 것을 말입니다!

의심하고 또 의심하라

사람을 의심하라는 얘기가 아닌 건 아시겠죠? 그랬다간 왕따 되기 십상이니, 주의 바랍니다. 책을 읽으면서 딴지를 걸라는 말입니다. 이과형은 남과 다르게 생각하는 태도가 매우 중요합니다. 따라서 기존의 방식과는 다른 방식으로 문제를 해결하는 '사고의 전환'을 훈련할 필요가 있습니다.

그렇다면 사고의 전환을 위한 방법에는 어떤 것이 있겠습니까? 책을 읽을 때 저자와 반대되는 관점에서 문제를 바라보는 연습을 하길 권합니다. '저자는 이렇게 생각하는데, 그 반대라면 어떨까?', '저자는 이렇게 주장하는데, 나라면 어떻게 할까?' 이렇게 자꾸 딴지를 거는 겁니다.

책의 내용을 단지 이해하는 데서 그치지 말고, 그것을 다르게 바라보는 연습. 이과형에게 특히 중요하니 꼭 기억해두시길 바랍니다.

묻고 늘어져라

특히 자연과학 분야의 책들은 저자가 질문을 던지고 그 질문에 대한 나름의 해답을 제시하는 구조인 경우가 많습니다. 다시 말해, 질문과 답이 연결되고 숨어 있는 구조인 것입니다.

그렇기 때문에 책을 읽으면서 일단, 자주, 무조건, 질문을 던지도록 하십시오. "이게 무엇이지?" "왜 그렇지?" "그래서 어떻게 되는 거지?" 이렇게 책 내용에 대한 기본적인 질문에서 출발하도록 하십시오.

위의 기본 질문법이 익숙해지면, 그 다음엔 고차원적 질문을 던지는 것입니다. 이는 저자의 질문과 답에 대한 질문을 던지는 걸 말합니다. "저자가 던진 질문은 뭐지?" "저자는 왜 이런 질문을 던졌지?" "이 질문에 대한 저자의 답은 뭐지?" "꼭 이 답만이 가능할까?" 이런 식으로 말입니다.

엉뚱한 질문도 괜찮습니다. "왜 이 페이지에 이런 사진이 들어갔지?" "왜 이 저자는 유독 이 단어를 자주 쓸까?" 어떤 질문이든 오케이입니다. 때때로 엉뚱한 질문이 독창적인 생각을 낳기도 합니다.

이렇게 질문을 던지고, 그 질문에 대한 답을 찾는 재미로 책을 계속 읽어나가는 겁니다. 그런데 만약 답을 찾지 못하면 어떻게 하겠습니까? 괜찮습니다. 자기 나름대로 그 답을 상상하면 되니까 말입니다.

청소년 여러분, 이 멘트를 꼭 기억하시기 바랍니다.

"세상에 바보 같은 질문이란 없다."

지금까지 노기자였습니다.

이광형
이렇게
읽자

샅샅이 훑어라
무… 무서워
3시간째
읽고, 사고하라
우기야!!
돌이 되다니
의심해보자!
아무리 봐도 넌 책이 아냐
그럼 뭔데!?
3시간째
물고 늘어져라!
왜?! 왜 왜! why 어디 가?
이것 좀 놔

이과형 책읽기, 더 구체적인 방법을 알려주마!

이과형 맞춤 독서법

몇 년 전, 미국의 유명한 과학 잡지가 성공한 과학자 100명에게 이런 질문을 던졌지. "훌륭한 과학자의 조건은 무엇인가?" 100명의 답변은 무엇이었을까? 그들이 가장 중요하게 꼽은 건 '비판적 사고력'과 '과학적 상상력'이었어. 당연하다고 여기는 상식에 의문을 품고 따져보는 비판하기. 나름의 근거를 가지고 다르게 바라보는 상상하기. 이 두 가지가 이과형 독서법의 핵심이라고 할 수 있어. 이과형에게 도움이 되는, '과학책 재미있게 읽는 법'을 소개할게.

1 기발한 아이디어+재미있는 스토리의 과학책읽기

스토리텔링 기법으로 과학적 지식을 풀어가거나 과학과 전혀 상관없을 것 같은 분야를 연결하여 과학 얘기를 들려주는 등 흥미롭고 읽기 쉬운 과학책을 찾아서 읽어보렴. 이렇게 재미있게 쓴 과학책을 읽으면서 저자가 어떤 방식으로 정보들을 재정리하여 독자에게 전달하는지 그 방법도 배워두렴. 제목만 들어도 군침이 도는 과학책들을 알려줄게.

마치 소설처럼 이야기 형식으로 과학적 지식을 흥미롭게 풀어나가는 책 ▶ **『수학귀신』**(비룡소), **『노빈손』 시리즈**(뜨인돌)

일상생활, 문화, 예술 등 다양한 분야에서 과학적 원리와 지식을 끌어내어 소개하는 책 ▶ **『요리로 만나는 과학 교과서』**(부키), **『영화는 좋은데 과학은 싫다고?』**(한승), **『과학공화국 생물법정』 시리즈**(자음과모음), **『건축 속 재미있는 과학 이야기』**(시공사)

제목만 들어도 흥미가 확 당길 정도로 과학적 지식을 재치 있게 소개하는 책 ▶ **『남자는 왜 젖꼭지가 있을까?』**(시아출판사)

2 재미있는 공상과학소설 읽기

흥미진진한 구성으로 계속 페이지를 넘기게 만드는 재미있는 공상과학소설을 읽으면서 과학적 상상력을 키워보렴.

『64의 비밀』(바람의아이들) ▶ **바이러스들의 공격으로 위기에 처한 인간! 생물에게 유전자는 과연 어떤 존재일까? 흥미진진한 구성으로 책장이 술술 넘어간다.**

『씨앗을 지키는 사람들』(창비) ▶ 막강한 거대 기업들이 곡식의 종자를 전부 차지해버린 미래 사회! 삭막한 미래 사회의 모습이 실감나게 그려진다. 초등 고학년부터 읽을 수 있을 정도로 문체도 쉽다.

『잃어버린 세계』(행복한책읽기) ▶ 아마존강 유역에서 열병에 걸려 사망한 미국인 화가의 스케치북에 지금은 존재하지 않는 기괴한 동물이 그려져 있다. 신문기자, 동물학자, 비교해부학자, 탐험가가 남미로 떠나고, 상상을 초월하는 놀라운 세계를 만나 위험천만한 모험을 하게 된다.

『프랑켄슈타인』(푸른숲) ▶ 젊은 과학자 빅터 프랑켄슈타인은 끈질긴 노력 끝에 생명체를 창조하지만, 흉측한 외모를 가진 괴물을 만들고 만다. 괴물과 프랑켄슈타인의 서로에 대한 증오와 복수가 얽히고설키면서 이야기는 파국으로 치닫는다.

『우주 전쟁』(푸른숲) ▶ 영국의 작은 마을에 화성에서 날아온 우주선이 착륙한다. 우주선에서 나온 괴물들은 열광선을 발사하며 주변 사람들을 휩쓸어버리고, 화성인들은 지구를 점령해가기 시작한다.

3 영화와 함께 읽기

공상과학영화 중에 원작소설을 바탕으로 한 것들이 있어. 공상과학소설이라고 해서 무작정 허망한 이야기를 늘어놓은 것이 아니라, 발달된 과학적 이론을 바탕으로 정교하고 치밀하게 이야기가 전개되는 소설도 많아. 그래서 영화로 만들었을 때에 감탄이 나올 정도로 유기적인 스토리가 펼쳐질 수 있는 거지. 영화와 소설 함께 보기, 무척 재미있겠지?

영화 〈아이, 로봇〉 & 원작소설 『아이, 로봇』 ▶ 'SF의 3대 거장' 중 한 명인 아이작 아시모프의 연작소설집 『아이, 로봇』(우리교육)은 10여 년 동안 쓴 로봇 소설들을 모아 펴낸 것으로, 아홉 종류의 로봇에 대한 각각의 단편을 한 권으로 엮었다. 신문기자인 화자가 로봇심리학의 대가인 수잔 캘빈 박사를 인터뷰하면서 여러 로봇들에 대한 에피소드를 듣는 형식으로 구성되어 있다. 윌 스미스 주연의 영화 〈아이, 로봇〉은 그 에피소드 중 일부를 영화화한 것이다.

영화 〈마이너리티 리포트〉 & 원작소설 『마이너리티 리포트』 ▶ 미국의 대표적 SF 작가 필립 K. 딕의 소설 『마이너리티 리포트』(집사재)는 과학기술의 발달로 범행을 저지르기도 전에 범인을 체포할 수 있게 된 미래에 누명을 쓰고 쫓기는 형사를 주인공으로 한 SF 스릴러다. 소설의 주인공은 노인인데, 스티븐 스필버그 감독에 의해 영화화되면서 많이 각색되어 톰 크루즈가 주인공을 맡았다.

영화 〈아일랜드〉 & 소설 『복제 인간 사냥꾼』 ▶ 영화 〈아일랜드〉는 생태적 재앙으로 인류의 일부만이 살아남은 21세기 중반을 배경으로 한 SF 스릴러다. 주인공은 수백 명의 주민들과 함께 부족한 것이 없는 유토피아에서 빈틈없는 통제를 받으며 살고 있다. 하지만 사실 이들은 스폰서에게 장기와 신체 부위를 제공할 복제인간이다. 이를 알게 된 주인공은 목숨을 건 탈출을 감행한다. 영화 〈아일랜드〉는 소설 『복제 인간 사냥꾼』(아이세움)을 직접 각색한 것은 아니지만 여러 면에서 그 내용이 유사하여 비교하며 함께 보면 재미있다.

『물리학자 정재승의 영화 속 과학 학교』1, 2(웅진주니어), 『과학 교과서, 영화에 딴지 걸다』(푸른숲) ▶ 공상과학소설이나 영화를 본 후, 이 책들을 읽으면서 과학 지식을 확인해보면 좋다. 자연스럽게 배경지식도 커지고 소설과 영화를 비판적으로 볼 수 있는 눈도 생긴다.

요건 몰랐지~

문과도 이과도 모두에게 필수!

지금까지 네가 문과형인지 이과형인지, 그중에서도 어떤 계열인지 알아보고, 그에 맞는 독서법과 추천 책들을 알아보았어. 하지만 문과와 이과로 나누어 입시를 치르는 현행 제도는 지식의 통합시대로 가고 있는 시대의 흐름을 거스르는 것이라는 비판의 목소리가 매우 높아. 독서도 마찬가지야. 문과니까 문학작품이나 사회 관련 책을 많이 읽어야 하고, 이과니까 과학책을 많이 읽어야 한다는 식의 생각을 아직도 하고 있니? 헐~ 그건 너무나 단편적인 생각이니 그런 생각이랑 냉큼 내다버리도록 해. 앞에서 문과 이과를 나누어서 읽기 방법을 알아본 건 어디까지나 자기 탐색 과정의 하나일 뿐이라는 걸 명심하도록. 그렇다면 문과 이과 모두에게 필수적인 능력은 무엇일까? 내 맘대로 뽑아보았다. 이름하여 내 맘대로 랭킹 베스트 3!

(그렇다고 쌤이 허튼소리 하는 사람 아니라는 거 알지? 시대적인 흐름과 세계적인 추세를 고찰하여 진지하게 뽑은 랭킹이니 가슴 깊이 새기기 바람!)

문과형에게도 이과형에게도 필수 BEST 3

BEST 1 상상력

많은 미래학자들은 이제 정보혁명 시대는 가고 이야기혁명 시대가 왔다고 말한다. 어느 분야건 사람들의 마음을 사로잡을 수 있는 스토리를 가지고 있다면 성공할 수 있다는 뜻이다. 소설가 조앤 롤링이 1년간 받는 저작권료는 1천억 원. 빌 게이츠의 한 해 배당금인 450억 원의 2배가 넘는다. 일본 아오모리현에서 태풍으로 인해 그해 과수원 농사를 망쳐버린 사태가 벌어진 적이 있었다. 대부분의 과일들이 태풍으로 다 떨어져버린 것이다. 그런데 한 농부가 기막힌 이야기를 생각해냈다. '태풍에도 견딘 사과, 수험생 필히 합격!' 그 농부는 남은 사과에 '행운의 사과'라는 스토리를 덧붙여 비싼 값에 팔아 오히려 엄청난 이윤을 남겼다. 이야기는 어디에서 나올까? 상상력이다. 그렇다면 상상력은 어떻게 기를까? 바로 책을 읽어야 한다. 이리저리 파헤치고 쪼개보고 붙여보고 따져보며 책을 읽다 보면, 남과 달리 새로운 관점으로 생각할 수 있는 상상력이 길러진다.

BEST 2 분석력

그런데 상상력은 책을 그저 읽기만 해서는 얻어지지 않는다. 자꾸 질문을 던지고 딴지를 걸고 따져볼 때, 즉 분석적으로 책을 읽을 때 새롭고 다른 눈이 생겨난다. 다시 말해 상상력과 분석력은 동전의 양면과도 같다. 문과는 상상력이 풍부하고, 이과는 분석적이라는 이분법적 생각은 낡아도 너무 낡은 생각이니 당장 쓰레기통에 던져버리고 폐기처분할 것.

BEST 3 균형 잡힌 독서

21세기 들어서면서 거의 모든 학문 분야에 통합의 바람이 거세게 불고 있다. 하버드대학을 비롯한 세계 명문 대학들은 인문학과 자연과학의 구분없이 거의 모든 전공 분야의 학생들에게 자연과학을 필수로 가르치는 방향으로 교과과정을 개혁하고 있다. 자연과학 분야 역시 인문학적 사고가 더욱 중시되고 있다. 예를 들어, 건축학은 예전에는 공과대학 안에 들어 있었다. 그런데 지금은 건축대학으로 따로 분가하고 건축설계 중심으로 교과과정이 바뀌면서, 더욱 친환경적이며 인간적인 공간을 설계하기 위해 인문사회 전반에 대한 폭넓은 지식과 그 지식을 시각적으로 풀어내는 자질이 중요해졌다. 동물행동학자이자 수많은 베스트셀러 저자이기도 한 최재천 박사도 자연과학과 인문학의 소통을 강조한다. 그는 고등학교 때 좀처럼 수학에 흥미를 붙이지 못하고 오히려 어학 과목을 더 좋아해서 고등학교 내내 문과 계통의 대학으로 진학하길 희망했지만 그 뜻을 이루지 못하고 엉거주춤 생물학을 전공하게 되었다고 한다. 그런데 세월이 흐른 지금, 그는 생물학이야말로 과학과 인문학을 연결하는 고리이며, 분석력과 종합력을 고루 갖춘 사람이 잘할 수 있는 학문이라고 말한다. 흔히 자연과학이라고 생각하는 생물학과, 인문학이라고 생각하는 심리학이 오늘날 인지신경과학 또는 행동신경과학으로 연결, 통합되면서 거듭나고 있는 것도 주목할 만한 예이다. 이처럼 인문학과 자연과학은 그 경계가 점차 모호해지고 있으며, 그 통합은 더욱더 가속화될 것이다. 따라서 문과형도 자연과학책을 읽어야 하고, 이과형도 인문과학책을 읽어야 한다. 균형 잡힌 독서는 문과형에게도 이과형에게도 필수이다.

이 책을 추천하마!

문과 이과 선택에 실질적인 도움을 주는 책

『스무 살에 선택하는 학문의 길』: 대학에서 우리가 배워야 할 것들

정운찬, 김용준 외 지음 | 아카넷 | 2005

자신이 전공하고 싶은 분야에 대해 막연하게만 알고 있는 중고등학생들에게 실질적인 정보를 주는 책. '대학에서 우리가 배워야 할 것들' 이라는 부제가 붙은 이 책은 대학이란 어떤 곳이고, 학문이란 무엇인가에 대한 글로 시작한다. 총 636쪽에 달하는 묵직한 분량을 통해, 인문학, 사회과학, 자연과학, 공학, 의학, 생활과학, 예술 분야 등 각 분야의 전문가 49명이 자신의 전공에 대해 학문 내용, 학문적 가치, 현재와 미래의 가능성, 진출할 수 있는 분야, 가져야 할 자세와 준비 등을 생생하고 구체적으로 알려준다.

『10년 후, 나를 디자인한다』: 10대와 20대를 위한 명품인생 경영전략서

과학동아 지음 | 동아사이언스 | 2007

《과학동아》 전문기자 9명이 현재 이공계 분야에서 활약하고 있는 50인을 직접 만나 어떻게 진로 설계를 하였는지 인터뷰하여 정리한 책. 그들이 어떤 과정을 거쳐서 원하는 직업을 얻었는지, 현재 구체적으로 어떤 일을 하고 있는지, 앞으로 어떤 전망과 비전을 가지고 있는지 등을 생생하게 들을 수 있다. 싸이월드의 신화를 만든 주인공부터 할리우드 영화의 특수효과를 담당한 그래픽사이언티스트에 이르기까지 그들이 안내하는 성공나침반을 따라가면서 진로 설계에 큰 도움을 받을 수 있다.

진로에 대한 폭넓은 관점을 제공하는 책

『도전하는 10대 네 꿈을 펼쳐라』 김미화 외 지음 | 자유로운상상 | 2007

자신의 분야에서 성공한 19명의 명사가 10대에게 들려주는 꿈에 대한 이야기. 개그맨, 교수, 경찰, 제과기능장, 은행가, 병원장, 국제변호사, 탐험가, 요리사 등 다양한 직업의 세계를 들을 수 있다.

『아들아, 너는 세계를 무대로 살아라』 유동철 지음 | 북로그컴퍼니 | 2009

아빠가 중학생 아들에게 삶에 대해 따뜻하면서 깊이 있는 가르침을 전한다. 공연기획자 송승환, 전 WHO 사무총장 이종욱 , 마술사 이은결, JYP엔터테인먼트 대표 박진영 등 세계를 무대로 뛰고 있는 인물들을 사례로 들면서 꿈과 진로에 대한 이야기를 친절하게 들려준다.

『너만의 브랜드를 가져라』 김창남 엮음 | 미래를소유한사람들 | 2008

이 시대 창의적 리더 10인의 이야기. 기획자 김종휘, 독립영화 전용관 '필름포럼' 의 대표 임재철, 시민운동가 하승창, 도보여행가 김남희, 축구 저널리스트 서형욱 등 자신만의 독창적인 길을 가고 있는 인물들을 소개하면서 진로에 대한 다양하고 신선한 관점을 제공한다.

『내 인생의 결정적 순간』

안철수, 박경철 외 지음 | 이미지박스 | 2007

다양한 분야의 전문가들이 지금의 변화된 삶을
살게 된 '인생의 결정적 순간' 을 들려준다.

『1% 천재들의 99% 진짜 이야기』

이은영 지음 | 거인 | 2009

다양한 분야의 유명인사들의 치열하고 줄기찬 노력이
감동을 불러일으킨다.

6장

나에게 맞는 직업, 책으로 알아보자

책 • 에 • 게 • 주 • 문 • 을 • 외 • 워 • 봐

"책아, 책아, 세상에서 나에게 가장 잘 맞는 직업은 무엇이니?"

부기야 우기야, 책과 함께 헤쳐온 지금까지의 탐험, 어때?

휴우~

뭐…… 나름 괜찮았어요. 생각보다 재미있긴 했어요.

너 소녀한테 했던 거랑은 말이 다르다?

흠칫!

너 소녀한테 책을 통해 너 자신을 알아가는 게 꽤 흥미진진하다고, 요즘 책읽기의 재미에 빠지기 시작했다고 했다며?

…….

ㅋㅋ 저 역시도 정말 색다른 경험이에요. 하고 싶은 것도 많아지고, 궁금한 것도 늘어나고요. 뭐랄까…… 맞아요! 내 삶에 의욕이 솟는 느낌이요!

^____^

^--^v

그래, 더욱 박차를 가해보자. 지금부터는 자신의 강점과 재능을 알아보고, 그에 맞는 직업세계를 탐색할 거야.

물론 또 책을 통해서겠죠?!!

두말하면 입 아프지. 모든 길은 책으로 통하니까 말이야. 자, 자신의 강점을 발휘하며 당당하고 행복하게 살아가는 멋진 미래의 너희들의 모습, 이제부터 알아볼까? 책아, 책아, 나에게 가장 잘 맞는 직업이 무엇인지 알려다오.

???

빨랑 따라서 주문을 외워!

책아, 책아, 나에게 가장 잘 맞는 직업이 무엇인지 알려다오.

우하하하, 무슨 사이비 종교 단체도 아니고, 그걸 외우란다고 또 외우냐?!! ㅋㅋ ^-----^

(또 낚였다) …… ^--^;

나는 어떤 사람일까?

자, 거울 앞에 서서 자신을 바라봐.
지금의 내가 마음에 드니? 어떤 점이 마음에 들고,
어떤 점이 마음이 들지 않니?
내가 어떤 사람인지를 묻는 것은 지금까지 내가
어떤 생각을 하며 어떻게 살아왔는지를 묻는 것과 같아.
지금까지의 수많은 경험과 사건, 생각들이 모여서
'지금의 나'라는 작품이 만들어졌으니 말이야.
이제부터 나에 대한 정보를 검색해볼 거야.
나를 알아야 앞으로 내가 어떻게 살아야
할지를 설계할 수 있겠지?
과연 어떤 정보들이 검색될지
궁금하지 않니?!!!

부기는 뭘 잘하니?

딱히 없는 것 같은데요.

부기 넌 투덜대는 거 잘하잖아. ㅋㅋ

-_-#

그럼 부기야, 좋아하는 건 뭐니?

글쎄요…… (자신 없는 목소리로) 게임이랑…… 우기의 권유로 시작한 책읽기?

그 책이 만화책이라는 건 분명히 밝혀라. ㅋㅋ

-_-#

근데 선생님, 오늘은 나에게 맞는 직업을 책을 통해 알아본다고 하셨는데, 왜 잘하는 것, 좋아하는 것에 대해 물으세요?

직업을 선택할 때, 자신이 좋아하고 잘하는 걸 직업으로 연결하는 것이 가장 행복하거든. 그래서 직업 탐색은 바로 '나 탐색' 이기도 하단다. '나는 어떤 사람인지?', '나는 무엇을 좋아하는지?', 그리고 '내가 잘하는 건 뭔지?' 나 자신에 대해 알아야 나에게 맞는 직업도 알 수 있지.

아! 나 자신에 대해 제대로 생각해본 적이 한 번도 없었던 것 같아요.

그럼 먼저 '나는 어떤 사람인지?' 자기 자신에 대해서 탐색해볼까?

자기 파악 테스트

너 자신을 '알라'!

나는 나에 대해 얼마나 알고 있을까?

각 단계별로 3개 항목 이상에 답할 수 있으면 다음 단계로 넘어갈 것. 그렇지 못하다면 독서쌤의 진단을 들을 것!

1단계 개성 파악하기

나는 남과 뭐가 다를까?

- '역시 나다운 행동이구나' 라고 느낄 때가 언제인지 10가지를 쓸 수 있다.
- 부모님, 친구들, 선생님 등 주변 사람들이 나에 대해 말하는 공통된 특징을 3가지 이상 쓸 수 있다.
- 나를 상징하는 상징물(동물, 식물, 물건, 도형이나 기호, 날씨, 자연물 중에서)은 무엇인지, 그렇게 생각하는 이유는 무엇인지 말할 수 있다.
  예시▶ "나는 '물' 이야. 물이 다른 것들과 잘 섞이듯이 나도 사람들과 잘 어울리거든."
- 내가 살아가는 이유를 3가지 이상 쓸 수 있다.
- 인생에서 꼭 이루고 싶은 것을 5가지 이상 쓰고 그 이유를 말할 수 있다.

독서쌤의 진단 **나도 나를 몰라!**

지금까지 생각 없이 멍 때리며 살았구나!
너다운 게 무엇인지 발견하는 것이 무엇보다 시급! '네가 원하는 삶', '너의 특징', '너의 개성' 등 네가 남과 무엇이 다른지 너 자신을 관찰해봐.

2단계 흥미 파악하기

나는 무엇을 좋아할까?

- 내가 무엇을 할 때 가장 행복하고 신이 나는지 5가지 이상 쓸 수 있다.
- 내가 좋아하는 과목과 그 이유를 5가지 이상 쓸 수 있다.
- 내가 좋아하는 사람이나 닮고 싶은 사람을 5명 이상 쓰고 그 이유를 말할 수 있다.
- 내가 가장 가고 싶은 여행지 5곳을 적고 그 까닭을 말할 수 있다.
- 나는 내가 좋아하는 것을 하루에 30분 이상 하고 있다.

독서쌤의 진단 **경험을 해봐야 좋아하는 걸 알지!**

인생 참 게으르게 살았구나!

어떤 일을 할 때 신나고 행복한지 모르겠다고? 게임할 때 말고는 무언가에 빠져본 적이 없다고? 그렇다면 넌 그동안 네 인생에 대해 게으름을 피우고 있었다는 뜻이야. 적극적으로 네 인생을 살지 않은 채 그저 책상 앞에서 컴퓨터 키보드만 불나게 두드려댔다는 거지. 일단 경험을 해봐야 이 일이 재미가 있는지 아니면 두 번 다시 하기 싫을 정도로 따분한지 알 수 있지 않겠어? 이제 그만 컴퓨터를 꺼. 세상과 부딪히면서 다양한 경험을 해봐. 나쁜 짓만 아니라면 일단 들이대!

3단계 능력 파악하기

내가 잘하는 것은 무엇일까?

- 말놀이를 즐기고 책읽기를 좋아하며, 말이나 글로 표현하는 활동을 잘한다.
  ➡ **언어적 지능 ↑**
- 숫자에 대한 두려움이 없고 숫자와 관련된 여러 활동을 잘한다.
  ➡ **논리수학적 지능 ↑**
- 눈썰미가 좋다는 말을 곧잘 들으며, 시각적 기억력이 뛰어나다.
  ➡ **시각공간적 지능 ↑**
- 운동신경이 발달했다는 말을 자주 들으며, 손을 이용한 활동에 능숙하고, 자신의 생각이나 느낌을 몸으로 표현하는 걸 잘한다. ➡ **신체운동적 지능 ↑**
- 한 번 들은 리듬이나 멜로디를 잘 기억하고, 음악을 듣고 음악으로 표현하기를 좋아한다. ➡ **음악적 지능 ↑**
- 친구들 사이에서 인기가 높고, 자신의 의견이나 감정을 상대방에게 효과적으로 잘 전달하여 원하는 방향으로 이끄는 카리스마가 있다. 다른 사람들 앞에서 공연하거나 발표하는 걸 좋아한다. ➡ **대인관계 지능 ↑**
- 정신집중을 잘한다는 소리를 들으며, 장래 희망에 대해 생각하기를 좋아하고, "왜?"라는 질문을 잘 한다. 조용히 명상하거나 생각하는 시간을 즐긴다.
  ➡ **개인이해 지능 ↑**
- 자연현상을 탐구하거나 감상하기를 좋아한다. 별자리, 우주세계, 자연환경에 관심이 많으며, 식물 가꾸기, 동물 기르기 등을 잘한다.
  ➡ **자연탐구 지능 ↑**
- '나는 누구인가?', '내가 사는 이유는 무엇인가?' 등 철학적인 질문을 자주 던지고 고민을 즐긴다. ➡ **실존적 지능 ↑**
- 신화, 무의식, 종교 등 인간의 영적 능력에 관심이 많다. 신비, 명상, 수행, 수도생활에 관심을 가지고 탐구하기를 즐긴다. ➡ **영성 지능 ↑**
- 사람들과 대화를 나눌 때, 책을 읽거나 드라마나 영화를 볼 때, 인물들의

도덕성에 관심이 많다. 인간답게 진실하고자 하는 내면의 욕구가 강하다.
➡ **도덕적 감수성 ↑**

- 위트, 재치, 풍자, 개그 등 일상의 언어나 행동을 통해 주변을 웃게 만드는 것을 잘한다. 책을 읽거나 영화, 드라마를 볼 때에도 유머러스한 행동이나 말에 관심이 많으며, 평소 말놀이를 즐긴다. ➡ **유머 ↑**
- 직접 체험하지 않고도 내용을 알아차리고 예측을 잘한다. 여러 개념들을 통합하고 원인과 동기를 통찰하길 좋아한다. '척 하면 알아차린다', '앞으로 이렇게 될 가능성이 높다' 라고 예감하고 예측하기를 즐긴다. ➡ **직관 ↑**
- 문제 상황에서 그것을 해결하기 위한 가능성을 독창적으로 잘 끄집어낸다. 엉뚱하고 기발한 발상을 하기 좋아하고, 남과 다른 생각을 즐기며, 기존의 지식들을 잘 버무려서 새롭게 재구성하는 것을 잘한다. ➡ **창의성 ↑**

독서쌤의 진단 세상에 단 한 명뿐인, 나는 나!

3단계까지 온 걸 축하해! 열심히 살았구나!
여기에서 제시한 지능유형은 하버드대학 교육심리학 교수인 하워드 가드너 박사의 다중지능이론에 바탕을 한 거야. 다중지능이론은 인간의 지능이 IQ나 EQ와 같은 단순한 지적 능력이 아닌 여러 가지 다양한 지능으로 구성되어 있다고 보는 지능이론이야. 다중지능의 특징은 다음과 같아. 1. 인간은 모두 다양한 지능을 지니고 있다. 2. 각 지능은 모두 동일하게 중요하다. 3. 이 지능들은 독립적이지만 상호협력하여 함께 작용한다. 4. 지능들이 합해지는 방식은 개개인마다 독특하다. 5. 지능들은 누구나 계발가능하다. 6. 강점지능을 강화하여 약점지능을 보완할 수 있다. 예컨대 독일의 시인이자 과학자이며 철학가인 괴테처럼 어떤 사람은 다양한 지능들이 모두 빼어날 수 있고, 야구선수 박찬호처럼 한 가지 지능이 다른 지능에 비해 특히 우수할 수도 있어. 주의할 것은 그렇다고 박찬호 선수가 신체운동적 지능 하나만 우수하다는 것은 아니라는 거야. 그는 타자의 심리를 잘 읽어낼 수 있는 대인관계 지능이나, 위기에 처했을 때 자신을 이해하고 통제할 수 있는 개인이해 지능, 더 나아가 자신이 던진 공의 속도와 더불어 타자가 방망이를 휘두르는 속도와 바람의 속도 등을 계산해내는 논리수학적 지능이 뛰어날 수도 있어. 즉, 우리의 지능을 한 가지만으로 측정할 수 없으며, 뛰어난 지능이 한 가지뿐인 것도 아니라는 거야.
자, 3단계에서 너는 어느 유형의 지능이 뛰어난지 잘 체크해보렴. 대부분 2~3개 이상의 지능이 중복선택될 거야. 각 지능들은 모두 중요하며, 얼마든지 계발할 수 있다는 사실, 꼭 기억하렴.

책아 책아 내가 누구인지 말해다오~

자기탐색을 도와주는 책

앞에서 3단계에 거쳐서 나에 대한 정보를 검색해보았어.
1단계 남과 다른 나만의 특징은 무엇인지, 2단계 내가 흥미를 느끼고 좋아하는 것은 무엇인지, 3단계 내가 강점을 가지고 잘하는 것은 무엇인지를 알아보았지. 3단계 탐색을 통해 너는 너의 개성, 흥미, 능력을 대략적으로 알게 되었을 거야. 좀더 구체적으로 너 자신에 대해 알고 싶다고? 그렇다면 이 책들을 추천하마. 책을 읽어가면서, 지금까지 너도 잘 몰랐던 너 자신에 대해 깊이 있게 알게 될 거야.

『Who am I?』 : 나는 내가 만든다

정창현 외 지음 | 사계절 | 2004

'십대를 위한 자기탐색 교과서' 라는 부제가 붙은 이 책은, 중동고등학교에서 실제로 'Who am I?' 라는 주제로 수업한 내용을 정리한 거야. "나는 누구인가?", "내가 진정 원하는 삶은 어떤 것인가?", "어떻게 해야 내가 원하는 삶을 이룰 수 있을까?"에 대한 답을 찾아가는 워크북 형태로 되어 있어. 여럿이 하면 좋겠지만 혼자서 작성하면서 스스로에 대해 생각해봐도 좋아.

『꿈을 찾아주는 내비게이터』

정효경 지음 | 마리북스 | 2008

하워드 가드너의 지능유형에 따라 문과형인지 이과형인지 탐색해볼 수 있고, 자신의 진로를 설계해볼 수 있어. "청소년이 자신의 목표를 빨리 찾을 수 있는 방법은 무엇인가?"라는 질문에 저자는 이렇게 대답하지. "자신의 강점을 발견하라. 그렇다면 강점을 어떻게 발견할 것인가? 강점은 자신의 타고난 지능유형을 알고 그것을 개발하는 것이다."

『너는 꿈을 어떻게 이룰래?』 시리즈

리앙즈완 지음 | 한언 | 2006

목표설정, 문제해결, 시간관리, 돈관리 등 주제별로 나누어 10대들이 각각의 능력을 키울 수 있는 구체적인 방법론을 알려주는 청소년 자기계발 시리즈야. 먼저 개념을 이해하고, 그 주제와 관련하여 자신의 목표가 무엇인지 설정해. 그리고 그것을 왜 원하는지, 달성 방법은 무엇인지 탐색하지. 설명식 문장이 아닌 사지선다형 질문에 답하거나, 몇 줄로 적어가면서 탐색할 수 있도록 구성되어 있어서 자신의 생각을 잘 정리해볼 수 있어.

『10대의 꿈을 실현해주는 진로 코칭』

하영목 지음 | 북하우스 | 2005

기업과 대학에서 전문적으로 진로 상담을 해온 저자의 꼼꼼하고 친절한 안내가 돋보이는 책이야. 자신의 장점, 비전, 가치관, 성취동기 등을 구체적으로 알아볼 수 있는 체크리스트가 있어 유용하지. 책의 내용을 따라가면서 자신의 흥미유형과 재능유형을 탐색해보고 그에 맞는 직업을 찾아볼 수 있도록 되어 있어. 진로를 탐색하고 결정할 때 어떤 점을 중요하게 고려해야 하는지도 알려주지. 부모님과 선생님을 위한 진로지도 지침서도 함께 들어 있어서 좋단다.

나에겐 어떤 직업이 맞을까?

우리는 '일'을 통해 자신을 실현하고 삶의 보람을 느껴. 그러니 직업 찾기는 곧 자기다움을 이루는 과정이라고 할 수 있지. 따라서 단지 돈을 벌기 위해서, 혹은 사회적으로 인정받기 위해서가 아니라, 나에게 잘 맞느냐가 직업 선택 시 가장 중요하단다. 그렇다면 나에게 맞는 직업은 어떻게 알 수 있을까? 먼저 나를 알아야 내게 맞는 직업이 보이나니, 지금부터 자신의 흥미에 맞는 직업이 무엇인지 탐색해볼까나?

★여기에서 소개하는 직업 찾기 여정은 '홀랜드'가 만든 직업흥미검사를 이해하기 쉽게 풀어서 설명한 거야. 여기에서 사용한 직업 흥미 체크리스트와 유형별 특징은 어세스타(한국심리검사연구소)에서 출간한 내용을 참조한 것이니, 더 자세한 선호 직업분야를 알고 싶다면 어세스타에 문의하길!
www.assesta.com

지금까지 나 자신에 대한 '세 가지 측면'을 알아보았어. 나는 남과 다른 어떤 '개성'을 가졌는지, 내가 '흥미'를 느끼고 몰입하는 일은 무엇인지, 나는 어느 유형의 '지능'을 가졌는지에 대해서 말이야. 일단 여기까지가 나 자신에 대해 1차적인 파악을 했다고 할 수 있지. 그럼 이제부터 좀더 구체적으로 내가 어떤 직업에 관심이 있고 좋아하는지를 알아보도록 할까?

자신의 직업에서 성공하려면 가장 중요한 게 뭐라고 생각하니? 능력, 인성, 신체적 자질, 삶의 경험, 의지력 등등 무수한 요인이 있지. 그런데 그중에서 가장 중요한 요인은 무엇일까? 직업을 선택할 때 가장 중요하게 생각해야 할 요소는 바로 네가 '그 직업에 흥미가 있느냐 없느냐'야.

특정 직업에 관심이 있고 좋아하는 이것을 '직업흥미' 라고 하는데, 사람마다 직업흥미가 다르단다. 다시 말해, 사람마다 흥미를 느끼는 직업 분야가 다르다는 말이야. 그러니까 남들이 재미있어 하는 직업이 너에게는 쥐약이 될 수도 있고, 부모님이 추천하는 직업이 너에게는 그리 흥미롭지 않을 수도 있지.

중요한 건, 너 자신의 직업흥미를 제대로 파악해서 직업을 선택해야 한다는 거야. 그래야 일을 하면서 즐겁고 행복할 수 있겠지? 그렇다면 과연 너의 직업흥미는 무엇일까?

직업흥미 체크리스트

나는 어떤 직업을 가져야 신나게 잘할 수 있을까?

아래의 항목들 중 자신에게 해당하는 항목에 체크를 해보자.
체크가 가장 많이 된 쪽이 자신의 직업흥미이다.

실제형

- □ 신체를 움직여서 하는 활동을 좋아하며, 취미도 주로 몸을 움직이는 것과 관련이 있다.
- □ 기계에 대해 관심이 많고 기계를 조작하는 일을 좋아한다.
- □ 모호하고 추상적인 것보다 분명한 것을 좋아하며, 눈에 보이는 결과가 나타나는 일을 좋아한다.
- □ 자연과 야외활동을 좋아한다.
- □ 때로 신체적 위험을 감수하면서까지 임무를 완수하려는 책임감이 강하다.
- □ 수줍음이 많고 겸손하다는 말을 자주 듣는다.
- □ 많은 사람과 일하기보다는 혼자서 또는 소수의 사람과 일하는 것을 좋아한다.
- □ 규칙을 준수하는 것을 중시하고 명령체계가 확실한 것을 선호한다.

탐구형

- □ 궁금한 것이 많고 질문이 많은 편이며, 새로운 정보에 관심이 많다.
- □ 남들이 포기한 퍼즐이나 퀴즈, 수학 문제 등 복잡한 문제를 풀어나가는 것에서 성취감을 느낀다.
- □ 다른 사람의 주장이나 생각에 일단 의문을 갖고 회의적으로 바라보는 편이다.
- □ 누가 감독하거나 시키는 것보다 스스로 알아서 하는 것을 좋아하며, 본인도 다른 사람을 감독하는 것을 별로 좋아하지 않는다.
- □ 보기에 차갑고 거리감이 느껴진다는 말을 종종 듣는다.
- □ 많은 사람들을 만나는 것을 좋아하지 않는다.
- □ 스스로 나서서 리드하지는 않지만 자신이 탐구하는 분야에서는 적극적이다.
- □ 문제가 생기면 직접 나서서 문제를 해결하기보다 문제 그 자체에 대해 생각하는 것을 좋아한다.

예술형

- □ 똑같은 사물이나 현상을 보이도 남과 다른 자신만의 독특한 방식으로 표현하길 좋아한다.
- □ 항상 뭔가를 그리거나 만들기를 좋아한다.
- □ 공연이나 전시 관람, 악기 연주 등 예술 관련 여가활동을 즐긴다.
- □ 감성적이고 민감하며 독특하고 개성이 넘친다는 말을 자주 듣는다.
- □ 자기가 좋아하는 일을 할 때에는 놀라울 정도의 집중력과 인내심을 발휘하여 그 일을 완성한다.
- □ 다른 사람의 간섭을 받는 걸 싫어하고 타인의 논리에 쉽게 순응하지 않는 고집이 있다.
- □ 낭만적이고 자유로운 정신을 가진 사람들과 어울리기를 좋아한다.
- □ 아름다운 것에 쉽게 끌리고 일상생활에서 그것들을 추구한다.

사회형

- □ 어려운 처지에 놓인 사람들에게 관심이 많으며, 대가를 바라지 않고 봉사하길 좋아한다.
- □ 남을 돌봐주는 일과 자신이 알고 있는 것을 사람들에게 교육하는 일에 관심이 많다.
- □ 사람들 간에 얽힌 문제를 풀어주는 데 앞장선다.
- □ 사람들과 함께 협력하여 일하는 것을 좋아한다.
- □ 사람들과 적극적으로 대화하고 토론하는 것을 즐긴다.
- □ 친절하고 관대한 성격이며, 타인의 감정이나 처지를 잘 이해하고 공감해준다는 말을 듣는 편이다.
- □ 민첩하게 일을 해결하며, 맡은 일을 성실하고 책임감 있게 처리하는 편이다.
- □ 쾌활하고 명랑하여 주변 사람들을 좋아하고 따르는 편이며, 사교성이 좋다는 말을 자주 듣는다.

자신에게 해당하는지 잘 읽고
체크해봐! 무엇보다 자기 자신을
잘 알아야 해!

□ 사람들을 이끄는 리더의 역할을 하는 걸 좋아한다.

□ 목표를 달성하려는 강한 의지가 있다.

□ 벌어지고 있는 상황을 빨리 파악하고 문제점을 찾아내어 신속하게 해결한다.

□ 결단을 내리는 일에 익숙하다.

□ 남보다 앞서나가기를 좋아한다.

□ 직장이나 단체에서 결정권 있는 리더의 위치에 올라가려는 욕구가 강하다.

□ 달성 가능하고 대가가 분명한 일을 좋아한다.

□ 목표가 있으면 더욱 적극적인 동기가 생긴다.

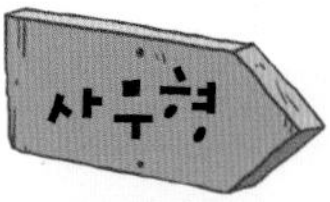

□ 무언가를 수집하거나 조립하는 일을 취미활동으로 즐기며, 사적인 소모임을 즐긴다.

□ 잘 짜인 조직이나 틀 안에서 일하기를 좋아한다.

□ 내가 해야 할 일이 무엇이고 나에 대한 기대치가 무엇인지 분명하게 알기를 원한다.

□ 일을 할 때 매뉴얼이 분명한 것을 좋아하며, 일을 어떻게 하면 능률적으로 할 수 있을지에 관심이 많다.

□ 한 번도 하지 않았던 일이나 스스로 알아서 창의적으로 해야 하는 작업은 힘들어하는 편이다.

□ 수시로 계획이 바뀌거나 변화가 많은 환경은 불편하다.

□ 끈기와 인내심을 가지고 일을 해내는 편이며, 주어진 시간 안에 성실하게 일을 해낸다.

□ 완벽하게 일을 처리하려는 경향이 있으며, 치밀하고 꼼꼼하다는 평을 자주 듣는다.

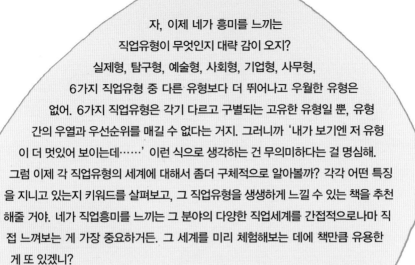

자, 이제 네가 흥미를 느끼는
직업유형이 무엇인지 대략 감이 오지?
실제형, 탐구형, 예술형, 사회형, 기업형, 사무형,
6가지 직업유형 중 다른 유형보다 더 뛰어나고 우월한 유형은 없어. 6가지 직업유형은 각기 다르고 구별되는 고유한 유형일 뿐, 유형 간의 우열과 우선순위를 매길 수 없다는 거지. 그러니까 '내가 보기엔 저 유형이 더 멋있어 보이는데……' 이런 식으로 생각하는 건 무의미하다는 걸 명심해.

그럼 이제 각 직업유형의 세계에 대해서 좀더 구체적으로 알아볼까? 각각 어떤 특징을 지니고 있는지 키워드를 살펴보고, 그 직업유형을 생생하게 느낄 수 있는 책을 추천해줄 거야. 네가 직업흥미를 느끼는 그 분야의 다양한 직업세계를 간접적으로나마 직접 느껴보는 게 가장 중요하거든. 그 세계를 미리 체험해보는 데에 책만큼 유용한 게 또 있겠니?

독서쌤이 추천해주는 책을 읽으면서 네 마음의 소리에 귀를 기울여보렴.
관심이 가고 눈이 빛나면서 호기심이 생긴다면 그 직업에 대해 좀더 적극적으로 알아보는 게 좋겠지? 그 직업이 네 심장을 뛰게 만드는 일일 가능성이 크니까 말이야.

혼자가 좋아!
자신 있다구!
고독한 열정의 소유자
여행을 떠나요♪
기내에서 노래 부르지 마세요
각종 기계, 중장비에도 관심이 많지요
멋진 건축물, 구조물에 관심이 많아요
닦고 조이고 기름 치자!
작은 공구를 다루는 것도 내 취향~
체계적인 군대는 딱 내 스타일~
자연과 함께하는 즐거운 야영
항상 안전 주의!
모험가의 로망 스위스 아미나이프
조심조심 다룹시다
다소 보수적이기도 한 실제형
모험에는 보물지도…!
…는 아니고 그냥 지도
안 쓸 땐 꺼두시구요
너무 많이 넣었나…
실제형 실습장

실제형[Realistic] 몸을 움직이는 일을 할 때 신난다

실제형의 키워드는 기계, 건설, 수리, 자연, 운동, 모험이다.
도구를 가지고 일하는 걸 좋아하고, 고치고 만들고 수리하기가 취미이다.
애매하고 추상적인 문제보다는 현실적인 문제를 좋아한다.
실용적이고 검소하며 겸손하고 끈기가 있다.

핵심 키워드

신체	직접 몸을 움직여서 하는 활동을 좋아한다.
활동성	자연을 좋아하며, 야외에서 하는 활동을 좋아한다.
기계와 기구	현미경 같은 정밀한 기계에서부터 자동차, 비행기, 고속 회전기계에 이르기까지 기계에 대한 관심이 많고, 기계를 조작하는 일을 좋아한다. 기구를 사용하는 것에 관심이 많다.

성격

책임감	책임감이 매우 강하다. 어느 정도냐면 때론 신체적인 위험을 감수하면서까지 맡은 바를 다할 정도이다.
명확함	모호하고 추상적인 문제보다 분명한 것을 좋아한다. 보수적인 가치관을 지니고 있어서 급진적이고 새로운 변화를 받아들이는 것이 느린 편이다.
수줍음	대체로 수줍음이 많고 겸손하다는 말을 듣는다. 다른 사람의 관심을 받는 걸 좋아하지 않는 편이다. 때때로 사교성이 부족하여 자신의 감정을 타인에게 말로 표현하기 어려워하기도 한다.

직업흥미

혼자 또는 소수	사람들과 거의 부딪힐 일이 없는 직업환경을 좋아한다. 많은 사람들과 일하기보다 혼자서 또는 소수의 사람과 일하기를 좋아한다.
시스템	질서정연하고 예측가능한 시스템이 갖춰진 직업환경을 선호한다. 창의성보다는 기능성이 요구되는 직업환경을 선호한다. 군대와 같이 명령체계가 확실한 조직을 선호한다.
생산 현장	제조업, 산업 현장, 건설회사, 탄광 산업, 에너지 산업, 운송 산업, 공학이나 기술업체 등에서 일하기를 좋아한다.

실제형 직업세계 맛보기

이 책을 읽으면 확실히 감이 올 거야!

실제형은 실용적이고 현실적이야. 그들이 쓴 책을 읽어보면 실제형의 특징을 더 자세히 알 수 있을 뿐만 아니라 그 직업세계에 도전해볼 용기를 얻을 수 있을 거야.

『사람이 주인이라고 누가 그래요?』

이영문 지음 | 한문화 | 2007

무슨 이야기? ➲ '태평농법'을 개발한 농사꾼 이영문 이야기.
마른 논바닥에 씨만 뿌려놓고 농약도 안 뿌리고 비료도 안 치고 그냥 내버려둔 채 태평스럽게 지켜만 본다고 해서 붙여진 이름이 '태평농법'이다. KBS 〈환경스페셜〉에 소개되어 세간의 관심을 끈 이영문의 새로운 농사법 태평농법은, 모두가 당연하게 생각한 모내기 농법을 뒤집어 생각한 실험정신과 40여 년을 고집스럽게 한 길을 걸어온 농사꾼의 집념이 이루어낸 결과물이다.
현재 이영문은 남해안의 작은 섬에 '고방연구원'을 설립하고 갖가지 작물들을 실험재배하면서 태평농법을 보급하는 한편, 연구원 내에 다양한 연구사 제도를 두어 건강과 섭생 문제, 대체에너지 연구와 친환경 기계 개발에까지 관심의 폭을 넓히고 있다.
넉넉하지 못한 집안환경으로 중학교 중퇴의 학력이 전부인 이영문은 어떻게 태평농법을 창안하게 되었을까? 그의 새로운 실험정신과 끊임없는 연구정신은 어떻게 길러진 걸까?

농사꾼이 되겠다고? ◎ 만약 친구가 "농사꾼이 되겠다"고 하면 뭐라고 말할래? 최첨단 정보화 시대인 21세기에 무슨 뚱딴지같은 말이냐고 펄쩍 뛸지도 모르겠다. 하지만 이 사실은 몰랐지? 미래 유망 직업 중 하나가 바로 농사꾼이라는 것. 생태환경에 대한 관심이 높아지면서 바른 먹거리를 찾는 사람들이 증가하고 있는 것이 세계적인 추세야.

이영문의 한마디 ◎ "인간을 위해서도 흙과 자연을 건강하게 복구시키는 일은 병원에 가서 항생제를 맞는 것보다 더 시급한 일입니다. 건강한 산모가 건강한 아이를 낳듯이, 건강한 땅이 건강한 곡식을 길러내기 때문입니다. 나는 공부도 많이 하지 못한 농사꾼에 불과합니다. 그러나 자연이라는 스승에게서 배운 것으로 치면 어느 누구 부럽지 않게 배웠다고 자부합니다. 그렇게 배우고 경험한 것을 바탕으로 이제는 아픈 인간을 치료할 수 있는 처방도 자신 있게 제시할 수 있습니다."

『꿈을 향해 거침없이 도전하라』

엄홍길 지음 | 마음의숲 | 2008

무슨 이야기? ◎ 에베레스트를 비롯, 히말라야의 8천 미터급 봉우리 15좌 등정에 성공한 산악인 엄홍길 이야기.

엄홍길은 15좌 등정에 성공하기까지 무려 스물여덟 번 히말라야에 도전했다. 수치로 따지면 50퍼센트의 성공률. 그러니까 도전의 반은 실패했던 것이다. 그의 도전정신이 얼마나 끈질기고 치열한지 느낄 수 있는 대목이다.

도봉산 산기슭에서 장사를 하던 부모님을 돕기 위해 어릴 때부터 짐을 들고 산을 오르락내리락 하던 소년 엄홍길. 소년은 도봉산 암벽을 타는 전문 산악인들의 모습을 보면서 까닭 없이 가슴이 쿵쾅거렸다. 고등학생 때 설악산으로 수학여행을 가게 된 그는 설악산에 완전히 압도당해 산악인이 되고자 결심한다.
엄홍길은 수차례 죽음의 위기를 겪었고, 의사에게 다시는 산에 오를 수 없다는 진단을 받을 정도로 큰 부상을 입기도 했다. 하지만 그는 "패자가 즐겨 쓰는 말은 '해봐야 별 수 없다' 이고, 승자가 즐겨 쓰는 말은 '다시 한번 해보자' 이다"라는 교훈을 되새기며 재활훈련에 매진, 다리에 핀도 뽑지 않은 상태에서 안나푸르나에 재도전하여 끝내 등반에 성공한다.
엄홍길의 이런 도전정신은 어디에서 나오는 것일까? 그에게 산을 오른다는 것은 무슨 의미일까?
산악인이 되겠다고? ◐ '세계에서 가장 높은 산을 오르고 싶다', '험준한 산에 나의 발자국을 남기고 싶다' 와 같이 등산에 대한 열정을 가진 사람은 전문 산악인에 도전해볼 수 있을 거야. 하지만 전문 산악 등반은 '관객 없는 스포츠' 라고 부를 만큼 고독한 직업이야. 유명 산악인들 중에는 스포츠용품 회사와 계약을 맺거나 그 회사의 지원을 받아 살아가기도 하지만, 산악인으로서 생활을 이어가려면 상당한 각오가 필요하지. 자연에 대한 경외심과 호기심, 모험정신과 도전의식에서 보람과 의미를 찾는 직업의식이 무엇보다 중요하단다.
엄홍길의 한마디 ◐ "우리는 누구나 자기 자신 속에 파면 팔수록 나오는 보물을 간직하고 있다. 다만 스스로의 노력과 인내가 부족하여 파내지 않고 있을 뿐이다."

실제형이 더 읽을 책

『대한민국의 지도를 바꿔놓은 남자』

박연수 지음 | 한국경제신문사 | 2008

토목공학과를 나온 공학박사인 저자가 인천국제공항, 송도 정보화 신도시, 인천대교, 경제자유구역 등 우리 시대에 이루어진 역사적인 프로젝트를 추진하는 생생한 과정을 보여주는 책. 국가적인 프로젝트를 추진하면서 부딪히는 어려움과 좌절을 이겨나가는 지혜와 의지를 보여준다. 공학을 공부하고 싶어하는 학생들에게 실제적인 정보와 비전을 주는 책이다.

『상상력으로 새로운 세상을 여는, 공학자』

박진숙 지음 | 서강books | 2006

로봇 축구의 창시자이자 카이스트 전기 및 전자공학과 김종환 교수의 이야기. 공학자로 성장하기까지 무엇이 필요한지, 공학자로서 살아간다는 것은 어떤 의미인지 엿볼 수 있다. 흔히 '공학자' 라고 하면 이성적인 이미지를 떠올리기 쉽지만, 자유로운 생각을 억누르는 느낌이 강한 검정색 교복을 싫어하고 상상력의 날개를 마음껏 펼칠 수 있는 문학에 관심이 많아 소설가의 꿈을 품었던 저자의 모습을 통해 공학자의 중요한 덕목이 자유로운 상상력임을 느낄 수 있을 것이다.

『두 개의 혼』 : 도전하는 영혼을 위하여

추성훈 지음 | 위즈덤하우스 | 2009

유도, 종합격투기 그리고 미국의 옥타곤 도전까지, 추성훈의 화려한 삶 뒤에 가려진 진짜 이야기. 결핍과 시련을 인생 최고의 스승으로 삼고 상처와 슬픔을 원동력으로 영화보다 더 드라마틱한 인생을 살아온 추성훈. 강하면서도 부드럽고, 세련된 스타일에 노래 실력까지 갖춘 추성훈이 말하는 운동 그리고 인생 이야기.

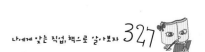

탐구형 우기!
그가 궁금하다!!
리더십
궁금증
이 분야에서는
내가 최고!!
회의적,
비판적 시각
융통성
추구
새로운 정보
수집
복잡한 문제는
내가 해결한다
사교성
예리한
눈빛!
높은
학구열
냉정하게
보이기도 한다

탐구형[Investigative] 배움에 대한 열정이 강하다

말 그대로 분석하고 캐는 일을 좋아하는 탐구형. "아직도 공부하고 있니?" 라는 말을 들을 정도로 지적 호기심이 많다. 한 분야에 수십 년을 매달려 연구할 만큼 집념이 강하다. 복잡하고 어려울수록 호기심이 당기는 탐구형들은 '공부하고 연구하는 직업' 이 어울린다.

핵심키워드

호기심
어려서부터 호기심이 많고 질문이 많다.
새로운 정보에 관심이 많다.
모호하고 추상적인 것에 매력을 느끼며 그것을 규명하고자 매달리기도 한다.
가만히 생각하고 있을 때가 많다.

탐구정신
다른 사람들이 모두 포기한 퍼즐 문제를 끝까지 붙들고 궁리하다가 마침내 풀고야 만다.
복잡한 문제일수록 흥미를 느끼며, 그것을 풀어가는 것에서 성취감을 느낀다.
교과서에서 설명한 방식이나 선생님이 가르쳐준 방법이 아닌 자기 나름의 방법을 고안하여 문제 풀기를 좋아한다.
여러 가지 정보를 토대로 새로운 사실을 밝혀내는 것을 좋아한다.
학구적인 분위기를 선호하고 공부를 계속하고 싶어한다.

성격

생각하기
문제가 생기면 직접 나서서 해결하기보다 문제 그 자체에 대해 생각하기를 좋아한다.
스스로 자신이 지적이고 학구적이며 비판적이라고 생각한다.
다른 사람의 생각에 쉽게 공감하기보다는 일단 의문을 갖고 회의적으로 바라보는 경향이 있다.

독립성
누가 감독하거나 시키는 것보다 스스로 알아서 하기를 좋아한다.
본인 스스로도 다른 사람을 감독하는 것을 별로 좋아하지 않는다.
스스로 나서서 남을 설득하고 리드하지는 않지만, 자신이 흥미를 느끼는 분야는 적극적으로 파고드는 경우가 많다.
사교성이 부족한 편이고, 차갑고 거리감이 느껴진다는 소리를 듣기도 한다.

직업흥미

혼자 혹은 소수 세일즈나 마케팅처럼 많은 사람들을 만나는 일을 좋아하지 않는다.

자유로운 직업환경 지나치게 규율이 꽉 짜인 것보다 융통성이 허용되는 직업환경을 좋아한다.
대학, 의료기관, 과학재단이나 연구소 등에서 조사하고 연구하는 것을 좋아한다.
대학교수, 의사, 심리학자, 약사, 화학자, 의료기술자, 수의사, 자연과학자 등 세부사항을 꼼꼼히 이해하고 원리를 학습하는 분야에서 능력을 발휘할 수 있다.
일반 회사로는 컴퓨터 관련 업체, 기초 과학 분야나 아이디어 산업체, 광고회사의 시장조사 분석팀, 식품회사의 영양성분 분석팀, 기업의 경영전략팀에서 일하기를 좋아한다.

탐구형 직업세계 맛보기

이 책을 읽으면 확실히 감이 올 거야!

다음에 소개하는 두 권의 책이 탐구형 전체를 대표한다고 볼 수는 없겠지만, 탐구형 유형의 직업인들이 현장에서 어떻게 살아가고, 어떤 자세로 어떤 공부를 하는지 알 수 있을 거야. 텔레비전에서 대학교수나 연구원, 의사가 나오면 멋져 보여서 그 직업인이 되고 싶었던 친구들은 이 책들을 읽으면서 자신이 진정으로 탐구형의 흥미를 지녔는지 탐구해보기 바람.

『인턴일기』: 초보의사의 서울대병원 생존기

홍순범 지음 | 글항아리 | 2008

무슨 이야기? ◐ 의과대학을 마치고 인턴생활 1년 동안 겪은 체험을 고스란히 기록한 어느 인턴의 리얼 병원 일기.
잠잘 시간도 없을 정도로 살인적인 스케줄 틈틈이 하루하루 일과를 수첩에 기록했다. 안과, 소아흉부외과, 내과, 마취과, 응급실, 신경외과, 중환자실을 돌며 겪는 숨 가쁘게 긴박한 100% 리얼 병원 스토리. 이 책을 읽다 보면, 의학 드라마에서 보았던 의사들 이야기는 새 발의 피라는 걸 알 수 있다. 정신없이 돌아가는 병원생활에서 그가 깨닫게 된 '의사' 라는 직업의 의미는 무엇일까?
의사가 되겠다고? ◐ 『인턴일기』에서 그려지는 의사의 삶은 육체적으로, 정신적으로 정말 힘든 직업이야. 의사로 살아가려면 필요한 것이 한두 가지가 아닌데, 첫째, 고통받는 환자와 보호자들을 매일 만나면서 지치지 않고 웃음으로 대하고 정성껏 치료할 수 있는 소명감과 동정심이 바탕이 되어야 한다. 둘째, 실질적인 의료기술뿐만 아니라 증상과 데이터를 보고 정확한 병명을 파악하고 가장 효과적인 치료법을 결정하는 예리한 판단력이 필요하다. 셋째, 병원은 환자와 보호자뿐만 아니라 간호사, 의료기사 등 수많은 사람들을 만나는 곳이기 때문에 원만한 대인관계 능력이 반드시 필요하다. 넷째, 더 나은 치료법과 수술법에 대한 끊임없는 공부가 필요하니 탐구정신이 있어야 한다. 다섯째, 강인한 체력과 스트레스에 잘 대처할 수 있는 자기 관리는 기본이다. 뭐, 대략 이 정도야.

혹시 텔레비전이나 영화에서 본 멋진 의사의 모습만 생각하고 있는 건 아니니? 돈 잘 벌고 사회적으로 인정받는 직업이어서 의사가 되려는 건 아니니? 의사가 되려면, 의료기술과 의사로서의 소명감은 기본이고, 사고력, 탐구심, 대인관계 능력, 체력, 자기 관리 능력 등등등 필요한 자질이 한두 가지가 아니야. 인간 생명을 다루는 일이니 그만큼 힘든 직업이라는 걸 제대로 아는 것이 필요하단 말씀!

병아리 인턴 홍순범의 한마디 ➲ "우리는 모두 불가항력의 소용돌이에 함께 몸을 싣고 있다. 속절없이 수술받는 아이, 갑작스런 불행의 이유를 찾는 황망한 부모, 때로는 이길 수 없는 싸움을 하는 의사, 스스로를 주체 못 하는 난동 환자. 그 불가항력의 소용돌이 안에서 서로를 이해하고 손잡지 못한다면 서로 부딪치고 긁히고 깎일 수밖에 없으리라."

『공부의 즐거움』

김열규 외 지음 | 위즈덤하우스 | 2006

무슨 이야기? ◎ 철학, 지질학, 역사학, 한문학, 물리학, 종교학, 민속학 등 다양한 분야에서 활약하고 있는 학자들의 공부 이야기.

'공부가 제일 쉬웠어요' 차원의 이야기가 아니라, 자신의 삶의 여정과 관련하여 '왜', '어떻게' 공부를 좋아하게 되었는지 진솔한 이야기를 들을 수 있다. 멋모르고 시작했다가 공부를 통해 인생의 의미를 알게 된 사람, 세상 경험을 하다 보니 공부의 진가를 알게 되어 뒤늦게 공부하게 된 사람, 남이 가지 않는 길을 가겠다는 신념 하나로 새로운 학문에 뛰어든 사람 등 인생 스토리 속에 녹아나는, 공부가 진짜 필요한 이유, 공부가 정말 재미있는 이유가 공감을 불러일으킨다.

학자가 되겠다고? ◎ 학자가 되려는 사람은 공부를 놀이처럼 여길 수 있어야 해. 공부가 괴로운 노동이긴 하지만 즐거운 창조이기도 함을 아는 사람이어야 한다는 말이지. 모든 훈련의 과정은 고통스럽고 인내가 필요한 법이니, 공부하는 게 늘 재미있을 수는 없겠지. 그럼에도 학자가 되고 싶은 사람은 공부의 재미에 빠질 줄 아는 사람이어야 해.

학자들의 한마디 ◎

* "살아 있는 순간 오늘도 공부한다." 고 장영희 서강대 영문과 교수
* "꼭 필요한 자료를 찾고자 몇 날 며칠을 자료의 바다에서 헤매다가 마침내 그것을 발견했을 때의 기쁨이란, 정말 표현하기 힘든 감동이다." 정옥자 서울대 국사학과 교수
* "한밤중 불이 켜진 내 연구실을 보고서 한 제자가 더욱 공부를 열심히 하겠다고 편지를 보내왔다. 그렇다. 내가 제자들에게 보여줄 수 있는 최고의 사랑은 그저 열심히 공부하는 모습이라고 생각한다." 부경생 서울대 농생대 명예교수

＊ “어떤 책이든 좋아서 읽은 것이 내게는 좋은 공부가 되었다. 이 공부가 학습능력을 높여주어 오늘의 나를 만들었다.”

김동회 전 대전지방노동청장

탐구형이 더 읽을 책

『꿈의 로켓을 쏘다』

채연석 지음 | 북하우스 | 2008

가난한 시골 마을에서 태어난 저자가 우리나라 로켓과 우주 개발을 진두지휘하는 우주과학자가 되기까지의 감동적인 이야기가 펼쳐진다. 어려서부터 로켓에 사로잡혀 오로지 로켓을 쏘아올리는 우주과학자를 꿈꾼 저자는 대학생 때 우리나라 최초의 로켓이 고려의 ‘주화’라는 것을 밝혀내고, 조선시대의 ‘신기전’이 주화를 개량한 로켓임을 세상에 처음 알린다.

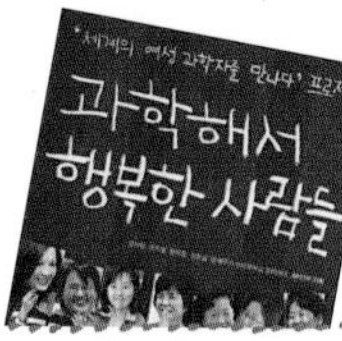

『과학해서 행복한 사람들』

안여림 외 지음 | 사이언스북스 | 2006

이공계 출신 여성 과학자 7명을 인터뷰했다. ‘포기하지 마라. 그리고 세상을 믿어라’, ‘자신의 목표는 가슴이 안다’, ‘과학은 사회와 함께 가야 합니다’ 등의 제목만 보아도 생명공학, 화학, 물리학 등 다양한 분야에서 여성 과학자로서 그들이 가진 포부와 열정이 느껴진다.

『나의 유쾌한 동물 이야기』

데스먼드 모리스 지음 | 한얼미디어 | 2006

유명한 동물학자 데스먼드 모리스의 자서전. 유년

기에 어떻게 동물에 대한 관심을 갖고 키워갔는지, 스승인 니코 틴베르헨 및 콘라트 로렌츠와의 만남, 그라나다 TV 프로그램 〈동물원 시간*Zoo Time*〉의 진행자로서의 모습, 런던동물원 포유류 관장이었던 시절의 갖가지 에피소드들을 시종일관 경쾌하게 풀어내고 있다. 수줍고 내성적인 아이가 어떻게 뛰어난 동물학자이자 TV 프로그램의 재미난 진행자로, 세계적인 저술가로 성장했는가를 보여준다.

『과학의 전도사 리처드 파인만』

태기수 지음 | 이룸 | 2004

20세기 가장 정교한 이론을 완성하여 노벨물리학상을 수상한 리처드 파인만. 꾸미지 않는 솔직함, 편견을 농락하는 입담 속에 담긴 깊이 있는 충고, 일상 속에서도 빛나는 지적 호기심, 지칠 줄 모르는 순수한 열정, 충만한 모험심 등으로 학문적 성과 이상으로 대중의 사랑을 받았던 리처드 파인만의 삶을 비교적 읽기 쉽게 그려냈다.

『과거를 추적하는 수사관, 고고학자』

볼프강 코른 지음 | 주니어김영사 | 2008

자칫 영원한 기억의 저편에 묻힐 수도 있었을 고대의 사건을 생생하게 재현해내는 고고학자를 다룬 책이다. 고고학이 도둑질에서 학문으로 자리 잡기까지의 과정과 그 과정 동안 고대 유물들은 어떤 대접을 받았는지 들려준다. 피라미드, 바이킹 등 다양한 사례를 통해 이해를 도왔다.

『천재들의 과학노트』 시리즈

캐서린 쿨렌 외 지음 | 일출봉 | 2007

생물학자, 물리학자, 지구과학자, 화학자, 천문우주과학자, 해약학자 등 세계적인 과학자들의 일생을 짧게 정리하여 모은 책이다. 과학에 대한 지식도 넓히고, 과학자들의 어린 시절과 연구 동기 등 에피소드를 통해 과학에 흥미와 비전을 가질 수 있다.

으라차아아
BOOK
나는 예술이
온세상이아름다워졌어
오~독특해
나만의 시각
날아라!
개성없인 못살아!

예술형[Artistic] 내 맘대로 자유롭게 표현할 때 살맛 난다

예술형에게 어울리는 키워드는 자유, 상상, 창조이다.
예술형은 누가 뭐래도 자신만의 독특한 표현을 즐기는 타입이다. 아름다움에 끌리고 감성이 풍부하다는 소리를 듣는다면 예술형에 속한다고 볼 수 있다.

핵심키워드

아름다움	예술과 관련된 여가를 즐긴다. 예술 작업에 직접 참여하거나 예술 작업을 관람하는 것을 좋아한다. 미술작품 수집하기, 전시회나 연극 관람하기, 악기 연주, 춤추기를 좋아한다. 아름다운 것, 미학적인 것에 쉽게 끌리고 일상생활에서 그것을 추구한다. 항상 뭔가를 그리거나 만들거나 장식하기를 좋아한다.
나만의 개성	똑같은 사물이나 현상을 보아도 자신만의 독특한 방식으로 표현하기를 좋아한다. 아이디어를 새로운 방식으로 표현하는 작업을 좋아한다.

성격

독특함	독특하고 개성 넘친다는 말을 듣는다. 때때로 복잡한 내면세계를 보여주기도 한다.
자유분방	다른 사람의 간섭을 받기 싫어하고 타인의 논리에 쉽게 순응하지 않는 고집이 있다. 자기가 좋아하는 일을 할 때에는 놀라울 정도의 집중력과 인내심을 가지고 작품을 완성한다. 충동적인 행동을 할 때가 가끔 있다.
감성	다른 사람들에 비해 더 감성적이고 민감하다는 말을 자주 듣는다. 낭만적이고 자유로운 정신을 가진 사람들과 어울리기를 좋아한다.

직업흥미

자유로움	너무 조직화된 곳이나 틀에 박힌 환경에서 일하는 것을 좋아하지 않는다. 자유로운 분위기에서 여유롭게 작업하길 원한다. 융통성 있고 개방적인 분위기에서 일하기를 원한다. 아틀리에, 스튜디오, 창작실 등 자신만의 작업 공간을 좋아한다.

창의성

예술형이라고 해서 꼭 예술가가 되는 것은 아니며, 예술과 관련된 여가를 즐기는 사람도 예술형에 해당된다. 본질적으로 예술형이 지향하는 것은 창의성이기 때문이다.
극장, 콘서트장, 미술학원, 미술학교, 미술관, 박물관, 도서관 등에서 일하기를 좋아하며, 일반 회사로는 광고, 홍보, 인테리어 회사에서 일하기를 좋아한다.
선호하는 직업은 미술, 음악, 사진, 디자인, 건축 등 예술 관련 분야, 국어교사, 시인, 문학가 등 국문학 관련 분야, 카피라이터, 크리에이티브 디렉터 등 광고 및 홍보 관련 분야, 엔터테이너, 배우, 리포터, 신문기자 등 방송 관련 분야이다.

예술형 직업세계 맛보기

이 책을 읽으면 확실히 감이 올 거야!

예술가들이 쓴 책들을 읽으면 예술가에 대한 오해와 편견에서 벗어나 그들의 실제 삶의 모습을 볼 수 있어. 예술가들은 어려서부터 무엇을 좋아했는지, 창의적인 작품을 내놓기까지 어떤 노력을 하는지도 알 수 있지.

『영혼을 울리는 건축미학 르 코르뷔지에 VS 공간을 연주하는 건축정신 안도 타다오』

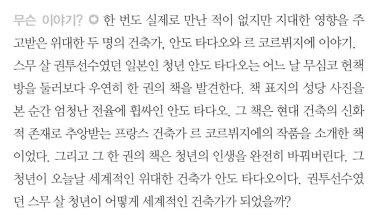

최경원 지음 | 숨비소리 | 2007

무슨 이야기? ◎ 한 번도 실제로 만난 적이 없지만 지대한 영향을 주고받은 위대한 두 명의 건축가, 안도 타다오와 르 코르뷔지에 이야기. 스무 살 권투선수였던 일본인 청년 안도 타다오는 어느 날 무심코 헌책방을 둘러보다 우연히 한 권의 책을 발견한다. 책 표지의 성당 사진을 본 순간 엄청난 전율에 휩싸인 안도 타다오. 그 책은 현대 건축의 신화적 존재로 추앙받는 프랑스 건축가 르 코르뷔지에의 작품을 소개한 책이었다. 그리고 그 한 권의 책은 청년의 인생을 완전히 바꿔버린다. 그 청년이 오늘날 세계적인 위대한 건축가 안도 타다오이다. 권투선수였던 스무 살 청년이 어떻게 세계적인 건축가가 되었을까?

건축가가 되겠다고? ◎ 건축가를 '건물 짓는 사람' 정도로 생각하고 있다면 큰 오산이야. 하나의 건축물에는 건축가의 예술적 감성과 상상력뿐만 아니라 그 사회의 역사적, 문화적 의미가 담겨 있기 때문이지.

르 코르뷔지에에게는 '영혼을 울리는 건축미학'이라는 타이틀이, 안도 타다오에게는 '공간을 연주하는 건축정신'이라는 타이틀이 붙은 것만 보아도 하나의 건축물이 얼마나 큰 정신적 의미를 지닐 수 있는지 살짝 감이 오지? 두 사람의 건축세계를 짚어보면서 건축이 인간과 삶에 어떤 의미를 지니는지 생각해보렴.

안도 타다오의 한마디 ◐ "헌 책 한 권이 인생을 바꿨다."

"건물을 지을 때 고객과 끊임없이 대화하면서 자극을 받는다. 외부로부터 항상 자극을 받는다는 의미에서 건축이 복싱과 비슷하다고 생각한다."

"살아 있는 것들에 대한 애착이 없으면 훌륭한 건축가가 될 수 없다. 건축은 애정이다."

"내가 지은 건물에 누군가 들어왔을 때 자신이 살아 있다는 것을 느낄 수 있도록 하고 싶다."

『당신의 발에 입맞추고 싶습니다』

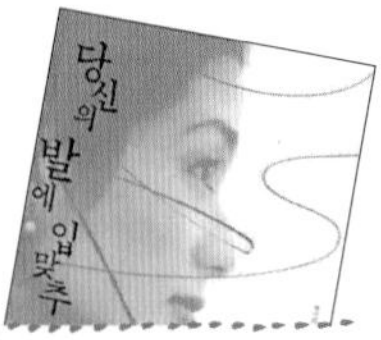

장광열 지음 | 동아일보사 | 2004

무슨 이야기? ◐ 흉측하게 일그러지고 구부러진 발 사진으로 큰 감동을 주었던, 세계적인 발레리나 강수진 이야기.

독일 슈투트가르트발레단 수석 발레리나 강수진. 그녀는 2007년 3월, 동양인 최초로 독일 뷔르템부르크 주정부에서 주는 궁정 무용수로 선정되었다. 궁정무용수는 훌륭한 업적을 남긴 예술가를 장인으로 인정하는 일종의 '작위'. 독일은 이방인인 강수진을 단지 무용수가 아닌 발레에 관한 '장인'으로 인정한 것이다.

그녀의 발이 말해주듯, 강수진의 성공은 하루아침에 이루어진 것이 아니다. 그녀는 30여 년을 한결같이 하루에 19시간 이상, 1년에 천 켤레의 토슈즈가 닳도록 연습에 연습을 거듭해왔다. 마흔이 넘은 나이지만 요즘도 그녀는 하루 10시간 넘게 연습을 한다. 발레리나로는 할머니 취급을 받는 나이임에도 강수진이 아직도 수석 무용수로 왕성한 활동을 할 수 있는 것은 이토록 지독한 연습 덕분에 가능한 것이다. 그녀의 이런 치열한 노력을 보면서, 같은 발레단의 동료 무용수들은 그녀가 춤을 출 때면 마치 수행을 하는 기분이 든다며 그녀를 '부처' 같다고들 한다. 이런 노력을 가능하게 하는 원동력은 무엇일까? 강수진에게 '무용수' 란 직업은 과연 어떤 의미일까?

무용수가 되겠다고? ◎ 죽어라고 연습만 하면 뛰어난 무용수가 될 수 있다고 생각한다면, 하나만 알고 둘은 모르는 거야. 어떤 역을 맡게 되면 강수진이 가장 먼저 하는 게 뭔 줄 아니? 그녀는 스텝 연습을 하기 전에 먼저 그 작품에 관한 책을 본대. 자기만의 색깔을 내기 위해 먼저 책을 통해 캐릭터를 상상한 후, 그것을 몸으로 표현하는 거지. 〈로미오와 줄리엣〉〈지젤〉〈말괄량이 길들이기〉〈카멜리아 레이디〉 등 강수진은 수많은 작품에서 주연으로 열연했는데, 그때마다 작품 속 캐릭터를 새롭게 해석했다는 평가를 받았어. 단지 연습만으로는 얻을 수 없는 깊이를 책을 통해 만들어낸 것이지. 강수진에게 독서는, 출연할 작품을 깊이 이해하고 캐릭터를 창조해내는 데 아주 중요한 자원이야.

강수진의 한마디 ◎ "발레가 아름다울 수 있는 건 자신과의 싸움에서 이긴 인내심 때문입니다."

"요즘 젊은 친구들을 보면 테크닉 위주로 많이 가는 것 같아요. 하지만 테크닉은 좋은 무용수가 되기 위한 기본일 뿐, 전부는 아닙니다. 오히려 자기 캐릭터가 확실해야 진정한 예술인으로 성장할 수 있다고 봅니다. 그래야 관객들도 그 무용수가 발산하는 거부할 수 없는 힘에 빠져들 수 있으니까요."

"정신력이라는 게 참 신기해요. 난 할 수 있다고 생각하니 모든 게 바꿔더라고요. 몸도 훨씬 건강해졌고 쓸데없는 잡념도 사라졌죠. 남들이 날 어떻게 생각하는지 그런 것도 의식하지 않을 수 있게 되었고요. 그 정신력으로 오로지 연습에만 집중했어요. 집중하면 할수록 새로운 에너지가 솟는 걸 느꼈어요."

『당신에게 말을 걸다』

백성현 지음 | 북하우스 | 2008

무슨 이야기? ◎ 방송가에서는 그룹 코요태의 '빽가'로 더 알려진 사람, 그러나 자신의 진정한 꿈인 사진가가 되기 위해 포기하지 않고 꿈을 좇는 사람, 포토그래퍼 백성현의 이야기. 초등학생 때 처음 카메라를 잡게 된 순간부터 사진을 좋아하게 된 그는 고등학교를 사진과로 진학하여 열심히 사진을 공부하지만, 어려운 집안사정으로 대학 진학을 포기한다. 그리고 가수 비와의 인연으로 댄서로 연예계에 발을 들여놓게 되고, 그룹 코요태 래퍼로 활동하게 된다. 그렇게 돈을 모아 몇 년 만에 다시 카메라를 손에 잡게 되고, 그때부터 사진에 대한 그동안의 갈증을 한꺼번에 풀듯 닥치는 대로 찍고 또 찍고, 무수한 연습을 통해 디지털 카메라의 기본부터 독학으로 배워간다. 연예인이 왜 사진을 찍느냐는 편견과 상관없이, 사진에 대한 열정으로 찍고 또 찍다 보니 어느 순간 전시회를 열게 되고, 잡지 화보를 찍게 되고, 결국 자신의 스튜디오를 열면서 본격적인 포토그래퍼로 활동하게 된다. 그에게 '사진'이란 어떤 의미일까?

사진작가가 되겠다고? ◎ 사진작가를 유명인, 연예인들과 작업하는 화려하고 자유로운 직업으로만 생각하고 있다면 현실적인 조언을 들을 필요가 있어. 사진작가는 자신만의 감성과 스타일을 찾는 직업이기에 꾸준한 연습과 훈련이 필요해. 피사체에 대한 애정과 통찰은 물론, 현장 분위기를 리드해야 하기에 대인관계 능력 및 어느 정도의 리더십도 필요하지. 촬영을 의뢰하는 클라이언트의 요구를 잘 파악하고 수용해야 하기 때문에 의사소통 능력도 중요하고. 마감시간이 촉박하기 때문에 밤을 새서라도 작업을 해낼 수 있는 체력 또한 필수야.

백성현의 한마디 ➲ "눈이 시리도록 보고, 눈이 시리도록 셔터를 눌렀다. 뭘 찍는지 무엇을 위해 셔터를 누르는 것인지 따위의 위선된 의문은 멀리 내팽개쳐버린 채 금방이라도 폭발할 듯한 감성을 꾹꾹 눌러가며 여기저기서 정신과 시선을 분할하였다."

"10년 가까이 몇천 개의 하늘을 찍었다. 처음엔 그냥 하늘만 찍었다. 그러다 조금 허전하여 주변건물과 산, 나무 등을 프레임 안에 넣어보았다. 때로는 많이 넣어서 구도를 잡아보기도 하고, 때로는 아주 조금 넣어서 구도를 잡아보면서, 그렇게 10년을 하루같이 하늘을 찍다 보니 내가 좋아하는 하늘사진의 구도를 발견하게 된 것이다. 구도라는 것은 이렇게 저렇게 찍어야 한다는 식의 어떤 공식처럼 정해진 것이 아니다. 구도를 어떻게 잡든 그것은 당신의 구도이고 당신의 스타일이다."

예술형이 더 읽어야 할 책

만화

『밥보다 만화가 더 좋아』

이영옥 글 | 박재동 그림 | 산하 | 2005

만화가 박재동 이야기. 만화방 아들로 만화와 사랑에 빠졌던 그가 우리 시대를 대표하는 만화가로 우뚝 서기까지의 여정이 담겨 있다. "만화가야말로 가장 매력적인 직업이다"라고

말할 정도로, 만화가로서 갖고 있는 자부심과 열정이 생생히 느껴진다.

『나는 펜이고 펜이 곧 나다』

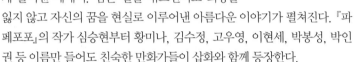

장상용 지음 | 크림슨 | 2008

18명의 대한민국 대표 만화가들의 일생을 진솔하게 풀어낸 에세이. 힘든 일을 겪으면서도 희망을 잃지 않고 자신의 꿈을 현실로 이루어낸 아름다운 이야기가 펼쳐진다. 『파페포포』의 작가 심승현부터 황미나, 김수정, 고우영, 이현세, 박봉성, 박인권 등 이름만 들어도 친숙한 만화가들이 삽화와 함께 등장한다.

건축

『딸과 함께 떠나는 건축여행』 1-3

이용재 지음 | 멘토프레스 | 2007

이 책은 우선 저자의 이력이 특이하다. 건축 전문 출판인으로 활동하다가 택시기사가 된 후 주말이면 가족과 함께 전국 곳곳으로 건축답사를 떠나는 저자가, 건축물을 통해 딸에게 들려준 역사, 정치, 사회, 예술, 문화 등의 이야기를 책에 담았다. 김수근, 김홍식, 이종호 등 우리나라 건축가 및 렘 콜하스 등 외국 건축가들이 설계한 건축물을 돌아보면서 건축예술의 아름다움과 의미를 들려준다.

미술

『비디오아트의 마에스트로 백남준 VS 팝아트의 마이더스 앤디 워홀』

김광우 지음 | 숨비소리 | 2006

비디오아트의 마에스트로 백남준과 팝아트의 마이더스 앤디 워홀의 독특한 예술세계를 비교 분석한 책. 기존 예술계의 전형성과 경직성에서 탈피해 자신의 예술혼을 새로운 소재와 독특한 기법으로 표현함으로써 독보적 영역을 개척한 두 거장의 예술세계를 보여준다.

『그림으로 만난 세계의 미술가들』 시리즈

염명순 외 지음 | 아이세움 | 2001

미술을 공부할 청소년이라면 필수로 읽어야 할 교양서. 태양을 훔친 화가 빈센트 반 고흐, 땅의 마음을 그린 화가 밀레, 춤추는 세상을 껴안은 화가 브뢰겔, 혼돈의 시대를 기록한 고야, 그 외에 피카소, 다 빈치, 모네 등 이름만 들어도 알 만한 서양 유명 화가의 그림과 일생을 시원한 컬러 화보와 함께 쉽게 설명하고 있다. 한국편에서는 김홍도, 장승업, 이중섭, 정선, 김정희 등을 소개하고 있다.

디자인

『세상에 환상을 입혀라』

니나 안 지음 | 매일경제신문사 | 2009

디즈니랜드와 유니버셜 스튜디오, 롯데월드와 에버랜드 등 유명 테마파크를 성공적으로 디자인한 특별한 경력을 가진 테마파크 디자이너 니나 안 이야기. 책을 좋아하던 소녀가 자신의 꿈을 위해 맨땅에 헤딩하듯 미국으로 건너가서 수많은 역경을 겪으며 능력을 인정받는 디자이너가 되기까지의 사연이 재미있게 펼쳐진다.

연극

『연극人 10』

허순자 지음 | 연극과인간 | 2005

연극배우, 연극평론가, 연출가, 예술감독, 극작가 등 우리나라 연극인 10인과의 인터뷰를 엮은 책. 연극인의 삶을 선택하기까지의 여정과 열정, 연극 현장의 생생한 이야기를 들을 수 있다.

사진

『진실을 담는 시선 최민식』

최민식 지음 | 예문 | 2006

"인간이 거기 있기에 나는 셔터를 눌렀다"라는 유명한 말을 한 주인공, 한국 사진예술의 1세대로 리얼리즘 사진의 독보적인 존재, 사진작가 최민식 이야기. 사진예술이 정착되지 않았던 척박한 환경에서 세계를 무대로 활동하며 작품성을 인정받은 그의 사진 속에는 잊고 살았던 동무와 가족들이 그 시절 그 모습 그대로 숨쉬고 있다. 사진작가의 직업정신에 대해서 진지하게 생각해볼 수 있게 도와준다.

음악

『영화음악은 나의 힘』

김관희 지음 | 이매진 | 2007

한국의 영화음악가 9인을 소개한 책. 조성우, 이병우, 이동준, 조영욱, 한재권, 이재진, 방준석, 원일, 김준석 등 한국 영화음악계를 이끌어가는 영화음악가 아홉 명의 작품세계와 음악 작업, 영화음악에 대한 생각을 들을 수 있다.

『조수미의 아름다운 도전』

조수미 지음 | 창해 | 2007

전설적인 지휘자 카라얀의 '신이 내려준 목소리'라는 찬사와 '1세기에 한두 명 나올까 말까 한 목소리를 가진 가수'라는 주빈 메타의 극찬을 빌리지 않더라도, 조수미는 맑고 투명한 음색의 금세기 최고의 콜로라투라로 평가받고 있다. 전 세계인의 가슴을 울리는 프리마돈나 조수미의 음악에 대한 끝없는 열정과 아름다운 도전, 그리고 사람과 조국에 대한 무한한 사랑 이야기가 담겨 있다.

영화

『영화, 감독을 말하다』

지승호 지음 | 수다 | 2007

김태용, 박진표, 박찬욱, 이송희일, 임상수, 최동훈. 한국 영화계에 새롭고 강력한 젊은 피를 제공한 6명의 영화감독에 대한 궁금증에 그들이 육성으로 직접 답을 들려주는 책. 데뷔 전 영화학도로서의 모습과 연출부 시절에 대한 진솔한 고백과 아울러, 감독으로 입신하게 된 작품을 연출할 당시의 에피소드를 전해주고 있다.

『떠돌이 감독의 돌로 영화 만들기』

신지승 , 이은경 지음 | 아름다운사람들 | 2009

저자인 신지승, 이은경 감독은 자신들의 영화를 마을영화, 심청이젖동냥영화, 마을공동체영화, 돌탑영화 등 여러 가지 이름으로 부른다. 이들은 5톤 트럭을 개조하여 트럭 안에 영화 장비를 갖추고 전국 방방곡곡을 다니며 영화를 촬영한다. 영화의 주인공들은 우리가 늘 일상에서 만나는 전국의 진짜 평범한 보통 사람들이다.

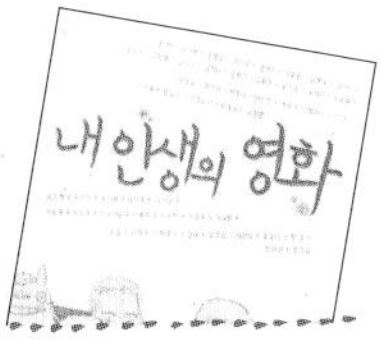

『내 인생의 영화』

박찬욱 외 지음 | 씨네21 | 2005

박찬욱, 김홍준 등 영화감독, 노희경, 인정옥 등 방송작가, 공지영, 신경숙 등 소설가에 이르기까지 총 50여 명의 각계 유명인들이 감동적으로 보았던 영화와 그 속에서 느꼈던 삶의 진실을 들려주는 책. 다양한 예술가들의 시선을 통해 기존의 영화를 재발견하는 기회가 되기도 한다.

패션

『코코 샤넬』

앙리 지델 지음 | 작가정신 | 2008

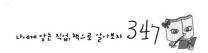

20세기 패션을 이끈 가브리엘 샤넬의 전기. 끈 달

린 핸드백, 뒤꿈치가 보이는 샌들, 먼로가 뿌리고 잤다는 세계적인 향수 '샤넬 NO.5' 까지, 샤넬이 창조한 모든 스타일은 오늘날까지도 여성들의 꿈 그 자체를 대변한다. 장돌뱅이 아버지에게서 버림받고 열두 살 때 수도원 부속 고아원에서 엄격한 교육을 받았던 샤넬의 어린 시절부터, 황금의 손을 가진 패션 디자이너로 성공하기까지 파란만장한 삶을 생생하게 담아내고 있다.

『장광효, 세상에 감성을 입히다』

장광효 지음 | 북하우스 | 2008

대한민국 대표 남성복 디자이너 장광효의 패션 에세이. 남성 패션의 불모지라 불리던 대한민국에서 '카루소' 라는 브랜드로 남성복 시장을 처음 개척해 선풍적인 인기를 끌고, 남성복 최초로 파리컬렉션에 진출해 국위선양을 하며 현재까지 왕성한 활동을 통해 정상의 자리에 서 있는 그가 패션세계의 흥미로운 이야기들을 풀어놓았다.

작가

『여행도 하고 돈도 버는 여행작가 한번 해볼까?』

채지형, 김남경 지음 | 위즈덤하우스 | 2009

여행을 좋아하는 사람이라면 누구나 꿈꿔볼 만한 여행작가라는 직업에 대해 구체적으로 다루고 있는 책. 여행작가와 여행기자로 활발하게 활동하고 있는 두 저자가 여행작가에 대한 궁금증을 해소할 수 있는 명쾌한 답을 제시한다. 여행작가 지망생들이 궁금해하는 질문 42개를 선정하여 문답 형식으로 이해하기 쉽게 설명하고 있으며, 수입과 비전 등 현실적인 측면도 빠짐없이 알려준다. 촬영법, 이미지 보정, 매체에 따른 글쓰기 등에 대한 핵심적인 내용들도 간략하게 소개하여 일의 세부적인 부분까지 파악할 수 있다. 실제 책을 발표하고 활동하고 있는 여행작가들과의 인터뷰도 실어서 여행작가라는 직업에 대한 다양한 시각을 만나볼 수 있다.

기타

『나의 미래 공부』 시리즈

김영숙 외 지음 | 장서가 | 2008

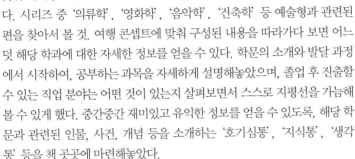

대학 교수가 직접 쓴 시리즈로, 중고생의 눈높이에 맞춰 대학공부의 내용을 쉽고 재미있게 설명하고 있다. 시리즈 중 '의류학', '영화학', '음악학', '건축학' 등 예술형과 관련된 편을 찾아서 볼 것. 여행 콘셉트에 맞춰 구성된 내용을 따라가다 보면 어느덧 해당 학과에 대한 자세한 정보를 얻을 수 있다. 학문의 소개와 발달 과정에서 시작하여, 공부하는 과목을 자세하게 설명해놓았으며, 졸업 후 진출할 수 있는 직업 분야는 어떤 것이 있는지 살펴보면서 스스로 지평선을 가늠해 볼 수 있게 했다. 중간중간 재미있고 유익한 정보를 얻을 수 있도록, 해당 학문과 관련된 인물, 사건, 개념 등을 소개하는 '호기심통', '지식통', '생각통' 등을 책 곳곳에 마련해놓았다.

『대한민국에서 연예인 되는 법』

김지수 지음 | 주니어김영사 | 2008

연극영화과를 준비하고 있는 학생들이나 배우를 꿈꾸는 젊은이들에게 반드시 필요한 내용을 알려주는 책. 연기가 무엇인지, 연기학원의 선택과 기획사의 결정은 어떻게 하는지, 오디션은 어떻게 진행되며, 길거리 캐스팅이 되었을 때 어떻게 해야 하는지 등을 알려준다. 연기 지망생이나 신인 배우들이 직접 경험하고 작성한 내용을 토대로 연예활동과 연극영화과 입시에 필요한 내용을 담았다.

협력

사회복지

교육

대화/토론

문제해결

성실함

HOPE

www.hopekorea.org

봉사/교류

단체활동

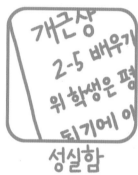

사회형[Social] 여럿이 일할 때 에너지가 솟는다

사회형은 한마디로 사람들과 함께 일하는 것을 좋아한다. 사람들과 관계를 맺으면서 그들의 잠재력을 키워주는 것을 좋아하며, 어려움에 처한 사람을 돕는 것에 관심이 많다. 사람들의 마음을 잘 이해하며, 대체로 친절하고 재치가 있다는 말을 듣는다.

핵심 키워드

협력과 해결 이끌기보다 곁에서 도와주고 협력하는 쪽이다.
사람들과 적극적으로 대화하고 토론하는 것을 즐긴다.
사람들 간의 얽힌 문제를 풀어주는 일에 앞장선다.

봉사 대가를 바라지 않고 봉사하기를 좋아한다.
열심히 일한 만큼 인정받기를 원한다.

성격

사교적 사교성이 좋다는 말을 듣는다.
쾌활하고 명랑하여 주변 사람들을 믿고 따르게 한다.
사람들을 돌보고 교류하는 것을 좋아하여 각종 모임에 소속되어 활발하게 활동한다.

인간적 인간적이라는 말을 자주 듣는다.
다른 사람의 감정이나 처지를 이해하고 공감하는 능력이 있다는 말을 듣는다.
친절하고 관대하다.

성실 맡은 일을 성실하고 책임감 있게 처리하는 편이다.
민첩하게 일을 해결한다.

직업흥미

교육 자신이 알고 있는 것을 다른 사람들에게 교육하는 일에 관심이 많다.
사람들의 능력을 끌어내고 교육하는 데 관심이 많다.

복지 다른 사람들과 함께 협력하여 일하는 것을 좋아한다.
어려운 처지에 있는 사람들의 복지에 관심이 있다.
사람들을 돌보고 도와주는 일을 선호한다.

교육 및 복지 관련 직업

사회형은 다른 사람을 도와주는 봉사직이나, 교육기관, 종교단체 등에서 일하기를 선호한다.

사회복지사를 비롯한 보육교사, 지역봉사 관련자, 사회교사 등 가난한 사람들을 돕는 분야와 자선 단체에서 일하는 직업.

유아부터 초·중·고 교사와 특수교사, 상담교사, 평생교육 분야 등 가르치는 직업(단, 대학교수는 탐구형임).

치과위생사, 간호사, 간호조무사, 응급처치전문가, 운동감독, 의료기술자, 물리치료사, 척추지압사 등 신체적으로 아픈 사람을 돌보는 직업(단, 의사는 탐구형임).

신부, 목사, 수녀, 스님 등 성직자, 종교 관련 종사자, 종교학자 등 종교 관련 직업.

기업의 경우에는 사람들의 능력을 이끌어내고 교육하는 인력개발부나 의료단체 및 건강 관련 직장, 복지관이나 상담실.

사회형 직업세계 맛보기

이 책을 읽으면 확실히 감이 올 거야!

사회형에게 추천하는 책들을 읽으며, 나눔을 실천하는 삶을 살고 있는 사람들의 태도를 배우라고 권하고 싶어. 또한 사람을 돕는 일은 열정만 가지고 되는 게 아니라 사람과 사회를 읽어내는 통찰력이 필요하다는 사실도 알았으면 좋겠어. 사회형에게 어울리는 직업에 관심이 있다면, 어떤 자세로 어떤 과정을 거쳐야 하는지도 책에서 찾아보기 바라.

『성공하는 사람들의 아름다운 습관… 나눔』

박원순 지음 | 중앙M&B | 2002

무슨 이야기? ◐ '아름다운 재단', '아름다운 가게'를 통해 나눔과 순환의 정신을 실천하고 있는, 아름다운 변호사 박원순 이야기.
박원순은 1980년대에는 인권 변호사로, 1990년대에는 시민단체 '참여연대'의 사무총장으로 활동하며 정치권과 재벌기업의 잘못을 지적하고 불합리한 제도를 고치는 일에 앞장섰던 시민운동가였다. 그러던 중 1999년 3개월간 미국 자선단체들을 견학하고 난 뒤 많은 생각을 하게 된다. 미국을 거만한 나라라고만 생각했는데, 막상 미국의 다양한 기부문화를 접하고는 우리가 반드시 배워야 할 점이란 생각이 들었던 것. 그리고 2000년 8월, 박원순은 '아름다운 재단'이라는 기부운동 재단을 만들고 '1% 나눔 운동'을 시작한다. 그리고 자신부터 저서의 인세 1%를 기부한다. 그리고 몇 달 후, '아름다운 가게'를 만들어 본격적인

생활운동에 뛰어든다.
그에게 '직업적 성공' 이란 무슨 의미일까? 그가 꿈꾸는 세상은 어떤 모습일까?
사회에 기여하고 싶다고? ◎ 남을 돕는 일은 보람되고 좋은 일이지만, 일단 그 일을 하는 자신이 즐겁고 행복해야 한다는 것을 명심해야 해. 먼저 자신을 돌보고 사랑하는 사람이 진정으로 남도 사랑할 수 있거든. 또한 어려움에 처한 사람을 도우려면 물질적인 도움 외에도 사회제도 차원의 개선이 필요하니, 세상을 설득할 만한 논리도 갖추어야 해. 논리는 많은 지식과 사고력을 토대로 형성되니, 결국 책을 읽어야겠지?
박원순의 한마디 ◎ "진정한 성공의 기준이 되는 잣대는 무엇일까? 나는 그 한 기준은 분명 남과 더불어 살아가려는 마음이라고 생각한다. 내가 가진 열의 아홉은 누군가에게서 받은 것이라고 생각하며 남과 나누며 살아가려는 마음. 그 마음을 지닌 사람만이 진정 인생에서 성공하는 사람이 아닐까. 그 사람들이 매일매일 습관처럼 행하는 마음, 아름다운 사람들의 그 마음은 바로 나누는 마음일 것이다."
"혼자 잘 먹고 잘살겠다는 그런 천박한 꿈이 아니라 정말 세상을 향해서 자기 일생을 한 번 바쳐보겠다는 꿈을 꿔봤으면 좋겠어요. 청년 시절에는 무모한 꿈도 꿔봐야 합니다. 그게 그들의 특권이고 장기고, 그럴 수 있는 유일한 시기잖아요. 세상을 살다 보면 안 그래도 소시민이 될 가능성이 높은데, 젊은 시절 그런 꿈이라도 꿔봐야 하지 않겠어요?"

『나에서 우리로』

마크 & 크레이그 킬버거 지음 | 해냄 | 2006

무슨 이야기? ◎ "어린이가 어린이를 돕는다"라는 구호를 내걸고 '어린이에게 자유를*Free the Children*' 이라는 단체를 만들어 전 세계 어린이를 돕는 아름다운 형제 크레이그와 마크 이야기.

1995년 열두 살 크레이그는 잡지에서 파키스탄 소년의 이야기를 읽게 된다. 기사 제목은 "12세 소년, 아동 노동에 반대하다 살해당하다." 네 살 때 노예로 팔려가 카펫 공장에서 하루 12시간씩 일하던 소년이 열 살 때 그곳을 탈출하여 아동 착취 반대 운동을 벌이다가 살해를 당한 것이다. 크레이그는 자신과 같은 또래 소년의 이야기에 큰 충격을 받는다. 그리고 그때부터 수많은 책을 찾아 읽으면서 아동노동에 대해 깊이 알아보기 시작하면서, 충격과 공부와 고민 속에 크레이그는 반 친구들과 단체를 설립하게 되는데, 그 단체가 바로 '어린이에게 자유를' 이다. 열두 살 크레이그가 친구들과 함께 힘을 모으는 데 결정적인 역할을 한 것은 바로 '책' 이었다. 열두 살 소년이 친구들과 설립한 단체 '어린이에게 자유를' 은 현재 35개국 1백만 명의 어린이를 돕는 단체로 성장했다.

사람들을 돕고 싶다고? ➲ 사람들을 돕는 일을 하고 싶다면, 더 나은 세상을 위해 마음을 여는 것이 그 출발이야. 아주 간단한 일부터 시작할 수 있지. 처음 보는 친구에게 인사를 건네고, 도움이 필요하면 부르라고 친절하게 말하는 것, 다른 사람을 위해 문을 열어주는 것, 전학 온 친구들을 돕는 홈페이지를 만드는 것 등 사소하지만 누구도 쉽게 하지 않은 일들이 무궁무진하단다. 크레이그처럼 책을 통해 얻은 좋은 지식을 함께 나누는 것도 사람들을 돕는 일이 될 수 있지. 감명 깊게 읽은 좋은 책을 인터넷에 소개하는 것, '나눔'에 관한 책을 돌려보는 것 등 지식을 기부하는 아이디어도 실천할 수 있겠지. 다른 사람에게 도움을 주려는 마음가짐을 갖고 있다면 내가 할 수 있는 작지만 위대한 일들을 얼마든지 발견할 수 있어.

크레이그의 한마디 ➲ "누구든지 저마다 가지고 있는 잠재력을 통해 정의롭고 따뜻한 사회라는 모자이크를 만들어가는 데에 일조할 수 있다. 우리의 재능을 나눔으로써 더 나은 세상을 만들 수 있다. 다른 사람의 이야기에 공감하면서 들어주는 능력을 가지고 있다면 학교나 직장에서 다른 사람들의 이야기를 들어주거나, 약물 중독자나 학대당한 여성, 부랑아를 위한 시설에서 봉사를 할 수 있다. 이렇듯 누구나 저마다 자기 방식으로 도울 수 있다. 모든 사람은 남을 도울 수 있는 재능이 있다."

어린이에게 자유를 홈페이지 www.freethechildren.com

사회형이 더 읽을 책

『하늘을 나는 교실』

에리히 캐스트너 지음 | 시공주니어 | 2000

독일 나치즘에 저항한 작가로 널리 알려진 에리히 캐스트너의 작품. 실제로 학교 선생님이기도 했던 작가의 경험과 가치관이 녹아 있다. 다양한 개성을 지니고 있는 아이들이 겪는 갈등, 절망을 딛고 일어서는 모습 등 그들 또래만의 세계에서 펼쳐지는 이야기들이 감동적이다.

『인권 변호사 조영래』

박상률 지음 | 사계절 | 2001

판사, 검사라는 안정된 길을 마다하고 가난하고 힘없는 사람들 편에 서서 그들의 인간다운 권리와 참된 민주주의를 위해 한평생을 보낸 인권 변호사 조영래 변호사의 감동적인 인생 이야기.

『사막에 숲이 있다』

이미애 지음 | 서해문집 | 2006

모래밖에 없었던 중국 내몽고 마오우쑤 사막에서 20여 년 간 풀씨를 뿌리고 80만 그루의 나무를 심어 7만 무(약 1400만 평, 1무는 약 200평)의 사막을 오아시스로 만든 실화를 다루고 있다. 죽음의 땅을 푸른 숲으로 바꾼 인위쩐의 드라마 같은 이야기가 펼쳐진다.

『간호사가 말하는 간호사』

권혜림 외 지음 | 부키 | 2004

전·현직 간호사들이 간호사라는 직업에 대해 스스로가 느끼는 현실, 애환, 고충, 보람 등을 생동감 있게 들려주는 책. 환자의 고통을 세심하게 어루만지기 위해 노력하는 간호사의 허심탄회한 이야기를 통해 진로에 대해 고민하는 청소년들에게 간호사라는 직업에 대한 지침서 역할을 하는 책이다.

『친구가 되어 주실래요?』

: 쫄리 신부의 아프리카 이야기

이태석 지음 | 생활성서사 | 2009

사제라는 신분을 넘어서서 평범한 이웃의 한 사람으로, 아픈 곳을 살피고 치료해주는 의사로, 그리고 다양한 악기와 즐거운 노래를 가르치는 음악 선생님으로, 가난한 이들의 친구로 살아가는 쫄리 신부의 체험이 담긴 따뜻하고 감동적인 휴먼 에세이. 가난과 고통을 함께하고자 지구 반대편으로 떠난 쫄리 신부가 만난 이웃들의 삶이 감동적으로 그려지고 있다.

모두 나를 따르라아아~
목표를 향한 강인한 의지!!!
낙천가! 재치꾼!
적극적이고 진취적인 자세!
신속한 문제해결!!
높고높은 성취욕!
말싸움은 지지 않아!!
Boys, be ambitious!
어디서나 앞장서기!
활발한 단체활동!

기업형[Enterprising] 경쟁하고 설득할 때 성취감을 느낀다

기업형은 조직화된 환경에서 사람들과 함께 일하는 것을 좋아한다. 사회형과 다른 점은 기업형은 다른 사람을 설득하고 리드하기를 좋아한다는 점이다. 목표를 이루기 위해 열심히 일하는 것을 좋아하고 때로는 경쟁상황을 즐기기도 한다. 효율성을 위해 사람들을 통제하고 감독하는 것도 마다하지 않는다.

핵심 키워드

리더십	진취적인 자세로 사람들을 리드한다. 남보다 앞서나가기를 좋아한다. 단체나 조직에 가입하여 활동하기를 좋아한다.
문제 해결	상황을 빨리 파악하고 문제점을 찾아내어 신속하게 해결한다. 일이 되게끔 조정하고 결단을 내리는 것에 익숙하다.
목표 지향	해야 할 과제나 목표에 집중하며, 그것을 달성하기 위해 열성적으로 일한다. 조직에서 일을 책임지고 결정짓는 위치에 올라가려는 욕구가 강하다.

성격

성취 욕구	성취 욕구가 강하여 자신의 능력을 키우는 것에 관심이 많다. 권력과 지위에 관심이 많고 야망이 있다는 소리를 자주 듣는다. 경쟁적이고 논쟁을 즐긴다.
설득력	목표 달성을 위해 다른 사람을 설득하려는 의지가 강하다. 연설을 잘한다는 말을 듣는다. 낙천적이고 재치있으며 말을 잘하여 인기가 높다.

직업 흥미

뚜렷한 목표 확실한 보상 위계질서	목표가 분명하고 금전적인 보상이 뚜렷한 환경에서 일하기를 좋아한다. 상하 지위 구분이 확실하고 위계질서가 뚜렷한 조직에서 일하는 것을 편하게 여긴다. 대기업, 정부기관, 정치단체, 증권사, 투자회사, 부동산 중개업체, 판매 유통 회사(백화점, 대형 쇼핑몰 등), 자영업 등이 잘 맞는다.

기업형 직업세계 맛보기

이 책을 읽으면 확실히 감이 올 거야!

기업형에 관한 책을 읽을 때에는, 해당 직업에서 성공한 사람들이 목표를 달성하기 위해 어떤 노력을 했는지 주의 깊게 살펴볼 필요가 있어. 개인적인 시간 관리법, 조직을 관리하는 방법, 회의를 주도하는 방식, 문제 해결 방식, 반대 의견을 설득하는 방식 등을 유심히 살펴보기 바라.

『CEO, 책에서 길을 찾다』

진희정 지음 | 비즈니스북스 | 2006

무슨 이야기? ◎ 많은 사람들과 교류하면서도 결정의 순간에 홀로여야 하는 CEO들에게 길잡이와도 같았던 책 이야기.

CEO는 '기업'이라는 큰 배를 끌고 가는 선장과 같은 사람이다. 그렇기에 홀로 중요한 결단을 내려야 할 때가 있다. CEO의 판단은 회사의 운명을 결정짓기도 하기 때문에, CEO에게 '결정'이란 엄청난 책임감과 신중함으로 다가온다.

그런 중대한 결정의 순간, CEO들은 과연 무엇을 찾을까? 어디에서 해답을 구할까? 그것은 바로 '책'이다. 책은 그들에게 멘토이자 친구이며 삶의 나침반이다. 과연 CEO들을 위기의 순간에 구한 책들은 어떤 책들이었을까? 그리고 CEO들은 어떤 방법으로 책을 읽을까?

CEO가 되고 싶다고? ◎ CEO가 되려면 여러 방면에서 다양한 노력을 해야겠지만, 이 책에서는 여러 CEO들의 독서습관을 통해 그들이 어떤 책을 어떻게 읽고 그것을 자신의 삶과 회사 경영에 어떻게 적용하

는지를 배울 수 있어. 그중 두 명의 CEO를 소개하자면,

김영모 김영모과자점 대표: 김영모 사장에게 평생 잊을 수 없는 한 권의 책은 데일 카네기의 『행복론』이야. 그는 이 책을 멘토로 삼아 열심히 노력하였고, 현재는 130명의 직원을 둔 과자점을 운영하고 있어. 김영모 사장은 매일 새벽 책을 읽는 일로 하루를 시작한대. 그는 밑줄을 그어가며 열심히 읽은 책을 직접 직원에게 선물하며 책읽기를 권하는 열정적인 독자야.

배영호 배상면주가 대표: 배영호 사장은 보이는 곳마다 책을 두고 틈날 때마다 읽지. 그는 어려운 일이 닥칠 때면 독서를 하는데, 책을 읽다 보면 마음이 편안해지고 일을 해결할 수 있는 아이디어가 나오기 때문이래. 특히 배영호 사장은 기초과학에 관한 책을 읽고 경영에 접목하고, 책을 통해 '나만의 단어'를 만들어간다는군.

CEO의 한마디

* "세상에서 가장 아름다운 장식은 바로 책이다. 또한 책은 나의 존재를 변화시키는 가장 좋은 방법이다." 권경현 교보문고 사장
* "눈으로 보면 창조가 나온다. 독서를 놀이처럼 즐겨라."
  이장우 이메이션코리아 사장
* "읽고 생각하고 사람을 감동시켜라."
  박동훈 폭스바겐코리아 사장

『청소년을 위한 이기는 습관』

전옥표 지음 | 쌤앤파커스 | 2008

무슨 이야기? 인생 선배들의 이야기를 통해 청소년이 가져가야 할 삶의 자세를 알려주는, 십대를 위한 인생 수업.

일본 마쓰시타 전기 공업을 창업한 마쓰시타 고노스케는 '내가 성공한

이유 3가지'를 이렇게 꼽았다. 첫째, 집이 가난해서 어릴 적부터 구두닦이, 신문팔이 같은 고생을 했고 이를 통해 세상을 살아가는 데 필요한 경험을 많이 얻을 수 있었다. 둘째, 태어날 때부터 몸이 몹시 약해서 항상 운동에 힘을 썼고 그래서 늙어서도 건강하게 지낼 수 있게 되었다. 셋째, 초등학교도 못 다녔기 때문에 세상 모든 사람들을 스승 삼아 아무리 사소한 것이라도 질문하며 열심히 배우는 일을 게을리하지 않을 수 있었다.

우리는 멋진 인생을 살고 싶어한다. 그런데 어떻게 해야 내 인생이 멋져질 수 있을까? 답은 매일매일의 일상에 담겨 있다. 내가 보내는 하루하루의 습관이 쌓여 나의 인생이 만들어지기 때문이다. 인생 선배들이 들려주는 멋진 인생을 사는 비밀은 무엇일까? 그들은 어떻게 자기 인생의 드라마를 만들어갔을까?

성공하고 싶다고? ◐ '이기는 습관'이라고 해서 수단과 방법을 가리지 말고 무조건 일등을 하라는 이야기가 절대 아니야. 승리는 누군가와 경쟁하거나 남을 짓밟아서 쟁취하는 게 결코 아니거든. 자신의 가치를 깨닫고 자기만의 신화를 만들어가는 것, 그것이 바로 진정한 '승리'이지. 그러기 위해서 어떤 '습관'을 들여야 할까? 첫째, 자기 자신이 존재 그 자체로 빛나는 존재라는 걸 잊지 말기. 둘째, 소중한 자기 인생에서 승리하는 습관을 만들어가기.

저자의 한마디 ◐ **1.** 아는 만큼 힘이 되므로 늘 책을 가까이 하고 깊이 읽으려고 노력할 것. **2.** 모든 것에는 때가 있으니 지금 현재 해야 할 일에 충실할 것. **3.** 때로는 잘하는 사람을 따라하는 것만으로도 절반은 성공하는 것이니 적극적으로 모방할 것. **4.** 실패는 가장 좋은 교재가 될 수 있으니 실패를 두려워하지 말고 도전할 것.

기업형이 더 읽을 책

『경영의 신 **잭 웰치**』

정산 지음 | 자음과모음 | 2004

에디슨이 설립하여 세계적인 기업이 된 회사 GE가 마흔다섯 살의 잭 웰치를 CEO로 뽑았을 때 많은 사람들이 놀랐다. 잭 웰치는 천재도 아니었고, 집안이 좋은 것도 아니었으며, 명문대학 출신도 아니었다. 그는 가난한 철도원의 아들이었으며 말더듬이였다. 그런 그가 세계적인 기업의 CEO가 된 까닭은 무엇일까? 자신의 단점을 자신감과 열정으로 극복한 잭 웰치의 삶을 엿볼 수 있다.

『경영의 신 마쓰시타 고노스케와 함께하는 **동행이인**』

기타 야스토시 지음 | 21세기북스 | 2009

'경영의 신'이라 불리는 마쓰시타 고노스케의 인생을 더듬어보는 책. 고노스케는 열한 살에 점원으로 시작해 마쓰시타 그룹(현 파나소닉)을 글로벌 기업으로 키워낸 기업가이다. 대공황과 제2차 세계대전 등 각종 사회경제적 위기에도 흔들리지 않고 회사를 발전시킨 그의 비결은 과연 무엇일까? 저자는 마쓰시타 고노스케라는 한 인간의 삶을 통해 회사 경영, 더 나아가 인생 경영에 관해 이야기한다.

『**늘 푸른 버드나무 유일한**』: 빈손으로 떠난 참 부자 이야기

한수연 지음 | 김홍 그림 | 문예춘추 | 2007

나라사랑으로 한평생을 보낸 유일한 박사의 삶과 위대한 정신을 담아낸 책. 그는 전 재산을 사회에 내놓고 자신의 아들과 아내에게는 한 푼의 유산도 남기지 않았다. 기업이윤의 사회 환원과 정도경영을 실천한 기업가로 첫손에 꼽히는 유일한의 감동적인 삶을 비교적 읽기 쉽게 쓴 책이다.

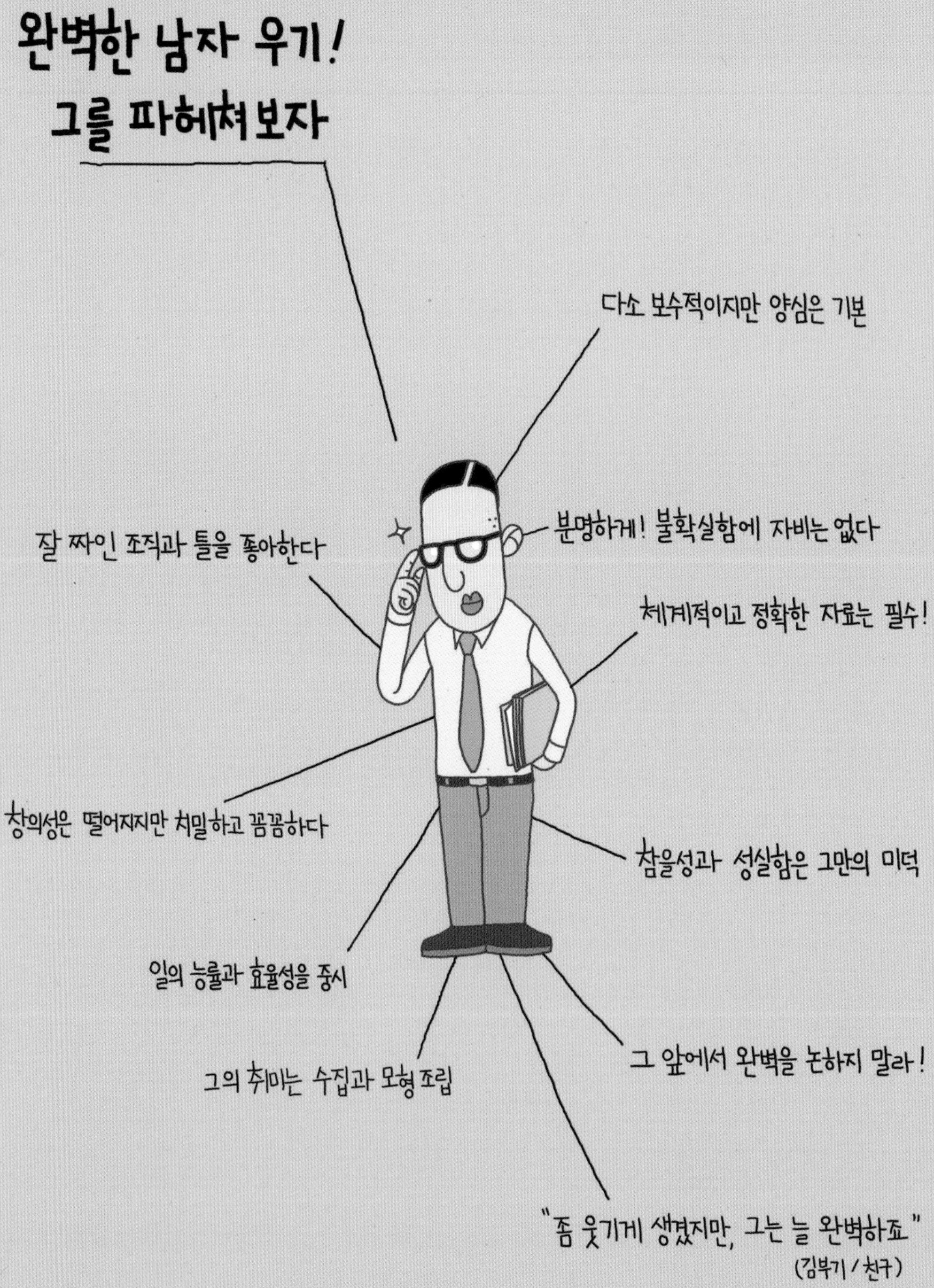
완벽한 남자 우기!
그를 파헤쳐 보자
다소 보수적이지만 양심은 기본
잘 짜인 조직과 틀을 좋아한다
분명하게! 불확실함에 자비는 없다
체계적이고 정확한 자료는 필수!
창의성은 떨어지지만 치밀하고 꼼꼼하다
참을성과 성실함은 그만의 미덕
일의 능률과 효율성을 중시
그의 취미는 수집과 모형 조립
그 앞에서 완벽을 논하지 말라!
"좀 웃기게 생겼지만, 그는 늘 완벽하죠"
(김부기 / 친구)

사무형[Conventional] 시스템 안에서 일할 때 안정감을 느낀다.

사무형은 정확성과 세밀함을 요하는 일을 좋아한다. 회계나 투자관리 같은, 숫자를 이용하는 활동을 좋아한다. 또 자신이 무엇을 할지 정확하게 알고 일할 때 일을 더 잘한다. 조직 안에서 스스로를 잘 통제하고 안정적이며 체계적으로 일할 줄 안다. 매우 성실하고 꼼꼼하며 약속을 잘 지키는 사람이라는 말을 듣는다.

핵심 키워드

체계성
일의 목표, 절차, 수단이 명백하게 제시되기를 바란다.
체계적이고 질서정연한 조직에서 일하기를 좋아한다.
자신에게 기대하고 있는 것이 무엇이고 자신이 할 일이 무엇인지 분명하게 알기를 원한다.

효율성
지위나 권력에 관심이 있기보다는 일 자체의 능률과 효율성에 관심이 있다.
잘 짜인 틀 안에서 일하기를 좋아하고 잘한다.
조직의 체계, 자료의 내용, 처리해야 할 세부사항, 정확성에 관심이 있다.

성격

실용성
실용적인 가치를 중요하게 여긴다.
보수적인 사고방식과 규칙적인 생활방식을 보인다.

꼼꼼함
완벽하게 일을 처리하려는 경향이 있다.
맡은 일을 끈기와 인내심을 가지고 치밀하고 꼼꼼하게 해낸다.
무언가를 수집하거나 조립하는 일, 규칙이 뚜렷한 게임, 사적인 소모임을 즐긴다.

성실성
할 일을 주어진 시간 안에 성실하게 해낸다.
양심적이고 참을성이 있다.
항상 조심성 있게 행동하고 결정하는 편이다.

직업흥미

체계
질서에 잘 순응하기 때문에 조직 안에서 일하는 것을 편하게 여긴다.
수시로 계획이 바뀌거나 변화가 많은 환경보다는 반복적이고 체계적인 일을 하는 환경에서 일하는 것을 편하게 생각한다.

한 번도 하지 않았던 일이나 스스로 알아서 창의적으로 해야 하는 작업을 힘들어할 수 있다.

질서화

사무형은 통계 관리, 재고 관리, 은행창구 업무, 재무 분석, 회계 작업, 문서 기록 및 분류 작업, 그래프나 차트 작성 및 보고서 작성 등 수량화된 정보를 다루는 작업에 능숙하다.
명령체계가 분명한 구조화된 조직에서 일하기를 좋아하며, 대기업, 금융기관, 신용기관, 회계사무실, 품질관리 및 검사 부서 등을 선호한다.

사무형 직업세계 맛보기

이 책을 읽으면 확실히 감이 올 거야!

사무형은 일반적으로 기업체와 같은 안정되고 체계화된 조직생활을 선호하기 때문에, 회사 안에서 어떻게 자기를 관리하고 자신의 업무 능률을 높일 수 있는지를 알아두는 것이 좋아. 실제적인 회사생활을 소개하고 있는 다음의 책들을 통해, 직업인이 가져야 할 능동적인 자세가 무엇인지 마음에 새기길 바라.

『잘나가는 회사는 왜 나를 선택했나?』

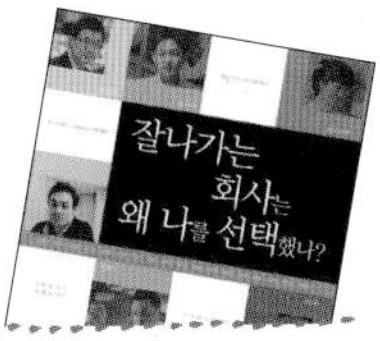

강효석 외 지음 | 케이펍 | 2009

무슨 이야기? 진로와 취업에 대한 불안과 고민을 경험했던 19명의 선배들이 맨몸으로 사회에 부딪치며 체득한 소중한 경험담과 조언을 들려준다. KB국민은행, 모토로라, NHN, 삼성전자, 구글코리아, 현대자동차 등 대한민국의 대표 기업으로 꼽히는 회사에 다니는 사람들이 처음 사회에 진출하면서 겪은 시행착오와 성장, 신입사원의 하루, 회사가 붙잡고 싶은 사람의 태도, 회사생활이 즐거워지는 비결 등 진로 결정과 취업 비법 및 실제 회사생활에 대해 솔직하게 들려준다.
이 책은 단순히 표면적인 취업정보가 아니라, 자신의 적성을 발견하고 스스로의 가치를 높이면서 원하는 일을 찾을 수 있도록 중요한 질문을 던지게 하여 청소년들이 자신의 진로를 탐색하는 데에도 충분한 도움을 준다.
회사가 필요로 하는 인재는? 회사를 지원할 때 가장 중요한 것은 일에 대한 열정이야. 무엇보다도 그 일이 자신이 하고 싶은 일이어야 하지. 이 책은 우선 "나를 찾아가는 여행"을 제안하고 있어. 진로를 결정하기 전에 우선 자신이 어떤 성향을 가지고 있고 어떤 일을 좋아하며 무슨 일을 할 때 희열감을 느끼고 어떤 일을 가장 잘하는 사람인지를 먼저 탐색해보라는 거지.

열정이 있다면, 그 다음으로 중요한 건 뭘까? 도전을 두려워하지 않는 능동적이고 긍정적인 자세야. 이 책의 저자들은 단지 운이 좋아서 남들이 바라는 회사에 들어간 게 아니야. 틈틈이 공모전을 준비하거나 인턴으로 시작하여 정직원이 되는 등 적극적으로 준비하고 도전했지. 저자들은 긍정적인 마인드와 자신감이 가장 중요하다고 입을 모으고 있어.

취업 선배들의 한마디 ➲

"어떤 준비든 하라. 모든 건 다 쓸 데가 있다."

"좋든 싫든 발을 담갔으면 그 분야의 전문가가 되라."

"내 일을 존중하는 게 곧 나를 존중하는 길이다."

"어느 회사에 다니고 어느 위치에 있느냐보다 중요한 것은 지금 선 자리에서 자신이 어떠한 노력을 기울이느냐이다."

『죽은 열정에게 보내는 젊은 Googler의 편지』

김태원 지음 | 소금나무 | 2007

무슨 이야기? ➲ 대학 때부터 다양한 활동을 적극적으로 펼치며 구글에 입사한 저자의 열정적인 인생을 소개한다. 점점 경쟁이 치열해지는 이 시대를 살아가는 사람들의 키워드는 단연 '열정'이라는 두 글자이다. 그렇다면 어떻게 열정을 발산할 수 있을까? 저자는 대학시절 학생

리포터, 객원 마케터, 포럼 운영자, 동문회장, 한국어 도우미 등 수많은 대외활동을 하였으며, 각종 공모전에서 입상하였고, 다양한 인턴활동도 병행하였다. 그는 살인적인 취업난이라는 요즘 시대에 졸업도 하기 전에 4곳의 국내 대기업과 2곳의 세계 최고 기업에 합격했다. 특히 학부 졸업생임에도 불구하고 최소한 몇 년의 직장 경력이 있어야 지원할 수 있는 구글의 '크리에이티브 맥시마이저(Creative Maximizer)'라는 포지션에 당당히 합격했다. 세계 최고의 기업인 구글의 문을 열게 만든 저자의 열정 에너지가 자극이 된다.

열정적으로 일하고 싶다면? ◎ 이 책을 읽으면, 회사생활은 상하 위계질서가 뚜렷한 구조 속에서 상관의 지시에 잘 따르고 자기에게 주어진 일만 충실히 하면 된다는 단순한 생각을 깨트리게 될 거야. 저자는 자신이 생각하고 꿈꾸는 걸 머릿속에 가두지 않고 끊임없이 실험하며 실현해내지. 자신을 과감하게 세상 속으로 던지는 도전정신과 열정이야말로 요즘 회사에서 원하는 중요한 자질이야.

열정적인 저자의 한마디 ◎ "발로 배우는 것에 버금갈 만큼 효율적인 방법이 하나 더 있습니다. 바로 맨땅에 헤딩을 하는 겁니다. 맨땅에 헤딩을 하면 아프겠죠. 때로는 피가 흐를 겁니다. 그런데 피가 그치고 나면 딱지가 앉고, 그 딱지가 아물면 흉터가 남습니다. 맨땅에 헤딩하면서 배운 것은 마치 이마에 남은 흉터 같습니다. 영원히 나에게 남아 쉽게 잊어버리지 않게 되니까요. 새로운 분야에 도전하면 처음에는 맨땅에 헤딩을 할 수밖에 없습니다."

사무형이 더 읽을 책

『배움』 : 직장인의 성공 에너지

강효석 외 지음 | 국일미디어 | 2007

이 책은 세계적 글로벌 기업인 삼성그룹에서도 핵심 인재로 인정받는 7명의 생생한 이야기로 구성되어 있다. "쓰레기통에서도 배움을 구한다는 생각으로 세상 모든 것에서 배움의 자세를 유지한다"라는 것이 저자들의 태도이다. 이런 자세는 모든 직업유형에 해당되지만, 특히 조직 안에서 자신의 능력을 발휘하고 보람된 생활을 원하는 사무형이 관심을 가져야 할 태도이다. 진로를 탐색하는 시기인 청소년들에게 직장인의 세계를 간접체험하고 어떤 자세로 배움을 이어갈 것인지 생각해보게 한다.

『삼성 직원이 말하는 핵심인재 스타일』

공병환 지음 | 무한 | 2009

스토리텔링 방식으로 이야기를 전개하고 있어서 편하게 읽을 수 있다. 이 책에서 가장 중요하게 제시하고 있는 것은 바로 '자기 관리'이다. 시간과 목표 관리, 메모, 실천, 추진력, 열정 등 직장인으로서의 자기 관리를 어떻게 해야 하는지 전반적으로 들을 수 있다.

여기서, 깜짝 추천!

다양한 직업세계 더 자세히 알려주마!

『13살 내 꿈을 잡아라』 한선정 지음 | 조선Books | 2009

'미래를 준비하는 똑똑한 1315를 위한 직업가이드' 시리즈 중 '적성' 편이다. 지휘자, 가수, 영화배우 등 일반적으로 알고 있는 직업부터 애니메이터, 아트디렉터, 특수분장사, 조명감독 등 미래에 촉망받는 직업까지 160가지의 직업을 소개하고 있다. 각각의 직업에 종사하는 대표적인 직업인을 직접 만나 인터뷰하여, 미래를 꿈꾸는 13살~15살 청소년들에게 자세하고 현실적인 정보를 제공한다.

『세계 명문 직업 학교』 동아일보 국제부 지음 | 동아일보사 | 2006

'요리', '예술', '기술', '서비스&레저' 등 4부로 구분하여 총 30곳의 세계 명문 직업 학교를 소개하고 있다. 자신의 진로와 관련하여 세계적인 직업훈련을 받고 싶은 학생들에게 유용한 도움을 제공하는 책이다.

『공상이상 직업의 세계』 김봉석 지음 | 한겨레출판 | 2006

청소년을 위한 문화콘텐츠 분야의 직업 이야기. 영화, 만화, 애니메이션, 게임 등 문화콘텐츠 관련 분야에서 직업을 찾고자 하는 청소년들에게 현실적인 이정표를 제시한다. 현장에서 활발하게 활동하고 있는 선배들의 인터뷰와 방대한 자료를 토대로 문화콘텐츠 관련 직업의 세계를 총망라했다. 다양한 도판과 만화가 정연식의 그림이 읽는 재미를 두 배로 더한다.

이 책을 추천해!

자기 분야에서 '나다움'을 살리며 꿈을 펼치고 사는 삶

『직업 옆에 직업 옆에 직업』

파트리시아 올 지음 | 프론토, 세바스티엥 무랭, 세바스티엥 텔레시, 로뱅 그림 | 미세기 | 2009

14군데의 일터 속 230가지 직업을 재미있게 알려준다. 제품 개발 엔지니어, 도시 계획가, 아트디렉터, 사회복지사, 환경 컨설턴트, 방송 연출가 등 백과사전을 방불케 하는 230명의 다양한 직업군을 만나다 보면 모든 사람들이 각자 자기 자리에서 제 몫을 하기 때문에 세상이 움직인다는 것을 깨닫게 된다. 그리고 자신이 어떤 성취감을 느끼고, 어떤 사람으로 사회에 자리매김할지 스스로 생각하게 된다. 자신의 일에 열중하고 있는 직업인의 모습을 재미있는 일러스트로 보여주고, 현장감을 더하는 사진들을 곳곳에 배치하여 생생하고 흥미롭다.

『성적은 짧고 직업은 길다』

탁석산 지음 | 창비 | 2009

'어떻게 해야 즐겁고 성공적인 직업 생활을 할 수 있을까?' 에 대한 해답이 담긴 책. 철학자인 저자가 직업을 찾기까지 좌충우돌했던 자신의 경험을 밑바탕 삼아 직업과 인생에 대한 이야기를 들려준다. 자신에게 맞는 직업을 찾는 법, 일과 돈에 대한 올바른 철학을 세우는 법 등을 소개하고 있다.

『14살 인생 멘토』

김보일 지음 | 북멘토 | 2009

'아름다운 가치를 지켜낸 사람들의 인생 보고서' 라는 부제가 말해주는 것처럼, "어떻게 살 것인가?"라는 문제를 끊임없이 제기하면서 자기보다는 남을, 안락함보다는 불편함을 선택한 사람들의 이야기를 소개하고 있다. '위대한 실패를 선택한', '편안한 삶을 거부한', '금메달을 강물에 내던져버렸던', '생명을 구하기 위해 자신의 명성과 이익을 뿌리친'이라는 인물들의 수식구는 이 책에 소개된 인물들의 가치관이 범상치 않음을 간접적으로 말해주고 있다. 어니스트 섀클턴, 장준하, 권정생, 노먼 베쑨 등 우리에게 잘 알려진 인물들도 있지만, 유영모, 공병우, 채규철처럼 잘 알려지지 않은 인물들도 눈에 띈다. 인생에서 소중하다고 여기는 것이 무엇인지를 결정하는 '삶의 가치관' 에 대해서 생각해보게 한다.

『청소년을 위한 마지막 강의』

윤승일 지음 | 살림Friends | 2009

이 책은 "지금 생애 마지막 강의를 하게 된다면 이 땅의 청소년들에게 반드시 남기고 싶은 말은 무엇인가?"라는 질문으로 시작된다. 산악인 엄홍길부터, 새로운 옥수수 종자를 개발한 과학자 김순권, 10년이라는 집필 끝에 올곧은 역사서를 편찬한 역사학자 이이화에 이르기까지, 대한민국을 이끄는 7명의 거장들의 삶의 지혜가 담겨 있다. 저자는 청소년들에게 날마다 도전하는 습관 기르기, 정직과 성실의 가치를 바탕으로 리더십 실천하기, 즐거운 것 찾기, 베풀기, 작은 것에서 가치 찾기 등 미래를 준비하는 데 도움이 되는 삶의 태도와 방법들을 알려준다.

차근차근 열심히 따라와줘서 고맙다. 소감이 어때? 부기 우기?

책을 읽으면서 정말 내 꿈을 찾게 됐어요. 쌤이 왜 처음에 책이 내 미래를 위한 보물지도라고 말씀하셨는지, 이제는 그 의미를 알 것 같아요.

이전까지는 내가 하고 싶은 게 뭔지, 잘 하는 게 뭔지 몰라서 답답했는데, 책을 통해 나의 강점을 알게 되니까 꿈이 생기고, 꿈이 생기니까 의욕이 솟아요.

책을 통해 내 강점과 관심 분야를 알 수 있다는 게 정말 신기했어요.

나는 부기 네가 변해가는 게 더 신기하던데! 정말 책읽기의 힘은 놀라운 것 같아! ㅋㅋ

–_–; 확실히 책의 힘이 놀랍기 하더군. 반신반의하던 내가 변하는 걸 느끼니까 내 스스로도 놀라긴 했다.

대학 학과나 직업에 대해서 아는 게 전혀 없었는데, 쌤이 추천해주신 책들을 읽으니까 '아, 이 분야는 이런 공부를 배우는구나', '이 직업은 이런 일을 하는구나' 라는 걸 알게 되면서 내 진로에 대해 확실히 감이 오더라고요. 마치 미리 경험을 해본 듯한 느낌이라고 할까?

책을 통한 간접경험이야말로 지식과 정보를 얻을 수 있는 가장 좋은 방법이지. 쌤이 추천해준 책들이 도움이 되었다니 나도 무척 기쁘구나.

인정! 쌤 좀 짱이신 듯. ㅋㅋ

책을 통해서 내 성격유형과 직업흥미를 알게 된 것도 참 좋았어요. 그렇게 나랑 연결해서 탐색하는 마음으로 책을 읽으니까 이전에는 전혀 몰랐던 흥미와 재미를 느낄 수 있었어요.

그것도 인정! 책읽기가 이렇게나 재미있고 이렇게나 인생에 쓸모가 있는 줄 예전엔 정말 몰랐어요.

감사해요 쌤~

그래? 그렇다면 이제 마지막으로 숙제를 하나 내겠다.

엥?!!

부기와 우기가 그동안 쌤과 함께했던 독서 경험을 글로 정리하는 거야. 어떤 책을 왜 읽었는지, 느낀 점은 무엇인지, 책읽기의 가장 큰 이점은 무엇이었는지 등등 그동안 너희의 독서 경험을 글로 써서 제출하렴. 형식과 내용은 너희들 마음대로! 그걸 보고 쌤이 인증서를 줄지 안 줄지 결정하마. 기한은 3일.

음…… 한번 해볼게요. 그동안 쌤한테 배운 책읽기 방법을 꾸준히 적용한 덕인지 내 생각을 쓰는 데에도 자신감이 조금 생긴 것 같아요.

정말 내 마음대로 쓰면 되는 거죠? 엄청 짧게 써도 뭐라고 하시기 없기예요.

오케이. 왜 책을 읽는지 자기만의 이유를 진솔하게 쓰면 된다. 그럼 부기, 우기, 3일 후에 보자!

3일 후.

부기의 독서 경험

〈자기주도 학습전형 '학습계획서'〉

독 서 경 험
본인이 읽은 책 중 중요하게 생각하는 책을 선정해 내용과 감상을 적으시오. (대리 작성 혹은 표절시 0점 처리함)

지금까지 만 14년 8개월을 살면서 내가 만난 가장 인상적인 책을 소개하려 한다. 그 책을 만난 때는 약 3개월 전으로 거슬러 올라간다. 그때 나는 뜻하지 않게 독서반에 가입하게 되어서 여러 가지 스트레스에 시달리고 있었다.

짜증 1. 그녀와 말을 하고 싶은데 할 말이 없다. 바둑반이라면 "오목 한 판 둘래?"라고 접근하면 되고, 음악반이라면 "내가 요새 꽂힌 음악인데, 너도 한번 들어볼래?"라면서 슬쩍 말을 건넬 수도 있는데, 이놈의 독서반은 내가 직접 책을 읽지 않고는 도통 접근할 방법이 없다.

짜증 2. 우기 녀석이 그녀와 부쩍 친해지는 것 같다. 명색이 내 베프라는 녀석이 나를 도와주지는 못할망정 그녀와 스스럼없이 이야기를 나누면서 내 가슴에 불을 지르고 있다. 책 읽고 토론을 하는 거라고는 하는데, 영 마음에 안 든다.

짜증 3. 왜 나는 안 돼?! 이 세 번째 이유가 요즘 나를 가장 크게 괴롭히고 있다. 우기 녀석은 책읽기의 재미를 느껴가는 것 같은데, 아직도 나는 잘 모르겠다. 왜 나는 안 되는 거지?!!!

이렇게 인생의 온갖 태클에 걸려서 허우적거리고 있을 때 만난 책이 바로 『행복한 청소부』(풀빛)이다. 독서쌤은 진정 선견지명이 있는 걸까? 마치 나를 꿰뚫어보듯, 나에게 꼭 필요한 책을 추천해주신 것이다. 『행복한 청소부』를 읽기 전과 읽고 난 후의 나의 변화를 정리해보았다.

Before → After

'중학생용 추천 도서' 라는 책들은 늘 나한테는 너무 딱딱하고 어렵게 느껴졌다. 그래서 읽기도 전에 의욕이 꺾이는 느낌이었다.

그런데 『행복한 청소부』는 시간 가는 줄 모를 만큼 재미있게 읽히면서도 다 읽고 나니 진한 감동이 느껴졌다. 독서쌤이 이 책의 수준이 '중1 혼자서 읽는 수준' 이라고 말씀하셨을 때, 솔직히 중2인 내가 중1 수준을 읽는다는 게 은근히 자존심이 상했다. 그런데 이 책을 읽고 나서 그런 건 절대 중요하지 않다는 걸 깨닫게 되었다. 초딩용이든 중1용이든 내 수준에 맞게 읽으면 그게 가장 좋은 거라고 독서쌤이 늘 강조하신 이유를 이제는 알겠다.

'행복한 삶이란 무엇일까?' 늘 혼란스러웠다. 어른들은 명문대를 들어가면 평생이 보장되는 것처럼 말씀들 하시는데, 그렇다면 명문대 입학했다고 동네 잔치까지 벌였던 우기 사촌형은 왜 대학 전공이 적성에 안 맞는다며 우울해했던 걸까? 정말 대학만 잘 가면 내 삶이 행복해질까?

이런 고민을 하고 있던 차에, 이 책은 제목부터 내 호기심을 자극했다. 청소부가 행복하다고? 솔직히, 나 자신이 행복한지도 잘 모르겠고, 주변을 둘러봐도 행복해 보이는 사람을 찾기가 힘들다. 그런데 '행복한 청소부' 라는 제목과 함께, 표지에 호빵맨처럼 생긴 사람이 배시시 웃고 있다. 그는 자신의 일인 표지판 청소를 하면서 표지판에 적힌 예술가에 대해 호기심을 가지게 된다. 그리고 열심히 그들에 대해 공부를 하기 시작한다. 예술작품도 찾아서 읽어보고 들어보며 직접 체험한다. 그런데 그게 돈을 많이 벌고 싶어서, 더 근사한 일을 하고 싶어서, 혹은 남에게 자랑하기 위해서 하는 게 아니다. 그저 궁금하고 알고 싶어서 즐겁게 한다. 그래서 그는 행복하다. 그리고 사람들은 그의 행복 에너지에 이끌려 그의 이야기에 귀를 기울이기 시작한다. 이게 진정한 행복이 아닐까? 스스로가 성숙해지고 충만해지는 것. 나도 나의 내면을 성장시키는 책들을 찾아서 읽고 싶다.

'어떤 일을 해야 할까?' 나는 어른이 되어서 어떤 직업을 가지게 될까? 10년 후의 나는 어떤 모습일까? 잠깐 생각해본 적이 있다. 그런데 아무런 그림도 떠오르지 않았다. 그때 나는 약간 충격을 받았다. 미래에 대한 꿈이 전혀 없다는 것이 막막하고 불안하게 느껴졌다.

'행복한 청소부' 의 모습을 보면서 큰 실마리를 찾게 된 기분이다. 무엇보다도 나 자신이 행복한 직업을 찾아야 한다는 것을 깨닫게 되었다. 공부를 하면서 즐겁게 일을 하는 청소부는 점점 더 유명해지고, 급기야 몇몇 대학에서 그를 교수로 모시겠다는 제안을 해 온다. 나는 청소부에서 대학교수가 되는, 인생 역전의 결말이 펼쳐지지 않을까 예상했다. 그런데 행복한 청소부는 끝까지 나의 허를 찔렀다. 그는 교수직을 거절한다! 돈, 명예, 권력…… 흔히 세상에서 말하는 좋은 직업의 조건들이다. 그런데 청소부는 그 제안에 흔들리지 않는다. 왜 그랬을까? 만약 나라면 그 상황에서 어떻게 했을까? 냉큼 받아들이지 않았을까? 그런데 좀더 생각해보니, 청소부는 그 일을 하면서 공부를 하고, 자신이 공부한 것을 사람들과 나누는, 그 자체로서 자신의 직업을 사랑했던 것 같다. 그는 자신의 일과 삶에서 행복했기 때문에 세상이 내세우는 기준에도 흔들리지 않았던 것이리라. 나는 행복한 청소부의 이런 뚝심이 정말 멋있게 느껴졌다. 남들의 시선이나 사회적 평가에 연연하지 않고 내가 즐겁고 좋아서 행복하게 할 수 있는 일. 앞으로 나는 그것을 열심히 찾아볼 생각이다. 어떻게? 물론 독서쌤이 추천해준 책들을 읽으면서 말이다.

『행복한 청소부』를 그 당시 너의 고민과 연결하여 읽은 점, 책을 읽고 난 후의 느낌과 생각을 Before→After로 비교하여 책을 통한 자신의 변화를 스스로 생각해보고 정리한 점이 아주 흥미롭구나.

부기의 생각처럼, 좋은 책은 우리의 마음에 들어와서 변화를 일으킨단다. 마음이 점점 더 열리고 커지며, 자신의 고유한 가치를 인정하게 되고 더불어 다른 사람들도 각각 고유한 가치와 개성이 있음을 이해하게 되지. 그래서 좋은 책은 우리를 내적 성숙의 길로 이끈단다. 다음과 같이 정리해볼 수 있지.

좋은 책=내면을 성장시키는 책=나 자신을 사랑하게 하는 책=나답게 사는 길을 일깨워주는 책

삶은 자기만의 신화를 만들어가는 과정이다. 그리고 그 신화의 주인공은 바로 너

자신이다. 신화의 주인공인 네가 가장 먼저 할 일은 뭘까? 그건 바로 멋진 미래를 꿈꾸는 거야.

1. 아침에 눈을 뜨자마자 자신에게 속삭여라.

"나는 내 삶의 주인공이다. 나만의 성공신화의 영웅이다. 멋진 인생이 나를 기다리고 있다." 우리의 뇌는 상상과 현실을 구분할 줄 모른단다. 그래서 말하고 상상한 것도 현실로 받아들여서 뇌 속에 프로그래밍하지. 그러니까 스스로에게 꿈의 주문을 자꾸 들려주렴.

2. 매일 꿈과 관련된 무언가를 하라.

하루에 단 10분, 20분이라도 좋다. 자신의 꿈을 상상하고, 그 꿈을 위해 아주 자그마한 일이라도 하라. 그 가운데 가장 실용적인 것은 무엇일까? 바로 책을 읽는 습관이다. 매일 30분씩 독서를 하면서 너의 꿈을 상상해보렴. 읽고 꿈꿀 때, 10년 후 너는 읽고 꿈꾼 모습 그대로가 되어 있을 거야.

부기야, 이 세상에 유일하고 독특한 '온리 원 Only One'으로서 부기 너만의 성공신화를 만들어가길 진심으로 응원한다!

이 책에서부터 시작해봐!

자신의 소중함을 깨닫고 스스로를 사랑하게 해주는 성장소설

『자기 앞의 生』 에밀 아자르 지음 | 문학동네 | 2003
『내 영혼이 따뜻했던 날들』 포리스트 카터 지음 | 아름드리미디어 | 2003
『아홉살 인생』 위기철 지음 | 청년사 | 2001
『내 사랑, 사북』 이옥수 지음 | 사계절 | 2005
『나의 아름다운 정원』 심윤경 지음 | 한겨레신문사 | 2002

나의 가치 탐색을 도와주는 책

『너는 무엇을 위해 살래?』: 10대에 꼭 만나야 할 20가지 바바라 A. 루이스 지음 | 한언 | 2005

〈자기주도 학습전형 '학습계획서'〉

독서 경험
본인이 읽은 책 중 중요하게 생각하는 책을 선정해 내용과 감상을 적으시오. (대리 작성 혹은 표절시 0점 처리함)

책 관찰기 그리고 나 관찰기

나는 평소에 관찰하기를 좋아한다. 반 친구들을 관찰하다 보면 친구들이 나름 즐겨 쓰는 표현이나 동작이 있는데, 그런 걸 발견하는 것이 무척 재미있다. 나는 누군가를 기다릴 때에도 그저 거리에서 서성거리길 좋아한다. 그러면서 사람들을 관찰하는 것이다. 옷차림을 보면서 저 사람은 직업이 무엇일까 추측해보기도 하고, 얼굴 표정을 보면서 그 사람의 내면 상태를 헤아려보기도 한다. 나는 미드 중에서도 프로파일링을 통해 범인을 찾아내는 범죄심리수사물 〈크리미널 마인드Criminal Minds〉를 특히 좋아하는데, 이것 역시 나의 성향을 반영하는 것 같다.

이런 내가 독서쌤이 추천해주신 책을 읽으며 나 자신을 관찰하고 파악해가는 과정은 그야말로 흥미진진한 일이었다. 그러던 중에 어느 날 벼락처럼, 내 가슴을 뛰게 만든 책 한 권을 만나게 되었다. 그 책은 바로 『나에서 우리로』(해냄)이다.

이 책을 처음 만났을 때에도 역시나 그렇듯 나는 관찰에 들어갔다.

1 표지 솔직히…… 표지의 첫인상은 좀 촌스러운 느낌이었다. 잘생기지도 않고 특별해 보이지도 않는 지극히 평범한 두 명의 서양 남자가 웃고 있는 모습. 그런데 그 아래 이런 글귀가 있었다.

"전 세계 100만 아이들을 살리는 세상에서 가장 용감한 형제 이야기"

두 남자는 형제인가 보다. 그런데 이들이 전 세계 100만 아이들을 살린다고? 도대체 얘네들 뭐하는 애들이지? 띠지에 적혀 있는 글귀가 더욱 내 호기심을 자극했다.

"12살 소년이 굶주린 아이들을 구하다! 노벨평화상 최연소 후보 킬버거 형제의 서로 돕는 세상 만들기"

② 차례 책을 들춰서 차례를 찾았다. 다음과 같은 소제목들이 눈에 띄었다.

'혼자서는 살 수 없다', '함께 뭉쳐야만 하는 이유', '버스 운전사에게도 이름이 있다', '의미, 행복, 성공을 찾아서', '도와주는 것이 아니라 함께하는 것이다', '나로 인해 밝아지는 세상', '사람 사이의 끈', '더 나은 세상 만들기', '마음으로 이어지는 삶' …….

특히 와닿는 소제목은 '버스 운전사에게도 이름이 있다'와 '마음으로 이어지는 삶'이었는데, 스쳐지나가는 평범한 사람들을 관찰하면서 사람들 한 명 한 명이 얼마나 다른지 늘 감탄하던 나였기에, 유독 그 소제목들이 끌렸던 것 같다.

③ 본문 드디어 본문을 읽기 시작했다. 표지와 차례, 저자 서문을 읽으며 찬찬히 책을 관찰하면서 흥미와 호기심을 자극한 후, 기대와 떨림으로 첫 장을 펼치는 그 순간의 짜릿함. ㅎㅎ 독서쌤과 함께 책읽기에 도전하게 된 이후 나는 이 맛에 푹 빠지게 되었다.

그런데 책을 본격적으로 읽기 시작하자 더 이상 관찰이 불가능했다. 마크와 크레이그 형제 이야기에 정신없이 빨려들었기 때문이다. 그리고 마지막 페이지를 다 읽었을 때, 내 가슴은 뭐라 표현할 수 없는 흥분으로 뛰고 있었다.

심장 떨림1 행동하는 젊음이 멋지다!

현재 전 세계 35개국 100만 어린이들을 돕고 있는 단체 '어린이에게 자유를Free the Children'을 이끌고 있는 마크와 크레이그 형제. 이들의 시작이 정말 놀랍다. 열두 살 때 크레이그는 우연히 신문 기사를 읽게 된다. 아동노동에 반대하다가 무참히 살해당한 한 파키스탄 소년의 이야기였다. 그런데 그 소년은 자신과 같은 열두 살이었다. 이 기사를 읽고 난 후, 크레이그의 반응은? 불쌍하다, 마음 아프다는 감상의 차원에서 끝낸 게 아니라, 그는 적극적으로 뛰어들었다. 돼지저금통을 깨서 바자회를 열어 자금을 마련하여 제3세계로 날아갔다. 그리고 그곳 어린이들의 상황을 직접 확인한 후, 돌아와서 주위 친구들을 중심으로 '어린이는 어린이가 돕는다' 라는 모토로 이 단체를 만들었다. 문제 속으로 뛰어들어 해결책을 만들어가는 그의 행동력이 정말 멋지다!

심장 떨림2 나도 저렇게 살고 싶다!

남을 돕는 것이 진정 나를 돕는 거라며, 진정한 행복과 성공에 대해 다르게 생각해보자고 말하는 마크와 크레이그 형제. 이 용감한 형제는 CNN, 《뉴욕 타임스》 등 각종 언론 매체를 통해 전 세계에 알려졌으며, 크레이그는 세계경제포럼이 정한 '내일의 세계 지도자' 로 지명되었고 '넬슨 만델라 인권상' 을 수상하였다. 이들 형제는 세계에서 가장 나이 어린 노벨평화상 후보로 3회나 거론되었으며, 전 세계 40여 개국을 순회하며 어린이 인권보호 활동에 힘쓰고 있다고 한다. 올곧은 신념으로 선한 일을 하는 삶이 얼마나 많은 이들에게 영향을 줄 수 있는지!

심장 떨림3 이토록 심장이 뛰는 건 내 안의 중대한 비밀을 알려주는 게 아닐까?

관찰하는 걸 좋아하는 나의 취미(부기는 변태스러운 취미라고 놀리곤 하지만)가 단지 특이한 취미 이상의 의미가 있는 건 아닐까? 그것은 어쩌면 사람에 대한 나의 관심의 표현이 아닐까? 나는 사람에 대해 남다른 흥미와 애정을 갖고 있는 건 아닐까? 이걸 나의 진로와 연결시킬 수 있을까?!!

책을 읽고 나의 이런 변화를 관찰하는 것은 무척이나 새로운 경험이다. 나는 독서쌤에게 '사람들을 도와주고 더 좋은 세상을 만드는 일을 하는 인물들에 관한 책' 을 더 추천해달라고 말씀드릴 생각이다. 그 책들을 더 꼼꼼하게 관찰하고, 그 책을 통한 나 자신의 상태를 더 자세히 관찰해보고 싶다. 책과 나의 관찰기를 통해 나는 과연 이 길이 진정 내 심장을 뛰게 만드는 길인지 더욱 분명하게 알게 되리라.

우기야, 너의 심장 뛰는 소리가 내게도 고스란히 전해지는 것 같아서 나 역시 흥분이 되는구나. 표지부터 차례까지, 차근차근 책을 관찰하며 호기심을 불러일으키는 것은 좋은 책읽기 방법이야.

대학 입시에만 전략이 필요한 게 아니란다. 꿈을 이루려면 반드시 전략이 필요해. 그런데 꿈을 이룰 전략을 세우기 전에 먼저 해야 할 일이 있어. 그건 바로 마음속에 열망의 불을 지피는 거야. "아, 나도 저렇게 되고 싶다!"라는 부러움과 소망이 먼저 생겨야 하지. 그런 부러움과 소망을 불러일으키는 매개체, 내 마음속 열망의 불씨를 활활 타오르게 하는 매개체로 가장 강력한 것이 바로 '책'이란다! 우기가 그런 책을 만난 것 같아 쌤도 무척이나 행복하다.

책을 읽으면 꿈을 꾸게 될 뿐 아니라 그 꿈을 발전시킬 수 있지. 우기가 『나에서 우리로』를 읽으면서 평소 그저 특이한 취미라고만 여겼던 점을 너만의 특별한 부분으로 새롭게 보고 꿈을 꾸게 된 것처럼 말이야.

쌤은 기쁜 마음으로 기꺼이 너에게 도움이 될 책들을 추천해주마. 꿈이 무엇이든 간에, 책을 읽으면 그 꿈이 명확해지고 자신감을 갖게 된단다. 책은 실제로 마법과도 같은 힘이 있어서, 꿈을 꾸도록 불꽃을 일으켜주고, 그 불꽃이 꺼지지 않도록 할 수 있다는 용기와 의지를 끊임없이 불어넣어주지. 하나뿐인 너의 소중한 인생을 책과 함께 멋지게 설계해보길 바란다. 책이 너를 도와줄 거야!

이 책에서부터 시작해봐!

세상을 더 아름답게 만들어가는 사람이 되고 싶다면

『작은 실천이 세상을 바꾼다』 대니 서 지음 | 문학사상사 | 2000
『아름다운 참여』 : 청소년을 위한 사회 참여 안내서 김태원 외 지음 | 돌베개 | 2004
『이타적 과학자』 : 과학사를 바꾼 28가지 죽음의 비밀 프란츠 M. 부케티츠 지음 | 서해문집 | 2004
『새벽을 여는 사람들』 김은성, 노유미 지음 | 뿌리와이파리 | 2004
『세상을 바꾸는 돈의 사용법』 야마모토 료이치 지음 | 미래의창 | 2005
『길에서 만난 세상』 : 대한민국 인권의 현주소를 찾아 박영희 외 지음 | 우리교육 | 2006
『고릴라는 핸드폰을 미워해』 : 아름다운 지구를 지키는 20가지 생각 박경화 지음 | 북센스 | 2006
『평화는 나의 여행』 임영신 지음 | 소나무 | 2006

부기, 우기 인터뷰 하는 날

방법은 책 속에 있답니다

부기 우기에게

"왜 책을 읽어야 하나요?"라고 묻는다면 쌤은 두 가지 이유로 대답하고 싶구나. 첫째, 우리는 자신을 성장시키기 위해 책을 읽어야 한다. 세상에 태어난 이상 우리는 자기 자신을 실현해갈 권리와 의무가 있다. 책은 우리에게 자신의 가치를 알게 해주고 그 가치를 펼치면서 살아갈 용기와 희망을 준다. 둘째, 사회에 대한 책임을 다하기 위해서 책을 읽어야 한다. 우리는 함께 어울려 살면서 세상을 더 아름답게 만들어갈 의무를 지니고 있다. 우리는 내가 하는 일이 세상에 어떤 영향을 끼치는지, 더 좋은 세상을 위해 무엇을 할 수 있는지 고민하는 사람이 되어야 한다. 책을 읽는 사람이라면 더더욱 그럴 의무가 있지.

부기야 우기야, 앞으로 책을 읽고 나서 〈독서 경험록〉을 꾸준히 써가렴. 책은 내가 어떤 일을 가치 있게 느끼는지 찾도록 도와주고, 사람과 세상에 대해 열린 관점을 가지게 해준단다. 〈독서 경험록〉을 쓰면 그런 점들을 더 분명하게 느낄 수 있을 거야. 〈독서 경험록〉을 쓸 때에는

1. 독서를 통한 자신의 변화를 중심으로 느낀 점을 써보렴.
2. 너의 진로와 적성과 관련하여 어떤 책들을 읽었는지 정리해보렴.
3. 책을 읽게 된 시기, 계기, 책에 대한 평가와 그 책이 너에게 미친 영향 등 너의 삶과 관련해서 쓰렴.
4. 같은 분야의 책이라도 독서 경험에 따라 느낌이나 평가, 지식이나 영향이 어떻게 변화했는지 정리해보렴.

부기야 우기야, 자신의 가치를 실현하는 일, 세상을 더 아름답게 만드는 일을 찾고자 하는 너희들의 독서 경험이 과연 어떤 목표에 도달할지 쌤은 정말 기대가 된다. 너희를 진심으로 응원하며, 앞으로도 쌤이 좋은 책들 팍팍 추천해주마. 부기 우기 파이팅!!!

제2010-1호

인증서

중학생 진로독서 킹왕짱 MVP

성명 :

위 사람은 자신의 꿈과 진로를 위해
끈질긴 인내와 뜨거운 열정으로
온갖 유혹과 장애물을 이겨내고
자신의 강점과 진로를 찾아주는 진로독서의
참맛을 알아가기 시작한 바,
앞으로 발견하게 될 멋진 미래를 응원하며
더욱더 진로독서에 용맹정진하라는
격려의 마음으로
이 인증서를 기쁘게 수여합니다.

중학생 진로독서 전문가 독서쌤

미래에서 온 편지

스물일곱 살의 부기로부터

부기야, 나는 12년 후 스물일곱 살 미래의 너란다. 너에게 고맙다는 말을 꼭 하고 싶어서 이 편지를 쓴다. 열다섯 살, 네가 독서쌤을 만나 처음으로 책읽기에 진지하게 도전했던 것에 대해서 정말 고맙고 대견하다고 말해주고 싶다. 지금까지 네가 한 일 중에서 가장 잘 한 일이라고 생각해.

그때 너는 중학교 2학년이 되면서 더욱 혼란스러웠지. 내년이면 중3, 그러고 나면 바로 고등학생이 된다는 생각을 하니 무섭기도 하고 막막하고 불안했지. 게다가 그 해부터 입시정책에서 진로와 독서가 더욱 중요해지면서, 각종 언론에서 연일 떠들어대는 처음 듣는 용어들(진로 관리, 경력 관리, 학습계획서, 독서 경험)에 정신이 없었지. 자신의 적성과 진로에 맞게 책을 읽고 공부를 했는지 평가하겠다는데, 도대체 진로에 맞게 공부하고 책을 읽는 게 어떤 거지? 학원을 더 다녀야 하나? 엄마 아빠에게 미안하긴 하지만 고액 과외를 받아볼까? 그런데 학원쌤이나 과외쌤이 내 진로도 알려주나? 그건 아니잖아……. 이런 혼란 속에서 독서쌤을 만났지.

낯설고 반신반의했지만 그래도 너는 끝까지 도전했어. 우기에게 자극도 받고 독서소녀를 의식하면서, 너는 독서쌤의 조언을 따라 열심히 책을 읽어나갔지. 그날 밤이 아직도 잊히지 않는다. 네가 성격유형에 맞는 독서법으로 책과 대화를 나누면서 끝까지 책 한 권을 다 읽어냈던 그날 밤. 그때부터 너는 책과 친해져가는 재미에 빠지게 됐지.

책을 읽으면 읽을수록 더 넓은 세상, 더 많은 사람들을 알게 되었고, 그만큼 나 자신에 대해서도 더 깊이 알게 되었어. 그러면서 중3 때부터 학교 시험에도 자신감이 생겼어. 고등학교에 들어가서는 더욱 불이 붙었지. 책을 통해 진로를 명확히 하니 목표의식이 생겼고, 책을 읽으면서 쌓은 배경지식은 서술형 시험에서 강점으로 작용했지.

가장 재미있고 신났던 건 대학생활이었어. 책읽기를 통해 내 강점과 진로를 차근차근 준비하고 계획했던 것이 나이가 들면 들수록 빛을 발하더군. 학교 성적은 좋은데 책을 안 읽은 애들은 같은 대학 같은 학과에 들어왔어도 전공 수업 시

간에 힘들어하고 교수님이 읽으라고 추천해주는 책들을 벅차했지. 그런데 너는 달랐어. 기본적으로 읽어야 할 필수 전공 책들이 모두 네가 중·고등학교 때 진로와 관련해서 이미 읽었던 책들이더라고. 당연히 대학 수업이 더 수월하고 흥미로웠지. 이미 기본이 되어 있었기 때문에 대학에서 너는 다른 친구들보다 더욱 앞서 갈 수 있었어. 적성 때문에 고민하는 친구들에게 나는 열다섯 살에 받았던 독서쌤의 〈진로독서 로드맵 5단계〉를 복사해서 건네주었지. 그 로드맵을 통해 방황하던 대학 친구들도 자신의 적성에 대해, 자신에게 맞는 진로와 꿈에 대해 진지하게 길을 잡아가는 모습을 보면서, 나는 이미 12년 전부터 앞서 진로독서를 시작하게 된 걸 얼마나 행운으로 생각했는지 몰라.

이제 나는 사회에 막 첫발을 내딛었어. 내가 꿈꾸던 직장에서 하고 싶은 일을 하게 되어서 무척 행복하고 설렌다. 그리고 읽고 싶은 책이 점점 더 많이 생기고 있어. 이제 책읽기는 나의 평생의 친구이자 선생님이 되었단다. 그러니까 열다섯 살의 부기야, 책읽기에 더욱 힘을 내렴. 책을 통해 너의 꿈을 찾고, 책을 읽으면서 너의 꿈을 이루어가렴. 오늘 네가 읽은 책이 바로 네 미래야. 파이팅!

컴온 맨~
컴온!
같이
가자~

오늘 읽은 책이 바로 네 미래다

1판 1쇄 2010년 4월 20일 | **1판 9쇄** 2023년 4월 12일

지은이 임성미 | **펴낸이** 김정순 | **기획·편집** 변경혜
그림 김범기 | **디자인** 김리영 | **마케팅** 이보민 양혜림 정지수

펴낸곳 (주)북하우스 퍼블리셔스 | **출판등록** 1997년 9월 23일 제 406-2003-055호
주소 04043 서울시 마포구 양화로 12길 16-9(서교동 북앤빌딩)
전화 (02)3144-3123 | **팩스** (02)3144-3121
전자우편 editor@bookhouse.co.kr | **홈페이지** www.bookhouse.co.kr

ISBN 978-89-5605-452-0 43300